2016-2017年中国工业和信息化发展系列蓝皮书

U0597103

The Blue Book on the Development of Information Technology Industry in China (2016-2017)

2016-2017年
中国电子信息产业发展
蓝皮书

中国电子信息产业发展研究院　编著

主　编／卢　山

副主编／安　晖

人民出版社

责任编辑：邵永忠　刘志江
封面设计：黄桂月
责任校对：吕　飞

图书在版编目（CIP）数据

2016－2017年中国电子信息产业发展蓝皮书／卢山 主编；
中国电子信息产业发展研究院 编著 . —北京：人民出版社，2017.8
ISBN 978－7－01－018032－8

Ⅰ. ①2… Ⅱ. ①卢… ②中… Ⅲ. ①电子信息产业—产业发展—白皮书—
中国—2016－2017 Ⅳ. ①F492

中国版本图书馆 CIP 数据核字（2017）第 193971 号

2016－2017 年中国电子信息产业发展蓝皮书
2016－2017 NIAN ZHONGGUO DIANZI XINGXI CHANYE FAZHAN LANPISHU

中国电子信息产业发展研究院 编著
卢　山 主编

人 民 出 版 社 出版发行
（100706　北京市东城区隆福寺街 99 号）

三河市钰丰印装有限公司 印刷　新华书店经销

2017 年 8 月第 1 版　2017 年 8 月北京第 1 次印刷
开本：710 毫米×1000 毫米 1/16　印张：22.75
字数：370 千字

ISBN 978－7－01－018032－8　定价：110.00 元

邮购地址　100706　北京市东城区隆福寺街 99 号
人民东方图书销售中心　电话（010）65250042　65289539

前　言

2016 年，我国电子信息产业深入贯彻落实党中央、国务院的决策部署，加快推进结构调整，产业整体呈现稳中有进态势，取得"十三五"时期的开门红。全年规模以上电子信息制造业收入达 12.2 万亿元，同比增长 8.4%；实现利润总额 6464 亿元，同比增长 16.1%，平均利润率达到 5.3%，比上年提高 0.6 个百分点。电子信息制造业收入和利润占全国工业的比重达到 10.6% 和 9.4%，分别比上年提高 0.6 个和 1 个百分点。

产业结构持续优化。主要产品智能化、高端化、发展成果显著，智能手机、智能电视市场渗透率超过 80%，国产品牌的高端彩电、手机和路由器加快涌现。新兴领域产品布局不断拓展，智能可穿戴设备、智能家居产品、虚拟现实设备以及无人机等新兴产品种类不断丰富。

创新能力持续增强。重点领域创新成果不断涌现，采用国产 CPU 的"神威·太湖之光"成为世界首台运算速度超过十亿亿次/秒的超级计算机，国产智能手机芯片市场占有率突破 20%，国产智能电视 SoC 芯片装机达到 800 万颗，采用国产芯片、支持北斗导航的智能手机出货量超过 1800 万部，我国主推的极化码（Polar 码）被国际标准组织采纳为 5G 的控制信道标准方案。2016 年，华为、中兴、京东方、腾讯、联想、华虹宏力等六家电子信息类企业入围国内企业发明专利授权量排名前十强。

产业"短板"加速"补齐"。围绕高端芯片、新型显示等产业短板，在政策取向和技术趋势的引导下，积极推动资源整合，部署了一批重大项目。尤其是在集成电路领域，武汉存储器、华虹"909"二期等项目顺利开工建设，紫光集团、长江存储、中芯国际等共同发起成立中国高端芯片联盟，产业投资基金的撬动作用正不断凸显。

支撑引领作用进一步凸显。电子信息产业发展带动两化融合水平稳步提升，2016 年我国数字化研发设计工具普及率达到 61.8%，工业企业数字化生

1

产设备联网率达到 38.2%。信息技术在"天宫"二号、"神舟"十一号和"墨子"号等国防和国家重点工程领域发挥重要作用。电子信息产业与金融、交通、医疗、教育等其他领域的产业融合、技术融合、市场融合进一步加速和深化，正逐步推动我国经济社会转型发展，对国民经济和社会发展的支撑引领作用愈发凸显。

一

当前，我国电子信息产业发展的内外部环境正在发生深刻变革，产业发展进入由大变强、由跟随并跑向并跑领跑转变的重要战略节点，产业发展的驱动力量正在发生深刻改变。应加强研判国内外电子信息产业发展新形势，准确把握产业发展面临的机遇，应对挑战。

第一，全球信息技术创新进入新一轮加速期。云计算、大数据、物联网、移动互联网、人工智能、虚拟现实等新一代信息技术快速演进，硬件、软件、服务等核心技术体系加速重构，单点技术和单一产品的创新正加速向多技术融合互动的系统化、集成化创新转变，创新周期大幅缩短。同时，信息技术与制造、材料、能源、生物等技术的交叉渗透日益深化，智能控制、智能材料、生物芯片等交叉融合创新方兴未艾，工业互联网、能源互联网等新业态加速突破，大规模个性化定制、网络化协同制造、共享经济等信息经济新模式快速涌现，我国电子信息产业实现跨越发展的战略机遇窗口正在打开。

第二，全球电子信息产业竞争格局面临深度调整。美国、欧洲、日本、韩国、澳大利亚等发达国家依然占据电子信息产业价值链制高点，在大力构建信息经济新优势的同时，积极以信息技术为手段推动再工业化进程，争取未来全球高端产业发展主导权。跨国企业加快重组步伐，积极部署工业互联网、人工智能、虚拟现实等前沿技术领域，重磅并购重组频繁上演，仅集成电路这一核心领域，2016 年全球并购交易规模超过 1300 亿美元，包括软银收购 ARM、高通收购恩智浦等重磅交易。电子信息产业新兴国家（地区）加快谋篇，积极参与全球产业再分工，承接资本及技术转移。我国已成为全球最大的信息产品消费市场和制造基地，在互联网、通信服务、设备与终端产品等领域形成了一批龙头企业，在全球产业分工体系中呈跃升态势，具备了跨越发展的条件。同时，也面临发达国家"高端回流"和发展中国家"中低端分流"的双向挤压，以及国内要素禀赋深刻变化、新旧增长动力转换的严峻挑战，转型升级任务更加紧迫艰巨。

第三，国家重大战略实施对电子信息产业发展提出新要求。电子信息产业正日益成为实施创新驱动战略、推进供给侧结构性改革的关键力量。近年来，我国相继启动实施创新驱动、制造强国、网络强国、"互联网＋"、军民融合等一系列国家重大战略，均将信息技术和产业视为战略基础，要求强化核心信息技术能力、构建电子信息产业生态，发挥其强有力的引领和支撑作用，进而实现"提高效率，提升质量效益"这一根本目标。《中国制造2025》明确提出"以加快新一代信息技术与制造业深度融合为主线"，并将新一代信息技术作为十大发展重点领域首位，在加速向制造强国迈进过程中，加速在集成电路、信息通信设备、操作系统等新一代信息技术领域实现突破。2016年，中共中央、国务院印发了《国家创新驱动发展战略纲要》，八大重点任务中排在首位的是"推动产业技术体系创新，创造发展新优势"，要求"加快工业化和信息化深度融合，把数字化、网络化、智能化、绿色化作为提升产业竞争力的技术基点"，明确提出"发展新一代信息网络技术，增强经济社会发展的信息化基础"。国家信息安全战略和网络强国战略的实施，也要求尽快突破芯片、整机、操作系统等核心技术，大力加强网络信息安全技术能力体系建设，增强信息安全保障能力和网络空间治理能力。

与此同时，我国电子信息产业发展也需要认真应对多方面挑战：

一是电子信息产业宏观发展环境仍然复杂严峻。信息技术竞争已经从产业层面上升至国家层面，世界主要国家纷纷将电子信息产业确立为未来发展重点和制高点，进一步加剧了产业激烈竞争态势，加上"逆全球化"思潮和保护主义倾向抬头，产业发展的外部环境趋向恶化，部分细分领域面临贸易摩擦的风险。与此同时，我国经济进入新常态，土地、劳动力等要素价格增长较快，产业投资增长呈阶梯状下行态势，民间投资意愿不高，我国电子信息产业的成本优势和传统外贸竞争优势正在减弱。

二是核心基础能力仍显薄弱。多年来，我国电子信息产业发展呈现出应用强、基础弱的"倒三角"形态，在先进制造工艺、基础原材料、核心设备等关键基础领域距离国际先进水平仍有较大差距，核心产品仍依赖进口。

3

2016年我国集成电路进口额高达2271亿美元，高居我国各种产品进口额之首。在电子专用设备方面，2016年我国集成电路新开工建设重大项目中，90%的生产设备都要依赖进口。

三是新兴技术产业化步伐仍需加快。近几年，智能硬件、虚拟现实、智慧健康养老、智能汽车等新业态层出不穷，但其增长仍然不足以支撑行业的快速发展。究其原因，主要是：关键核心技术还需要进一步突破；发展模式尚未确定，各方都在积极探索；新兴领域跨界融合特征明显，需要打破原有产业发展模式和组织形式。前两年十分火热的智能可穿戴设备，包括智能手表、智能眼镜、智能服饰等，由于低功耗等技术问题得不到解决，产品功能未能命中消费者需求痛点，市场始终未能充分打开。

四是产业生态体系构建仍待加强。电子信息产业已进入生态竞争时代，苹果、三星等跨国龙头企业所以能够取得令世人瞩目的骄人业绩，关键就在于牵头构建起了健全的产业生态体系、持续增强了对产业资源的统合能力。我国电子信息领域的龙头企业在产业链拓展、价值链增值、创新链整合等方面与国际领先企业还存在较大差距，牵头构建产业生态的能力仍待加强，"大、中、小"协调发展、各方资源有机互动的产业生态体系尚未健全。

二

面对新一轮信息技术创新和产业变革热潮，我们要以习近平总书记关于网络信息核心技术突破的一系列重要讲话精神为指引，落实党中央、国务院关于稳增长、促改革、调结构、深融合、惠民生、保安全的部署和要求，立足制造强国、网络强国战略全局，坚持稳中求进，坚持提高发展质量和效益，坚持供给侧结构性改革，深化创新驱动，加快电子信息产业转型升级以及与传统领域的融合发展，以产业新动能带动经济社会实现新发展。重点要抓好以下工作：

第一，强化核心关键基础技术研发，增强体系化创新能力，进一步夯实产业基础。瞄准信息产业关键环节和重点领域，布局建设国家创新中心，优化创新资源配置。强化顶层设计，编制核心信息技术发展路线图，启动实施网络信息核心技术和设备攻坚工程，重点突破集成电路、智能传感器等具有全局影响力、带动性强的核心关键环节，推动在 CPU、FPGA 等重大破局性战略部署，优化集成电路重大生产力布局，打造全产业链协同创新机制。强化核心基础元器件、先进基础工艺、关键电子材料和专用设备等支撑保障能力。瞄准产业发展制高点，选择新型计算、人工智能、智能传感等前沿关键技术开展联合攻关，抢占产业发展主导权。强化关键技术协同创新，突破高端存储设备、新一代移动通信设备与系统、智能传感、虚拟现实、新型显示等新技术，实现群体式创新突破，夯实产业发展基础。强化科技创新活动的知识产权导向，积极推进创新成果商品化、产业化，强化知识产权运营，推动知识产权成果标准化。

第二，积极推动供给侧结构性改革，打造智能信息产业，培育产业发展新动能。发挥智能信息产业对"中国制造 2025""互联网＋"等国家战略的支撑作用，以智能制造为主攻方向，大力发展工业智能传感器、智能工控系统、工业机器人等核心技术产品和智能装备系统。加强智能硬件核心关键技术创新，提升高端智能硬件产品有效供给。制定实施通信产业链配套能力提升工程，继续推进 4G 智能手机、行业应用终端、"天通"一号终端等产品的融合创新发展。提升虚拟现实产品供给，推进虚拟现实在重点行业的融合应用。加强智能硬件核心关键技术创新，提升高端智能硬件产品有效供给。制定实施通信产业链配套能力提升工程，继续推进 4G 智能手机、行业应用终端、"天通"一号终端等产品的融合创新发展。提升虚拟现实产品供给，推进虚拟现实在重点行业的融合应用。开展下一代数字电视技术与标准研究，推动智慧家庭终端产品整体更新换代。推动新型显示产业创新发展，着力提升国产显示材料配套能力，优化我国显示产品结构。支持光伏产业技术进步，通过光伏规范条件、兼并重组等手段，推动产业转型升级。

第三，深化电子信息与传统领域融合创新，积极推动典型应用示范，带动传统产业新发展。落实《中国制造 2025》，以智能制造为主攻方向，大力发展工业智能传感器、智能工控系统、工业机器人等核心技术产品和智能装备系统，积极推进行业智能制造试点示范。组织关键共性技术攻关/自主芯片等软硬件研发与应用推广以及公共服务平台建设，大力推动基于宽带移动互联网的智能汽车、智慧交通应用示范。开展智慧健康养老应用示范，推动智慧健康养老技术产品和服务创新及应用推广。加强数字化普及型医疗诊疗设备及关键部件的研发和产业化，积极推动在社区、基层和家庭示范应用。大力推进基于安全可靠芯片的高端服务器、网络设备、存储设备、工控系统、安全防护及信息安全产品等关键信息设备的研发及应用，继续推进工业控制产品与工业互联网设备、智能硬件、5G高频元器件的研发和产业化，保障关键领域重要信息系统与网络安全。

三

基于上述思考，赛迪智库研究编撰了《2016—2017年中国电子信息产业发展蓝皮书》。本书从推动产业转型升级、实现由大变强的角度出发，系统剖析了我国电子信息制造业发展的特点与问题，并根据产业发展情况，对产业运行、行业特征、重点区域、特色园区和企业近况进行了全面阐述与展望。全书分为综合篇、行业篇、区域篇、园区篇、企业篇、政策篇、热点篇和展望篇共8个部分。

综合篇，从2016年全球和我国电子信息制造业基本发展情况、细分领域发展特点、产业发展环境等角度展开分析，并提出产业健康发展的政策建议。

行业篇，选取计算机、通信设备、数字视听设备、集成电路、新型显示、太阳能光伏、电子材料、元器件及专用设备等重点行业进行专题分析，对各重点行业及细分领域在2016年的发展情况进行回顾，并总结了2016年各行业的发展特点。

区域篇，根据我国电子信息制造业发展态势，选取长三角、珠三角、环渤海、福厦沿海、中西部等国内重点发展区域和新兴增长区域，对各区域的整体发展情况、产业发展特点、主要行业发展情况和重点省市发展情况展开分析。

园区篇，结合已有的国家级电子信息制造业园区和电子信息类新型工业化产业示范基地，在全国范围选取了中关村国家自主创新示范区、深圳市高新技术产业园区、苏州工业园区等十五个重点电子信息制造业园区，对园区发展历程、发展特点、发展情况及发展趋势进行分析。

企业篇，依托于行业篇，在每个行业选取若干家经营规模、技术水平、核心竞争力居于前列或富有特色的企业展开研究，主要分析企业在2015年的总体发展情况和重大战略举措。

政策篇，介绍了 2016 年电子信息制造业产业政策环境，并对信息产业发展指南等重点政策进行解读，介绍政策出台背景、主要内容及影响等。

热点篇，选择 2016 年对电子信息制造业影响较为深远的 9 个热点事件进行介绍，分析热点事件发生背景、主要内容和影响等。

展望篇，结合我国电子信息制造业发展面临的国际国内形势、发展现状与趋势以及国内外重点研究机构的预测性观点，对我国电子信息产业 2017 年运行情况做了展望，并同时展望了行业篇与区域篇选取的重点行业与重点区域的 2017 年发展走向。

当前，我国电子信息产业发展已进入攻坚克难的关键阶段，由大变强、转型升级的任务显得尤为迫切。面对世情、国情的深刻变化，面对全球产业分工和竞争格局剧烈变革带来的机遇和挑战，我们既要肯定过往实践中取得的发展成果和经验，更要正视积累形成的结构性矛盾和深层次问题，要坚持贯彻"创新、协调、绿色、开放、共享"新发展理念，加快前瞻布局，加强创新实践，加速应用推广，以落实"中国制造 2025"和"互联网 +"行动等国家战略为依托，推动我国电子信息产业实现跨越式发展！

工业和信息化部电子信息司司长

目　　录

区　域　篇

园 区 篇

企 业 篇

政 策 篇

热 点 篇

展 望 篇

综合篇

第一章　2016 年全球电子信息产业发展状况

2016 年，全球电子信息产业市场规模稳步增长，产业发展进入新阶段。一方面，受全球经济缓慢复苏、市场风险尚存的影响，消费电子产品市场持续萎缩，国内外企业均面临压力；另一方面，技术创新浪潮不断涌现，电子信息产品推陈出新，投融资并购依旧火爆。从细分领域来看，PC 市场复苏依然缓慢，智能手机、液晶电视、锂电子电池市场呈增长态势，集成电路领域市场集中度进一步提高，LED 产业整体面貌发生较大改观，光伏市场蓬勃发展。从主要国家发展状况来看，亚洲和其他新兴经济体市场成为带动全球电子信息制造业发展的新动力来源，美国、欧盟、日本等发达国家和区域的产业增速将有所放缓，主要国家对于人工智能、虚拟现实、智能驾驶等新兴领域的重要性与战略性均达成共识，纷纷加强对新兴领域的战略部署。

第一节　产业总体发展情况

一、全球经济发展总体态势

2016 年，全球经济复苏态势不稳，市场风险依旧广泛存在。国际货币基金组织（IMF）年内多次调降全球经济增长预期，并在 2016 年 10 月发布的《世界经济展望》报告中指出，2016 年全球经济增长低迷不振，年增长率预计为 3.1%。其中，发达经济体仅将增长 1.6%，低于上年 2.1% 的增速，而新兴经济体的增速将升至 4.2%。2016 年 3.1% 的预期增速不仅低于 1980—2015 年的历史均值 3.5%，还低于 2008—2015 年的均值 3.3%。IMF 预测全球经济 2017 年增速为 3.4%，全球各国经济增长将呈现差异化走势。发达经济体中，美国疲软的商业投资、英国"脱欧"、日本上调消费税率等因素都增加了全球经济复苏的不确定性；新兴市场和发展中经济体有望助推全球经济增长，印度成为金砖国家中增速最快的经济体，但俄罗斯和巴西在逐步走出衰退的过程中仍存在不稳定性。由于各国刺激性政策作用衰退，结构性改革尚需时日，全球货币宽松仍将延续，市场潜在风险依旧广泛存在。

二、电子信息产业发展情况

受全球经济和世界各国经济发展态势对全球电子信息产业的影响，2016年世界电子信息产业市场规模约为 1.9 万亿美元，同比增长 2.8%。从区域发展格局看，亚洲和其他新兴经济体市场成为带动全球电子信息制造业发展的新动力来源，美国、欧盟、日本等发达国家和区域的产业增速将有所放缓，各国经济增长差异化的走势将使全球电子信息产业的主体动力来源发生改变。

三、电子信息产业发展特点

消费电子产品市场持续萎缩，国内外企业均面临压力。受全球经济低迷影响，全球消费电子产品市场规模进一步萎缩，智能手机销量增速持续放缓，由两位数增长进入个位数增长阶段；平板电脑、笔记本电脑出货量持续衰退。2016 年第四季度数据显示，全球 PC 出货量同比下滑 3.7%，已连续九个季度下滑，创业内最长纪录；全球平板电脑销量同比下降 20.1%。苹果、三星等国际品牌和联想等国内品牌受到需求疲软和利润下滑影响，均已减少在相关产品上的资源投入，营业收入也受到影响。根据企业财报，苹果营业收入同比下降 8.9%，三星营业收入同比下降 7.5%。

技术创新浪潮不断涌现，产业发展出现新契机。在"工业 4.0"、工业互联网等产业发展理念的持续引领下，世界各国电子信息技术在广泛交叉和深度融合中不断创新，为产业发展提供了新动能。云计算、大数据正引发计算架构的变化，催生了大量新型服务与新业态；智能硬件、智能网联汽车等新型智能终端加速孕育，特色发展模式不断出现；各国人工智能、虚拟现实、智能感知等一批融合性新兴技术的加速发展，成为技术创新发展亮点，使得移动互联网、物联网、工业互联网等信息技术与传统领域在深度融合的同时，进一步拓展出产业发展空间，一批新的产业增长点快速涌现。全球电子信息产业正在焕发出新的生机和发展活力，产业发展迎来新机遇。

电子信息产品推陈出新，人工智能和VR/AR成为主旋律。在传统智能终端出货量增速下降的同时，智能化由传统消费电子产品向外延产品扩张，同时，随着新兴技术的发展，电子信息产品越来越多地加入人工智能元素。智能硬件、智能电视、可穿戴设备、智能家居成为产业发展热点，机器人科技为代表的智能产业蓬勃兴起，服务机器人日益普及。虚拟现实技术融合数据获取、分析建模、绘制展现和传感交互四类技术，目前已由"概念阶段"向消费级应用快速演进，谷歌眼镜、索尼VR游戏机、脸谱（Facebook）和微软虚拟现实头盔等产品相继推出，吸引全球关注。随着人工智能和VR/AR企业级产品的推陈出新，电子信息制造业发展将迎来新的时代。

投融资并购依旧火爆，企业竞争格局不断演变。纵观2016年，全球电子信息制造业领域投融资热度继续升温、并购规模继续扩大。全球信息技术创新仍然处于迸发期，通信、集成电路等领域出现了颠覆性突破的新苗头，虚拟现实、人工智能、无人驾驶等领域成为产业发展的新热点。为加快技术创新和生态建设，抢占发展先机，国外巨头企业纷纷在新兴领域实施投资融资、战略并购。例如，英特尔投资格兰德芯，加速无线芯片研发；谷歌大手笔投资开发飞行汽车；恩智浦收购飞思卡尔，成为全球最大汽车半导体供应商；软银收购ARM，瞄准ARM架构芯片在物联网领域的巨大发展潜力；诺基亚收购Ventech Europe Portfolio，进军可穿戴设备领域。伴随着投融资和并购重组的加速进行，重点领域的企业竞争将更加激烈，从而改变全球电子信息关键领域的竞争格局。

第二节　细分产业发展情况

一、计算机产业发展情况

全球PC出货量自2012年开始便持续呈现逐年下滑的局面。2016年，受第一季度存货量高、Win10 免费升级政策延续等问题影响，出货量依然不理想。2016 年全球 PC 出货量共计 2.697 亿台，比 2015 年减少 6.2%。在消费者市场，受平板电脑和智能手机强力竞争的影响，PC 市场复苏依然缓慢，且面临配件供货紧张的问题。从区域来看，亚太市场延续了稳定态势，较上年有轻微收缩，美国市场的增长略有下降。从厂商来看，2016 年四季度，全球前六大厂商中有四家的全球 PC 出货量出现增长（见表 1 - 1）。前三大厂商的全球市场占有率在第四季度均有增长。其中，联想品牌稳居第一，其在北美、欧非中东市场的出货量均出现增加，但在亚太、日本则继续面临挑战。惠普、戴尔紧随联想之后。

表 1 - 1　2016 年第四季度全球 PC 厂商单位出货量估算值

（单位：千台）

厂商	2016Q4 出货量	2016Q4 市场占有率（%）	2015Q4 出货量	2015Q4 市场占有率（%）	2015Q4—2016Q4 增长率（%）
联想	15781	21.7	15535	20.6	1.6
惠普	14808	20.4	14204	18.8	4.3
戴尔	10723	14.8	10175	13.5	5.4
华硕	5452	7.5	5960	7.9	-8.5
苹果	5440	7.5	5321	7.0	2.4
宏碁	4999	6.9	5228	6.9	-4.4
其他	15408	21.2	18970	25.2	-18.8
总计	72611	100.0	75384	100.0	-3.7

注：以上数据包含台式机、笔记本电脑与顶级 ultramobile 机型（例如 Microsoft Surface），但不包括 Chromebook 和 iPad。所有数值均根据初步研究结果所推算出，最终估计值可能有所变动。本统计数据以从销售渠道的出货量为准。

资料来源：Gartner，赛迪智库整理，2017 年 1 月。

二、智能手机产业发展情况

2016 年，全球手机市场整体出货量为 15 亿部，下滑 1.6%，但其中智能手机市场呈增长态势。IDC 数据显示，2016 年全球智能手机出货量总计 14.7 亿部，较 2015 年的 14.4 亿部仅提升了 2.3%，但也创下历史出货量最高的纪录，这得益于中国、美国、巴西等经济体市场表现对整体市场增长的带动。从手机品牌来看，三星手机即使受到 Note7 风波影响，仍然保持智能手机市场的领跑者地位，但其占全球智能手机的市场份额较 2015 年的 22.3% 有所下降，为 21.2%。位列第二的苹果公司，2016 年在智能手机市场的占有率也较同期有所下降，为 14.6%。而位居其后三位的品牌均来自中国，分别是华为、OPPO 和 vivo。值得一提的是，OPPO 和 vivo 的全年出货量和市场份额较 2015 年均成倍增长，显示了强劲的后发实力。

三、家用视听产业发展情况

TrendForce 集邦科技旗下光电研究品牌 WitsView 最新研究显示，2016 年全球液晶电视总出货量达 2.19 亿台，年增长率为 1.6%。这一是得益于北美通路旺季销售较预期更优，二是受惠于中国大陆房地产市场走热，三是源于大尺寸液晶电视的价格更加亲民，进而提升了全球液晶电视出货量。从品牌角度来看，2016 年位居前五位的液晶电视品牌分别是三星、乐金、海信、TCL 和索尼。其中，三星电子和乐金电子均为韩国品牌，两者在 2016 年出货量分别为 4790 万台、2820 万台，前者在 2016 年的电视出货量与 2015 年基本持平，但后者的电视出货量则同比下降 4.1%，主要原因是 2016 年初乐金内部组织重新调整，不再过于追求出货量的快速提升，二是将集团的收益与库存控制当作首要任务指标。海信、TCL 均为中国大陆品牌，两家的出货量分别为 1330 万台与 1320 万台，同比增速分别达 3.9% 和 0.8%，正向增长均来自海外市场的出货。排在第五位的索尼为日本品牌，2016 年其电视出货量达 1170 万台，同比下滑 3.7%。

四、集成电路产业发展情况

2016 年，全球半导体行业市场规模整体呈增长趋势。根据 WSTS（World Semiconductor Trade Statistics，世界半导体贸易统计协会）统计，2015 年，全球半导体产业销售额为 3352 亿美元，2016 年全球半导体行业市场规模继续保持增长，增长率为 0.3%。而近两年的兼并重组活动已经改变了半导体产业的格局，大型厂商在市场占据的比重越来越大。2016 年全球前十大半导体供应商的市场占有率总和为56%，十年间增加了11%；全球前二十五大半导体供应商2016年的全球市场占有率之和则超过四分之三的市场总额。2016年，集成电路领域有三件总金额达510亿美元的收购案发生，包括软银（Softbank）收购ARM、ADI宣布收购凌力尔特（Linear），以及瑞萨（Renesas）收购Intersil。另据IC Insights预测，世界排名前五的半导体供应商英特尔（Intel）、三星（Samsung）、高通（Qualcomm）、博通（Broadcom）与SK海力士（Hymox），2016年的全球市场占有率之和将会达到41%，较十年前的32%提升了9个百分点。

五、LED产业发展情况

全球LED产业在遭遇了2015年的"寒冬"之后，整体面貌发生较大改观。2016年，飞利浦、欧司朗、GE照明、东芝等国际传统LED巨头势头下降，纷纷开始调整产品线，而木林森、三安光电、华灿光电等本土照明企业则强势崛起，不断加快海外扩张步伐。同时，产能扩张日趋频繁，亿元级并购不足为奇。然而，在产能扩张与并购加速提升产业集中度的同时，跑路与倒闭现象也不断上演，中小企业生存面临严峻的挑战。

六、太阳能光伏产业发展情况

2016年，全球光伏市场强劲增长，新增装机容量超过73GW，同比增长37.7%，累计光伏容量超过300GW。传统市场如日本、美国、欧洲的新增装机容量将分别达到9GW、14.6GW和7.5GW，依然保持强劲发展势头。新兴市场不断涌现，光伏应用在亚洲、拉丁美洲诸国进一步扩大，印度、泰国、智利、墨西哥等国装机规模快速提升，如印度在2016年达到4GW。在中国电价调整带来的抢装效应影响下，光伏新增装机量达到34.5GW，同比增长超过128%，继续位居全球首位，累计装机超过77GW，位居全球首位。全球多晶硅产量持续上升，总产量将达到37.5万吨，同比增长10.4%。全球太阳能光伏组件产量约为77GW，同比增长20.3%。

七、锂电子电池产业发展情况

随着各国政府环保意识的不断增强，新能源产业备受关注，政府不断出台相关政策进行扶持，如美国政府作为全球新能源经济的引领者，持续发力新能源汽车产业。新能源汽车、电动自行车、可穿戴式智能设备、平板电脑、智能手机、移动电源及储能电站的应用和普及将给锂离子电池产业带来史无前例的发展契机。全球锂离子电池隔膜市场将继续稳步发展。随着锂离子电池应用范围的逐步扩大，其规模的相应快速扩张也带动了整个锂离子电池隔膜产业的高速增长。全球锂离子电池隔膜产量在 2016 年达到 16.6 亿平方米。

第三节　产业支出情况

Gartner 发布的数据显示，2016 年全球 IT 支出（包括硬件、IT 服务以及通信市场）总额稳步扩大至 3.41 万亿美元。其中，2016 年数据中心系统支出预计将达到 1740 亿美元，较 2015 年增加 2%。市场驱动力主要为大中华区与西欧服务器市场的强劲增长势头，以及北美企业级网络设备市场进入换机高峰期。终端设备支出到 2016 年底预计将达到 6270 亿美元。俄罗斯、日本与巴西经济的停滞将拖累设备需求及全球个人电脑（PC）市场复苏的脚步。此外，Windows 10 的推出也进一步导致消费者延后购买 PC 的状况；在升级 Windows 10 后，消费者将愿意继续使用旧有 PC。IT 服务市场相关支出与望增加 3.7%，达到 8980 亿美元。日本是 IT 服务支出增长最快的地区，增长率为 8.9%。

表 1-2　2016 年全球 IT 支出规模

（单位：十亿美元）

类别	2014 年支出	2014 年增长率（%）	2015 年支出	2015 年增长率（%）	2016 年增长率（%）
终端设备	689	4.4	725	5.8	−5.3
数据中心系统	143	2.3	144	2.9	2
IT 服务	964	4.6	1007	4.1	3.7
电信服务	1635	0.7	1668	2.0	−1.4
总计	3429	3.2	3544	3.7	3.7

资料来源：赛迪智库整理，2017 年 1 月。

第四节 产业研发投入情况

从各国研发投入看，根据欧盟委员会发布的"2016全球企业研发投入排行榜"，2015—2016财年的全球共2500家企业研发投入。其中，欧盟590家，美国837家，日本356家，中国大陆327家，中国台湾111家，韩国75家，瑞士58家。全球前100大研发企业投资占到整个2500强企业研发的53.1%。总体来看，美国企业领跑全球，研发投入占全球的38.6%，位居其后的依次为日本、德国和中国。近年来，中国企业创新研发投入不断加大，2016年投资额同比增长24.7%，投资额在全球的比重也由前一年的5.9%提升至7.2%。

从企业研发投入来看，根据欧盟委员会发布的"2016全球企业研发投入排行榜"，在此榜单中研发投入增幅最大的行业是ICT（信息、通信和技术）产业。其中，韩国三星电子是榜单中ICT企业排名最靠前的，位居榜单第二，其次是美国英特尔，在榜单中排名第三，中国华为位居榜单排名第八位，是唯一进入前十名的中国企业。中国大陆六家企业进入百强榜，其中华为、中兴通讯、中石油、中国铁总、百度、中国中车分别位列第8、65、79、91、93、96位。苹果公司2016年全年研发投入为74.1亿欧元，世界排名第11位；美国制造业巨头IBM 2016年全年研发投入45.15亿欧元，世界排名第27位。此外，进入前一百名榜单的互联网公司百度全年研发投入为14.44亿欧元（71.8亿元人民币）。

第五节 主要国家发展状况

一、美国电子信息产业发展状况

2016年，美国电子信息产业市场规模约为4388亿美元，占世界电子信息产业市场规模的23%，电子产品产值和市场规模实现平稳增长，细分行业发展格局稳定，既定信息科技战略不断推进，引人瞩目。奥巴马于任期最后一年在继续推进脑计划、精准医疗、智慧城市和美国制造等重大科技战略计划的同时，又陆续推出几项重大科技战略，以确保美国头号电子信息产业强国地位。

在通信领域，美国政府推进"全民联网"的宽带网普及计划，目标是到2020 年为 2000 万低收入美国人提供高速互联网服务，最主要内容是将宽带互联网纳入"生命线"项目中；联邦通信委员会一致同意，向移动和固定无线宽带服务提供商开放近 10.85 兆赫兹（GHz）的频谱资源，美国因此成为世界上第一个为 5G 应用确定并开放大量高频频谱的国家。

新兴技术领域，美国积极抢占人工智能先机，发布了《为未来人工智能做好准备》和《美国国家人工智能研究与发展策略规划》两份重磅报告，详细阐述了美国未来的人工智能发展规划以及人工智能给政府工作带来的挑战与机遇。在此基础上，又发布了《人工智能、自动化与经济》（Artificial Intelligence，Automation，and the Economy）报告，提到了智能技术和自动化技术对经济的影响以及可能的应对策略。

此外，还着重部署智能汽车领域，发布《联邦自动驾驶汽车政策指南》，列出了无人车厂商需要提交的 15 项"安全评估"标准，为美国自动驾驶汽车的发展指明了方向；之后，密歇根州出台了首部无人驾驶汽车法规，成为美国颁布自动驾驶汽车综合性法规的第一个州。此法规的发布，为无人驾驶的合法发展提供了积极的政策管理信号。上述政策充分展示了美国抢占全球科技产业制高点的决心，以及通过科技创新推动电子信息产业发展的意愿。

二、日本电子信息产业发展状况

2016 年，日本电子信息产业市场规模约为 1444 亿美元，占世界电子信息产业市场规模的 7.6%，在全球电子信息产业规模中所占比重仍在下降。从细分领域看，差异化走势较为明显，如在彩电领域，日本 2016 年彩电品牌走弱，在全球的市场份额降至 9.4%；在 OLED 领域，日本企业则牢牢抓住上游部分关键材料的供应，在全球 OLED 设备与材料占据绝对的技术和规模优势，目前许多公司在增强 AMOLED 材料的寿命和特性方面发挥了关键作用。

为加强科技创新，日本极度重视电子信息技术发展的"战略性和前瞻性"。日本内阁制定了科学技术《第五期基本计划》，该计划提出 2016 年至 2020 年日本科学技术政策的重大方向。在促进信息技术创新的同时，日本政府更加注重科技创新发展的手段，以促进科技政策顺利推行，如日本内阁出台了 2016 年的《科学技术创新综合战略》，重点包括构建开放式创新所需的要素循环体系，提升制造业和创新实力，营造创新所需要素的良好环境，改革科技创新推进机制等。

三、德国电子信息产业发展状况

2016 年，数字化在德国电子信息产业中扮演着重要角色，该领域取得的进展强化了德国电子信息产业创新型国家地位。德国政府推行《数字化战略2025》，根据这一新战略，德国将投入 1000 亿欧元，在 2025 年前建成覆盖全国的千兆光纤网络。德国的数字化战略具体来说就是以计算机、网络和大数据等信息技术为基础，建立智能工厂、智能交通、智慧城市和智能家居等一系列数字化系统，全面提高德国经济竞争力，推动社会创新发展。根据德国政府分析，德国企业如能持续应用数字技术，未来 5 年可增加 820 亿欧元产值。另外，随着下一代移动通信网（5G）的推广，德国将在 5G 标准方面起到创新引领作用。

大量的研发投入成为德国电子信息产业创新能力持续提升的有力保障。德国联邦政府发布的《2016 联邦研究与创新报告》显示，德国总的研发投入已占约 3% 国内生产总值，其中企业在研发总投入中的占比达到 2/3。在世界经济论坛最新发布的全球竞争力报告中，德国排名第四，其中有 5 家企业位居欧洲最具创新能力的前十家企业之中。随着国际竞争日趋激烈，德国强调针对未来发展趋势和挑战的研究，以及提升中小企业创新能力，旨在长期保有电子信息制造业国际竞争力。

四、英国电子信息产业发展状况

"脱欧"公投后，英国电子信息产业受到一定影响，为继续着力构建信息技术创新实力，经过半年的酝酿和调整，英国对未来信息技术政策的部署逐步清晰化，确定了电子信息产业在科技创新战略中的领导地位。

为确保政府对电子信息产业研究和创新的长期承诺，保持"脱欧"后英国在研发和创新方面的优势，英国政府计划于未来 5 年设立总额达 230 亿英镑的"国家生产力投资基金"（NPIF），NPIF 将在 2020—2021 年前额外提供总计 47 亿英镑的研发经费，这笔资金将用于支持机器人、人工智能等英国具有竞争优势的新兴技术领域，以在全球科技竞争日趋激烈的大环境中，为英国打造科技创新竞争力；政府还将成立"产业战略挑战基金"，加快科研成果转化步伐，并对现行研发税收激励政策进行审查，通过税收优惠等措施激励企业创新，为英国的研究创造竞争环境。

通信技术领域方面，英国政府充分展示了其在未来成为全球 5G 通信技术领导者的雄心。为此，政府计划在宽带网络建设和支持 5G 移动通信技术研发方面投入 10 亿英镑。

智能交通技术领域方面，英政府计划在高效节能运输、可再生能源和无人驾驶汽车等领域的研究与开发方面投资 3.9 亿英镑。英国还投入 4.5 亿英镑用于铁路数字信号技术的研发应用，旨在改进其技术性能，提高可靠性。

五、法国电子信息产业发展状况

2016 年，法国电子信息产业与工业、数字经济等发展战略紧密结合。法国政府对实施近 3 年的"新工业法国"战略进行了阶段性总结梳理，提出以"优化布局、加大投资力度"为下一步工作方向的部署。法国政府在该战略中提出，通过创新驱动工业转型升级，并制定了 34 项具体产业发展计划。

在启动"未来工业"计划后，"新工业法国"战略迅速转入下一阶段。调整后的法国"再工业化"总体布局为九大工业解决方案，包括智慧物联网、数字经济、数字安全、新型能源、可持续发展城市、未来交通等九大领域。其中，特别强调将物联网颠覆性技术，作为推进数字技术新行动计划的重中之重。

英国公投"脱欧"后，法国开始吸引英国科技企业、人才迁居巴黎。法国期待通过税收等政策性优惠，吸引更多英国及海外科技精英进驻，从而增强本国在电子信息产业等领域的竞争力。

六、韩国电子信息产业发展状况

2016 年，韩国仍然保持全球半导体、消费电子等电子产品生产大国的地位，三星电子、LG、SK 海力士等公司的产品市场占有率较高，半导体技术、通信技术、显示技术等关键技术居于世界领先水平。

在 2016 年年中举办的第二届科学技术战略会议中，韩国选定了未来九大国家战略项目，包括人工智能、虚拟现实与增强现实、自动驾驶汽车、轻质材料和智能城市、精密医疗技术等，预计安排政府投资 1.6 万亿韩元，协调企业出资 6152 亿韩元。尤其对于虚拟现实与增强现实产业，创造科学部与其他 12 个有关部委计划在未来三年投入 2000 亿韩元，并制定了虚拟现实产业发展计划；协同文化体育观光部和产业通商资源部等政府部门，在今后五年内投资 2790 亿韩元，将与美国等 VR 技术先进国家的差距从现在的 1.7 年缩小至 0.5 年。可见，韩国政府对于虚拟现实与增强现实产业的重视程度极高。

此外，对于无人驾驶等战略性新兴产业，韩国政府也增强支持力度，根据韩国"国家科学技术审议会暨运营委员会"公布的《第三届科学技术基本计划（2013—2017 年）》2016 年度实施计划，2016 年韩国政府科技与研发投资总额为 9.1 万亿韩元，较 2015 年继续增加，使韩国科技研发经费占 GDP 的比例连续四年维持在世界最高水平。

第二章　2016 年中国电子信息产业发展状况

2016 年，中国电子信息制造业发展继续保持平稳发展态势。产业规模持续增长，集成电路和平板显示等领域势头强劲，行业利润和新增投资成绩喜人，虚拟现实、OLED、人工智能等新兴热点加速培育，产品高端化趋势不断显现，核心元器件自主创新能力显著增强，骨干企业品牌知名度提升，国际竞争力不断提升。面对全球经济仍然低位徘徊、国际产业格局将继续调整等外部环境，中国电子信息制造业需要继续依靠内生动力，夯实核心基础领域发展基础、加快培育壮大新兴领域、大力发展智能信息产品、健全产业生态体系，推动产业发展进入新的发展阶段。

第一节　产业整体发展情况

一、从宏观趋势看，产业规模继续保持平稳较快增长

工信部运行局最新数据显示，2016 年，全国规模以上电子信息制造业全行业主营业务收入同比增长 8.4%，行业规模达到 12.2 万亿元；行业增加值同比增长 10%，增速比上年回落 0.5 个百分点。一方面，通信行业、计算机行业两个万亿级行业缺乏支柱性产品有目共睹，并从 2014 年手机销量下降以来，手机市场内需市场增长有限、靠外需市场拉动的趋势愈发清晰，这两个行业对电子信息制造业的增速变缓有重大影响，并尚未有改观趋势。另一方面，以集成电路为代表的器件行业逐渐成长为电子信息制造业的一个重要支柱。

龙头企业实力稳步提升。2016 年第三十届中国电子信息百强企业（2015

年）实现主营业务收入2.96万亿元，比上届增幅高达32%；百强企业总资产合计3.4万亿元，比上届增长25%以上。百强企业是行业重点产品制造的主力军，2016年生产计算机、彩电、手机、集成电路等重点产品产量分别占全行业的10.1%、71.1%、20.3%和39.6%。其中，位居榜首的华为技术有限公司2016年营业收入超过5200亿元，成为中国首个营业收入逾5000亿元的企业。与此同时，我国龙头企业整体水平不断提升，有6家电子信息企业主营业务收入超过1000亿元，58家企业收入超过100亿元。

二、从细分格局看，集成电路和平板显示势头强劲

通信设备行业产值和产量增速缓慢下滑。2016年，我国全年生产手机21亿部，同比增长13.6%，其中智能手机15亿部，增长9.9%，占全部手机产量比重为74.7%。展望2017年，全球智能手机销量增速可能持续放缓，由两位数增长进入个位数增长阶段，中国通信设备行业也难以重现快速增长态势。

计算机和智能终端市场依然缺乏提振因素。全球笔记本电脑、平板电脑出货量持续衰退，2016年，全球个人电脑产量连续第5年下滑，销量为2.7亿台，出货量同比下滑6.2%。截至2016年第四季度，全球个人电脑已经连续九个季度下滑，创业内最长连续衰退纪录。全球平板电脑出货量为1.748亿台，同比降幅仍然保持两位数以上，达到15.6%。受外部环境影响，中国计算机行业产量同比下降，2016年，我国生产微型计算机29009万台，同比下降7.7%。展望2017年，在移动互联设备的冲击下，全球个人电脑市场仍将低迷，我国计算机设备行业也缺乏提振因素。

家用视听行业受需求影响产量波动较大。2016年，受欧洲杯和里约奥运会需求拉动，我国共生产彩色电视机15770万台，同比增长8.9%，其中液晶电视机15714万台，增长9.2%；智能电视9310万台，增长11.1%，占彩电产量比重为59%。

集成电路领域产业规模继续增长。2016年我国共生产集成电路1318亿块，同比增长21.2%。但受全球半导体市场销售规模整体下滑影响，2016年以来中国集成电路进口额出现下滑，全年集成电路进口2271亿美元，下降1.2%。展望2017年，随着芯片制造重大项目的陆续启动，集成电路规模仍

将持续扩大，但受外部环境制约出口难以出现逆势增长。

平板显示行业企业经营持续向好。受电视销量走高的拉动和韩国、中国台湾面板供货紧张影响，2016年全球新型显示产业销售收入超过1150亿美元，同比增长2%，出货面积为2.02亿平方米，同比增长8%。我国新型显示产业全年销售收入超过2000亿元，同比增长19%，我国成为全球第二的显示器件生产地区，全球面板市场占有率达到35%。2016年，面板产品出现供不应求局面，部分企业订单量已经超出了产能的20%，2016年面板价格上涨约2%—3%，最高达到10%，预计2017年面板价格将进一步提升。值得关注的是，我国平板显示企业京东方（BOE）的液晶面板出货量已经占据全球第一，全球市场占有率为超过20%。

三、从经营效益看，行业利润和新增投资成为亮点

电子信息产业行业利润指标向好。2016年，全行业实现利润增长12.8%，这是近两年来电子信息制造业转型升级的一个重要体现。中国电子信息制造业要由大变强，必须要有利润支撑，同时，利润又是产业链掌控能力、自主创新能力、企业管理能力等的综合体现，利润上升说明中国企业的市场竞争力和创新能力建设上有新的改观。在利润水平提升的推动下，企业研发水平显著增强，2016年第三十届中国电子信息百强企业（2015年）研发投入合计1756亿元，平均研发强度达到5.9%，其中9家企业投入强度超过10%，不断逼近国际水平。

电子信息产业行业新增投资加速。全年规模以上项目固定资产投资额同比增长15.8%，其中半导体分立器件制造和集成电路制造领域分别增长96.4%和31.1%，成绩喜人。这是市场和政策共同推动的作用，特别在经济环境不确定性的环境下，引导投资方向，提升投资效率，对于培育下一轮产业重点具有重要作用。

第二节　重点新兴行业发展情况

一、虚拟现实

作为继计算机、智能手机之后的又一通用性技术平台，虚拟现实（VR）与教育、军事、制造、娱乐、医疗、文化艺术、旅游等行业领域的深度融合，未来有望带来超过万亿美元的产值效益，并对人类认识世界、改造世界的方式方法带来颠覆式变革。2016 年，中国虚拟现实产业规模快速增长，消费级虚拟现实产品成为拉动市场规模增长的主力。根据 GFK 数据，2016 年中国虚拟现实零售市场总额达 6.5 亿元，全年销量约 460 万台，预计将于 2017 年突破 16 亿元。国内的创新型企业和创业团队快速跟进，高密度地推出各类虚拟现实设备，以及以视频游戏娱乐为代表的虚拟现实应用，行业创新型应用产品不断涌现。

2016 年 9 月，由中国电子信息产业发展研究院与北航、歌尔、HTC 等联合发起成立了中国虚拟现实产业联盟，成为中国首个覆盖全产业链的 VR 联盟，联盟设立了政策研究、标准、共性技术、应用、投资促进、影视内容制作、国际合作等 7 个委员会，分别针对不同方向推动产业发展。

虚拟现实是新兴领域，尤其需要政策的导向，主要体现在发展方向引导、共性技术研发、预防投资过热和投资陷阱等方面。工信部正在加快《虚拟现实产业发展指导意见》编制工作，在政策引导和市场需求的双重驱动下，虚拟现实若干共性技术难题有望得到解决，市场产能得以释放，产业将迎来快速上升期。虚拟现实行业应用初现端倪，制造、交通、医疗、教育、文化传播、旅游等行业级虚拟现实应用将加速铺开，市场产能进一步释放，产业迎来快速上升期。

二、OLED 显示

2016 年 OLED 市场呈现出上半年需求迸发、下半年市场趋于理性的局面。

AMOLED 在智能手机上得到大面积应用，AMOLED 面板在平板电脑和 AMOLED 电视的渗透率逐年提升，等离子面板则逐渐退出市场。目前，中国大陆地区 OLED 投产规模超过 2500 亿元，其中 2016 年内已完成投资约 1500 亿元。

2016 年市场关注的核心问题是，OLED 是否将快速取代 TFT－LCD？针对此问题，OLED 产业联盟与相关行业协会、龙头企业等开展了多次研讨，与会代表来自中、韩等行业重要国家和地区，目前国内外显示行业取得了基本共识：从良率和显示性能等技术和价格敏感度、消费者认知度等市场反响看，在中小尺寸，AMOLED 将在新兴应用市场占据较大优势，同时在传统领域与 LCD 开展竞争；而在大尺寸领域，目前 OLED 优势不明显，仍然难以撼动 LCD 的主流地位。

三、人工智能

2016 年是人工智能发展元年，特别是 AlphaGo 与韩国棋手李世石的世纪对决，更是将人工智能推上了风口浪尖，人工智能的进展速度和人工智能在更广泛领域的应用方向，正在成为全球关注的热点。人工智能相关企业数量显著增加，投融资行为踊跃，据统计，美国人工智能相关企业总数近 3000 家，中国人工智能相关企业数量约 700 家，北京、上海、深圳三地成为全球人工智能发展的重要集聚地，此外中国人工智能全年融资规模约为 26 亿美元，位居全球第二。

人工智能部分领域已经从技术研发进入到应用创新，语音识别是当前人工智能中具有重要突破的领域，成为产业界的关注焦点。中国"互联网＋"行动中单列了"互联网＋"人工智能重点行动，将智能识别等列入未来发展方向。2016 年 5 月 18 日，国家发改委、科技部、工信部、网信办联合发布了《"互联网＋"人工智能三年行动实施方案》，进一步明确了要推进计算机视觉、智能语音处理、生物特征识等关键技术的研发和产业化，为产业智能化升级夯实基础，也更加明确了中国对语音识别的支持力度。未来，人工智能将有望在交通、机器人、医疗等领域率先突破，助力改善民生和提升生产效率。

第三节　值得关注的问题

一、全球经济仍然处于低位徘徊

世界经济复苏的不确定性正在增强，"黑天鹅"事件频频出现，"逆全球化"思潮和保护主义倾向抬头。中国经济进入新常态，土地、劳动力等要素价格增长较快，投资增长呈阶梯状下行态势，成本优势和传统外贸竞争优势不断减弱，面临着民间投资意愿不高、去产能任重道远、资金"脱实向虚"等突出矛盾和问题。全球经济环境的不确定性对中国电子信息产业发展也产生了重要影响，全球投资趋于谨慎，如何消化原先出口的产能，尽快构建持续健康的产业外部发展环境成为重要议题。

二、核心基础领域仍然是产业提质增效的薄弱环节

长期以来，中国信息产业基础领域能力较弱，特别是与中国信息产业规模与整机制造能力相比，具有较大差距，产业整体发展呈现出应用强、基础弱的"倒三角"形态。中国仍然在先进制造工艺、基础原材料、传感器等关键产品和设备领域落后国际先进水平，因此，在中国推进电子信息产业转型升级，构建智能信息产业体系的过程中，核心基础产业仍然是最重要的突破口之一。

三、新兴领域需加快培育和壮大

一方面，计算机和通信设备行业等传统优势行业增速明显放缓，要求我们加快寻找新的产业增长点。另一方面，智能硬件、虚拟现实、智慧健康养老、智能汽车等新兴业态层出不穷，但由于产业规模较小、市场化方向不确定或投资风险较大等原因，目前新兴行业增长仍然不足以成为支撑行业增长的主导力量。

四、产业生态体系构建仍待加强

中国电子信息龙头企业已经具有较大的国际影响力，在技术创新、产业发展、国际竞争等方面取得了较大进展，华为已经成为中国第一个规模突破5000亿元的巨型民营企业。但是，龙头企业仍未充分发挥产业链和价值链的统合力，不能真正发挥行业领军作用，未能促成中国电子信息制造业构建"大、中、小"协调发展的产业生态体系。

第四节　产业健康发展的措施与建议

一、加强关键技术研发，增强产业自主创新能力

进一步贯彻落实习近平总书记在网络安全和信息化工作座谈会上重要讲话精神，进一步明确电子信息产业夯实基础的重要性，将核心技术突破作为未来工作的发力方向，通过全方位、多层次、多渠道的跨界学术研发，切实实现基础技术、通用技术、非对称技术、前沿技术、颠覆性技术的突破，增强涵盖核心技术、关键材料、关键设备等的中国电子信息产业全产业链自主创新能力。

二、加快产业转型升级，建立智能信息产业体系

贯彻落实党中央提出的供给侧结构性改革精神，坚持创新驱动发展，着力推进核心技术成果转化和产业化，提升创新链、产业链、价值链整合能力，积极打造应用牵引和技术创新双轮驱动，加强产业链各环节协调互动，构建智能信息产业体系，不断优化产业结构和产业布局，加速产业向价值链高端迁移，加快实现中国电子信息产业转型升级，以满足人民日益增长和持续升级的信息消费需求为目标，推动手机、彩电等主要终端产品加快向中高端市场发展，积极发展以智能硬件为代表的新兴产品，加强质量品牌建设，优化产品结构，进一步挖掘国内市场消费潜力。

三、建立协同创新机制，促进大中小企业协作

推进产业链上下游企业、应用企业、高校、科研机构、中介机构等的协同创新，通过建立产业联盟、搭建大企业创新平台、培育创业创新孵化器等方式，充分发挥中国信息产业龙头企业的技术实力和品牌影响力，带动构建包含中小企业、小微创业团队在内的整体创新能力，推动形成产业国际竞争新优势。

四、提升企业经营效益，探索推进持续发展模式

探索开辟产融结合新路径和新渠道，统筹利用中央预算内资金渠道和国家产业发展基金，引导社会资本投入，对重点企业、重点项目加大扶持力度，开拓多样化融资渠道，在技术研发、设计的前端环节引入风险投资资金。谨防部分行业产能过剩苗头，维持平衡的市场供需关系，保持高质量的产品供给，为企业创造盈利空间，促进企业创新能力提升。

行业篇

第三章　计算机行业

2016 年，计算机行业成熟领域与新兴领域形成互补发展趋势，微型计算机等产品产量和出口额持续下滑，服务器、存储系统等领域维持快速增长态势，以联想、华为、浪潮、曙光为代表的国内服务器厂商发展迅速。产业创新步伐不断加快，"神威·太湖之光"成为国内第一台全部采用国产处理器构建的运算速度世界第一的超级计算机；浪潮高端容错计算机天梭 K1 体系结构、芯片组、容错操作系统及整体系统架构设计都取得重大突破，实现规模化推广应用；飞腾发布基于 ARM 架构的国产服务器芯片 FT－2000。行业并购频繁，紫光完成收购惠普中国子公司华三通信 51% 的股份，打造国产 IT 网络设备品牌新华三；珠海赛纳 260 亿元收购美国打印骨干企业利盟公司 100% 股权，积极布局中高端打印领域和激光打印业务，完善产品线，提升竞争力。

第一节　发展情况

一、产业规模

计算机行业产量整体持续下滑。全年生产微型计算机设备 29009 万台，下降 7.7%。出口交货值同比下降 5.4%。

计算机行业出口降幅连续收窄。全年计算机行业出口 1753 亿美元，下降 9.7%，降幅比上年收窄 4.7 个百分点。主要产品中，笔记本电脑出口 583 亿美元，下降 9.7%。

服务器行业保持增长态势。2016 年我国服务器市场继续保持稳健发展，同比增长 29%，成为全球服务器市场增长的最大动力。预计 2017 年国内服务器市场规模有望达到 82.5 亿美元，年均符合增速 6%，领先于全球其他地区。

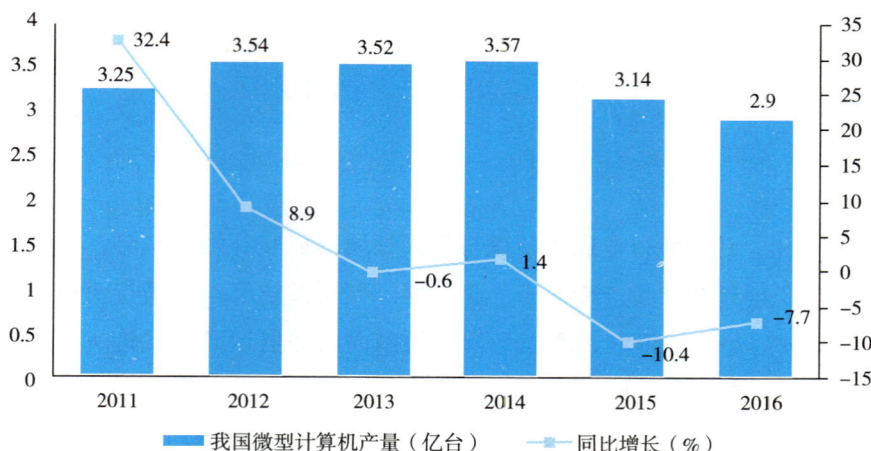

图 3-1 我国微型计算机产品产量与增长率

资料来源：赛迪智库，2017 年 2 月。

二、产业结构

市场需求持续疲软导致 PC 行业出现两极分化。近年来，由于国内外市场需求持续疲软及移动互联网的进一步兴起和发展，中国 PC 出货量继续保持下滑态势，行业发展出现两极分化现象，一方面以联想为代表的骨干企业品牌竞争力和市场影响力保持提升，如联想已连续五年成为全球最大的个人电脑厂商，2016 年第四季度年全球市场份额达到 21.7%；另一方面，其他国内企业的市场份额和营业收入持续减少，清华同方、长城、北大方正、神舟、海尔、TCL 等企业市场占比普遍低于 3%。

国产服务器出货量和市场份额继续提升。以联想、华为、浪潮、曙光为代表的国内服务器厂商近年来发展迅速，与国外服务器厂商之间的差距正在逐渐减小。2016 年第四季度，华为服务器全球出货量同比增长了 64%，跃居全球第三位，在全球整体出货量出现下滑（同比下滑 0.6%）的背景下实现逆势增长；全球服务器出货量前五的企业中，我国企业占据了三家，分别为华为、联想、浪潮。在国内市场，2016 年浪潮服务器出货量增长 14.4%，销售额增长 23.7%，市场份额达到 20.4%，继续位居国内市场首位。

　　成熟行业与新兴行业领域正形成互补发展趋势。受国际整体经济形势低迷和市场需求趋缓等因素影响，我国计算机行业运行有喜有忧。一方面，个人计算机、平板电脑等微型计算机产品产销量呈下滑趋势。另一方面，在云计算、大数据、物联网、移动互联网、智能制造、人工智能等新兴领域崛起的推动下，服务器、存储设备、智能硬件等领域市场表现良好，新技术、新产品、新模式、新应用不断涌现，重点企业加快转型，存储系统、服务器、智能硬件等领域不断加大投资力度，创业创新氛围日益浓厚，行业整体保持较快增长速度。

三、产业创新

　　超级计算机领域，"神威·太湖之光"取得全球超算榜冠军。2016 年 6 月 20 日，在法兰克福世界超算大会上，国际 TOP500 组织发布的榜单显示，"神威·太湖之光"超级计算机系统登顶榜单之首，不仅速度比第二名"天河二号"快出近两倍，效率也提高 3 倍。2016 年 11 月 14 日，在美国盐湖城公布的新一期 TOP500 榜单中，"神威·太湖之光"以较大的运算速度优势轻松蝉联冠军。"神威·太湖之光"超级计算机由 40 个运算机柜和 8 个网络机柜组成，峰值性能 125.436Pflops、持续性能 93.015PFlops，性能功耗比 6051MFlops／W，均列世界第一。"神威·太湖之光"共计拥有 40960 个计算节点，使用了国产众核芯片申威 26010，采用 28nm 制程工艺，主频 1.45G，拥有 260 个核心。"神威·太湖之光"是国内第一台全部采用国产处理器构建的世界第一的超级计算机，意义十分重大。目前，我国在超算系统的硬件方面与国外的差距正越来越小，但在超算的软件研制、应用开发和人才培养方面还有待进一步提高。

　　服务器整机领域，浪潮加大对自主研发的国产高端容错计算机天梭 K1 的推广应用。作为我国首款自主研发、具有自主知识产权的高端容错服务器——"浪潮天梭 K1"2017 年将继续加大"K 迁工程"的推广，在国内金融、能源、电力、通信等关键领域替代占据中国逾九成市场的国外主机。据了解，K1 系统在体系结构、芯片组、容错操作系统及整体系统架构设计，包括异构系统等方面都取得重大突破，在整个行业内处于领先水平。目前天梭 K1 在高端 Unix 市场（单价 250k 美金以上）占据了 14% 的市场份额，产业生态也具备了较强的竞争力。K1 是中国唯一的关键应用主机，是联机事务处理、数据仓库、大数据应用和商业智能领域的最佳承载平台。K1 可扩展 32 颗处理器，每分钟完成几百万次交易事务处理，其上运行的 K－UX 是全球第五个、国内唯一通过 UNIX 03 认证的 UNIX 操作系统。

服务器芯片领域，飞腾发布基于 ARM 架构的国产服务器芯片 FT－2000。2016 年 8 月，天津飞腾公司发布了新一代服务器处理芯片 FT－2000，该芯片代号为"火星"，最早亮相于 2015 年的 Ho:Chips 大会，主要定位于高性能服务器、行业业务主机等。FT－2000 采用 ARMv8 指令集，为自研定制架构，不同于市面上 ARMv8 的 Cortex－A53 \ A57 \ A72。FT－2000 包括 64 个 FTC661 处理器核，内存控制芯片总聚合带宽为 204.8GB/s，超过目前的 E5V3 和 E7V3，接近 IBM POWER8（230GB/s）。目前 FT－2000 处理器采用 28 纳米生产工艺，主频为 1.5—2.0GHz，功耗 100—120W，性能优越。根据飞腾公司公布的数据，该款产品在性能上与英特尔的 E5 服务器芯片持平，具有较强的市场竞争力。

第二节　发展特点

一、固定资产投资额稳步增长

在云计算、大数据、物联网、移动互联网、智能制造等快速发展推动下，我国计算机行业部分领域的固定资产投资实现平稳增长。2016 年，电子计算机行业投资增长 4.2%。党中央、国务院加强供给侧结构性改革和促投资、稳增长系列政策措施的带动，以及云计算、大数据、物联网、移动互联网等计算需求的高涨是计算机行业固定资产投资增加的主要原因。

二、行业投融资活动氛围活跃

2016 年，计算机行业并购频繁。其中，Dell 以 670 亿美元完成收购 EMC，并通过了全球的反垄断审查。Dell 收购 EMC 旨在布局高端存储和虚拟化领域，在服务器与存储市场加大砝码，缩小与惠普等企业的实力差距。紫光完成收购惠普中国子公司华三通信51%的股份，打造国产 IT 网络设备品牌新华三。珠海赛纳 260 亿元收购美国打印骨干企业利盟公司 100%股权，积极布局中高端打印领域和激光打印业务，完善产品线，提升竞争力。此外，惠普收购三星电子打印业务、高通收购恩智浦等并购案也为计算机行业增添了新动力。

三、服务器成为行业增长提振器

2016 年，我国云计算市场进一步发展与成熟，同时移动支付、O2O 应用、社交网络、人工智能、虚拟现实、智能硬件等移动互联行业快速扩张，各地政府相继推进大数据和智慧城市建设，促进大数据和智慧城市产业落地，智慧政务、智慧交通、智慧医疗、智能电网等行业对云计算、大数据产品和服务的需求不断高涨，内部更新部署以及持续的超大规模云部署对服务器市场起到了推动作用，带动服务器市场稳步增长。目前，我国的浪潮、曙光、联想、华为等四大服务器厂商借助国内市场的火热，相比 2015 年收入共增长20%左右。

四、智能硬件成为新兴增长点

2016 年，虚拟现实、增强现实、智能无人系统、可穿戴设备、智能家居、智能车载、智能机器人、智慧家庭等智能硬件产品快速增长，成为新一代信息技术领域的热点，为社会发展与经济增长提供了新动力、新空间。2016 年9 月，工业和信息化部、国家发展和改革委员会联合印发了《智能硬件产业创新发展专项行动（2016—2018 年）》，积极支持智能硬件产业的快速发展，促进传统行业的智能化转型。《行动》提出，到 2018 年，我国智能硬件全球市场占有率超过 30%，产业规模超过 5000 亿元。在低功耗轻量级系统设计、低功耗广域智能物联、虚拟现实、智能人机交互、高性能运动与姿态控制等关键技术环节取得明显突破，培育一批行业领军上市企业。

五、信息安全战略助力企业发展

在信息安全相关政策落地稳步推进下，产业层面的落地进度也在加速，国产化替代进入加速期。国家层面正在积极制定自主可控产品目录，如自主可控芯片计算机如能顺利获得政府机关订单，将是我国自主可控生态系统的突破性进展之一，也将加速带动自主可控整机、操作系统、数据库、中间件等实现国产替代。同时，因"互联网＋"时代和大数据时代的到来，对网络安全的需求也越来越大。云计算、物联网、移动互联网的逐渐兴起，将给网络安全等计算机、服务器和存储设备等厂商带来巨大发展空间。

六、开放化、定制化、模块化成为重要方向

云计算正在改变传统 IT 架构和设备形态，传统 IT 设备向开放化、定制化和模块化方向发展，超融合设备成为未来发展趋势。云计算提升了硬件资源利用率，减缓了企业对 IT 设备的扩张需求，尤其是高性能设备需求下降，开放、标准化、低成本的设备需求上升。同时，为了提高运行效率、缩短交付时间，定制化、整机柜服务器成为重要创新形态。近年来，谷歌、Facebook、微软、亚马逊等互联网企业纷纷按需定制服务器，国内的"天蝎计划"也致力于整机柜服务器的定制和创新，发展将迈入 3.0 时代。

第四章　通信设备行业

2016 年，通信设备行业进入平稳发展阶段，产量仍保持两位数增长，但进出口出现明显下滑。产业结构方面，国内智能手机市场格局出现明显变化，"中华酷联"退场，重新建立以"华米欧维"为代表的第一梯队；受政策、运营商投入及 IDC 建设推动，光通信行业发展势头良好。产业创新方面，光通信、网络通信和移动通信领域微创新成为技术产品创新的主要方向。

第一节　发展情况

一、产业规模

通信设备生产仍保持两位数增长。工信部运行局数据显示，2016 年，我国生产手机 21 亿部，同比增长 13.6%；其中智能手机 15 亿部，增长 9.9%，占全部手机产量比重为 74.7%。生产移动通信基站设备 34084 万信道，同比增长 11.1%。出口交货值同比增长 3.4%。

通信设备进出口出现明显下滑。海关总署数据显示，2016 年我国出口电话机 13.6 亿部，同比下降 5.6%，出口额 1170.9 亿美元，同比下降 6.7%，其中手持或车载无线电话机出口 12.7 亿部，同比下降 5.3%，出口额 1155.4 亿美元，同比下降 6.6%。进口方面，电话机进口 1516 万部，同比下降 18%，进口额 25.6 亿美元，同比下降 16.3%；数字式程控交换机或电报交换机进口 5726 台，同比下降 45%，进口额 20137 万美元，同比下降 50.2%。

国内手机市场保持稳步增长。2016 年，国内市场手机出货量 5.60 亿部，上市新机型 1446 款，同比分别增长 8.0% 和下降 3.3%。其中，4G 手机出货量 5.19 亿部，上市新机型 1239 款，同比分别增长 18.0% 和 12.0%。国产品牌手机出货量 4.98 亿部，同比增长 16.1%，占同期国内手机出货量的 88.9%；上市新机型 1381 款，同比下降 2.5%，占同期国内手机上市新机型数量的 95.5%。智能手机出货量为 5.22 亿部，同比增长 14.0%，占同期国内手机出货量的 93.2%，其中 Android 手机出货量 4.25 亿部；上市智能手机新机型 1244 款，同比增长 6.5%，占同期新机型数量的 86.0%。

二、产业结构

智能手机市场出现调整。受可支配收入上涨带来的消费升级影响，用户对高性价比的智能手机产品需求迅速增长，正向个性化品牌手机以及时尚化智能产品转变，我国制造商在品牌、工业设计以及商业运营方面的快速调整升级。IDC 发布报告显示，2016 年中国智能手机市场出货量年增长 8.7%，远高于 2015 年的 1.6%。其中 OPPO、华为、vivo 三家本土品牌超越苹果，成为 2016 年第四季度中国智能手机市场前三。

光通信行业发展势头良好。国家政策、运营商投入及 IDC 建设加速，共同促进光通信行业朝利好方向发展。随着长飞、亨通等一批优秀企业的崛起，国内企业对国外厂商光纤预制棒的依赖程度也在逐步下降，进口预制棒占比不断降低，而国内厂商在全球的市场份额也不断上升。据 CRU 统计，2016 年全球光纤光缆总需求达到 4.25 亿芯公里，中国市场占据 57% 的比例。此外，积极在全球进行多元化布局的中国光纤光缆企业的海外市场业绩也在稳步攀升。

通信设备核心软硬件能力依然薄弱。在核心器件领域，通信设备通用处理器、高性能 DSP 和 FPGA、高速数模转换芯片等通用芯片产品仍然严重依赖国外。例如，FPGA 方面，XILINX 和 ALTERA 两家美企占据了 80% 以上全球市场份额；ADC/DAC 方面，国内产业目前处于空白，完全依靠 TI、模拟器件等国际厂家；智能手机 CPU、传感器、大容量存储芯片，甚至高分辨率的显示器等 80% 以上依赖国外巨头供给；光器件方面，高端光器件 100% 需要进口，中低端国产化率不到 5%。在操作系统领域，95% 以上智能手机产品采用谷歌安卓系统，国产操作系统没有形成规模性市场应用，仅在少数领域使用。

三、产业创新

（一）光通信领域，多个关键技术产品实现突破

2016 年，我国在光通信领域取得多个关键技术上的突破。华为推出 OSN 1800 II 光网络设备，产品定位于城域边缘节点，首次在 2U 高盒式产品中采用基于信元的统一交换架构设计，具备高达 240GODUk/100GPKT/40GVC4/20GVC12 的统一多业务交叉容量，是业界体积最小、集成度最高的盒式 MS-OTN 产品。中兴通讯推出 ZXCTN 6180H 光网络设备，采用紧凑型高集成度设计，支持大容量低时延转发和 40GE/100GE 组网能力，满足 Pre5G 和 5G 时代接入层分组传送的承载业务需求，还可以演进支持 SDN，通过软件加载实现网络的智能化集中控制，满足面向 5G 的网络架构需求。中兴通讯推出 ZXHN F2866S 光通信设备，融合了 XGS-PON、802.11ac WAVE2、10G 以太网以及 USB3.0 等前沿技术，支持上下行全线速 10G 以太网接口，在满足大视频时代下家庭用户极速带宽需求的同时，可通过 10G 以太网接口连接企业交换机/路由器，满足 FTTO 场景应用需求。

（二）网络通信领域，网络通信产品创新成果丰富

2016 年，惠普和英特尔在北京成立 HPE-Intel NFV 联合实验室，支持中国的电信运营商转型到 NFV。中兴通讯推出 ZXR10 9900 系列交换机，充分满足云计算数据中心集中建设的需求，保证网络具备长期平滑演进的能力。阿里巴巴和美国网件联合推出智能儿童路由器，使用阿里巴巴技术安全防火墙，具有"扫描监控""管理密码防破解""Wi-Fi 密码防破解""防蹭网""网页广告拦截"等实用功能，可保护儿童上网环境；由技术服务商触云提供底层应用检测服务，为儿童健康使用各类软件提供更好保护。D-Link 推出全球首款支持 ONVIF（开放网络视频接口论坛）的 PoE 网络交换机 DGS-1100 MP/MPP，专门为简化数字监控（IP CCTV）系统的安装和管理而设计的，可自动识别 D-Link 和第三方 IP 摄像头、网络视频录像机和其他 IP 设备如门禁系统等。锐捷网络推出 RG-S6220-HDC1000 交换机，可作为数据中心万兆服务器接入交换机，拥有 48 个万兆接口，可同时支持 48 台万兆服务器接入，6 个 40G 接口支持 240G 上联，可实现 2:1 超低收敛比，大大缓解数据中心因

收敛比太大而导致的拥塞问题；通过全球 SDN 测试认证中心 OpenFlow v1.3 一致性认证，具有可以完成第三方 EVPN VXLAN 对接测试的优势。

（三）移动通信领域，微创新成为技术产品创新主要方向

2016 年，国内主要手机厂商均推出旗舰产品，例如华为推出 P9 和 Mate 9，联想推出 Moto Z，中兴推出天机 7 MAX，小米推出 Note2，国产品牌竞争力持续提升。2016 年是虚拟现实元年，索尼 PSVR、HTC Vive 和 Facebook Oculus Rift 等备受期待的 VR 头显不断推出，一些手机设备也开始配备 2K 屏支持 VR，例如华为荣耀 V8。小米也发布了两款 VR 眼镜产品。对于 VR 手机来说，由于技术的进步，正在迎来爆发式的增长。与此同时，智能手机硬件变革明显放缓、整体进入微创新发展阶段。以 2016 年前三季度中国市场出货情况为例，采用 5. X 寸及以上屏幕的智能机市占率达到 87%，已成为市场绝对主流；采用八核应用处理器的智能机市占率达到 47%、同比增长近一倍，加速替代四核、双核手机。未来本土智能终端产品将逐步向高清 2K 屏、最大屏占比、全网通等方向演进，其中屏占比 70% 以上、PPI 400 以上将成为手机屏幕的新门槛；全网通手机市场出货将快速增长，并由高端向中低端市场渗透。此外，新型元器件引入、外观设计创新和基于硬件的应用微创新等能有效提升用户体验，将成为本土品牌打造差异化竞争优势的利器，如无边框设计、FiT 边缘触控、眼纹识别等均博得众多消费者的青睐。

第二节　发展特点

一、规模特点

通信设备行业由高速增长进入平稳发展阶段。近年来，通信设备行业增长速度多居于电子信息制造业首位。但由于智能手机市场增长逐步放缓，整个通信设备行业进入平稳发展阶段，发展速度已整体落后于智能硬件等新兴行业。

二、结构特点

我国手机品牌影响力持续提升。一是国内手机行业新品牌四强格局确立，"中华酷联"退场，重新建立以"华米欧维"为代表的第一梯队。2016 年，OPPO、华为、vivo、苹果和小米位列国内市场出货量前五名，合计占据约 66.5％的市场份额。二是本土厂商通过"创新刚需功能＋深耕线下渠道"构建竞争新优势。由小米、乐视等引领的"性价比＋互联网营销"模式受"凸显差异需求＋线下实体推广"模式冲击明显，OPPO 通过主打极速快充、美颜相机，以及大规模扩充线下销售网点等方式获得极大的成功。三是国产品牌发力海外已形成差异化布局。因高性价比在印度、马来西亚、越南等亚洲多数地区有着较高占有率，目前 OPPO 和小米分别位居印度手机市场第二、线下品牌第三。此外，华为欧洲区域出货规模也实现翻番，500—600 欧元档位市场份额由 2015 年底不到 1％增至 2016 年 5 月的 14.3％；联想借助并购 moto 赢得先机，出货规模在欧洲、中东和非洲同比上升 83％，亚太地区同比增长 96％。

重点企业实力显著增强。2016 年，华为超三星成为最赚钱安卓手机厂商。由于 Galaxy Note 7 的重大事故对公司手机业务造成严重打击，2016 年第三季度，三星手机利润大幅滑落，已被华为、vivo、OPPO 等厂商超过。其中，华为手机利润在 2016 年三季度达到 2 亿美元，占全球智能手机市场盈利的 2.4％，超越三星成为最赚钱的安卓手机品牌，这在历史上尚属首次。

智能终端市场加速洗牌。2016 年国产手机市场洗牌继续，"中华酷联"成为历史，华为、小米、OPPO、vivo 成为领跑企业。酷派等老牌厂商正在逐渐被边缘化，众多中小品牌倒闭。三星、HTC 等品牌在中国市场的份额也一再被挤压。国产手机整体利润薄弱问题待解决，仍处于低利润水平。在产业方面，智能终端产业进入手机升级换代和硬件创新的双重驱动时代。我国智能手机产业实现了高端市场上突破，其中华为在高端市场上的地位进一步提升。移动智能终端产业链建设取得较大进步，在芯片设计和操作系统等上游环节实现了跃进。

三、技术特点

智能手机与新一代信息技术实现融合创新发展。智能手机基础器件突破性创新减缓、操作系统新版本普及进度屡刽新低，先进企业领跑优势与示范效应弱化，急需探寻新一轮创新机遇。互联网信息服务迅猛增长的同时，也不断推升普通大众对智能终端的期望值，对信息获取手段与速度、认知水平与价值、展现形式与地点都提出了更高要求，推动着智能终端冲击手机桎梏，变换多种形态。智能硬件领域正加快创新步伐。一是使简单的消费产品获得一定的智慧能力。如智能空调遥控器通过学习用户调温行为，完善起居习惯模型，最终实现如同本人的自主操作。二是弱人工智能已经达到实用水平，与多领域的生产型设备融合，缔造新的智能产品。2016年AlphaGo战胜人类职业选手；无论是沃尔沃、宝马、通用等汽车厂，抑或是谷歌、百度等互联网公司都加速了自动驾驶技术研发、路测和法律法规完善；适用于家居、办公、城市管理领域的机器人与智能机械手臂也有增多趋势，在模仿人类动作、表达人类情感、仿真人类手指精细动作等方面有显著进步。三是继续探索智能手机后的平台型个人智能终端。VR/AR类产品通过对显示技术的颠覆性创新，具备了成为新一代平台型终端的发展潜力，在软硬件技术和产业供给皆不成熟的状况下，提前成为资本市场与领先企业青睐的下一个风口。

国产厂商加大自主芯片研发力度。对智能手机厂商而言，市场呈完全竞争态势，迫使各智能手机厂商积极寻找不同的方式推进产品差异化。越来越多的厂商投入到应用处理器芯片的自主研发与生产，以求在市场规模不变的情况下稳住市占率并维持获利。例如，华为在关键机型上使用海思芯片；小米则被曝从ARM授权了全系列内核方案，自研进程加快；中兴通讯旗下专职应用处理器生产的中兴微电子引进了来自中国集成电路大基金的24亿元补助，成为中国政府扶植芯片发展的重要厂商，中兴通讯明年将有Pre-5G芯片问世。

四、市场特点

OPPO、vivo两大厂商崛起。2016年智能手机厂商OPPO和vivo异军突起、发展迅猛，直接改变了国内手机行业格局。据调研公司 erpointResearch 报告，2015 年三季度 OPPO 市占率达到 16.6%，vivo 为 16.2%，成为市场冠亚军，华为、小米则滑落至第三、第四。据悉，OPPO 和 vivo2016 年销量猛增，源于它们多年深耕线下三、四线城市。而 TrendForce 数据也显明，三季度华为出货量达 3200 万部，环比增长 10.3%；而 OPPO 与 vivo 出货量增速则分别达到了 20.3% 和 23%。

手机行业跨界整合加剧。2016 年，整个电子信息行业进入大踏步跨界整合阶段。例如 AT&T 收购时代华纳、Qualcomm 鲸吞恩智浦、软银收购 ARM、三星收购哈曼国际、鸿海并购夏普等等。同时，手机行业内的整合和并购层出不穷，例如乐视增资酷派成为第一大股东、TCL 帮助黑莓手机重获新生，诺基亚借助 HMD 进军手机市场。预计 2017 年，这种行业整合的趋势还会进一步增大。

国产手机继续海外扩张。2015 年国产手机集体出海，攻占东南亚市场，成为一时的热点和潮流。不过由于 4G 专利问题和国内手机市场的调整，2016 年国产手机的海外扩张的节奏有所放缓，更趋向于稳健。绝大多数手机厂商都跟高通达成了 3G/4G 授权协议，为国产手机出海扫平了道路。另外，一加计划 2017 年在印度生产旗舰一加 3T，苹果也在讨论印度制造，再上华为在欧洲市场的进一步扩展，预计 2017 年国产手机出海会成为一大亮点。目前，OPPO 已宣布计划在印度投资 2.16 亿美元建设包含一个制造工厂的工业园，位置在距离印度首都新德里几十公里的新兴经济开发园区，OPPO 计划该园区初期年产目标是 5000 万部，最终目标是年产 1 亿部。表明在中国智能手机销量趋近饱和的时候，国内手机企业加快"走出去"开辟新市场的步伐。

国内通信设备企业遭受美制裁。2016 年 3 月，因涉嫌违反美国对伊朗的所谓"出口管制"政策，美国商务部对中兴通讯做出处罚，下令限制中兴通讯在美国的供应商向中兴（中国）出口产品。美国政府制裁中国通信设备企业已非首次。早在 2012 年，美国就以华为、中兴违反美国 337 条款为由对中方企业发起调查，并以威胁美国国家安全为由，禁止美国电信运营商采购华为、中兴等中资企业的电信设备。此次美国又以本国法律法规为尺度，单方面制裁中国公司，不仅会对中国企业造成严重影响，也会对美国相关企业的经营活动造成巨大损失，而且还会影响美国至关重要的就业岗位。美国的制裁其实是损人不利己。在中国商务部明确反对及中兴通讯的积极沟通下，美国商务部宣布暂时解除对中兴通讯的出口禁令。5月，联想、中兴等国内企业遭受美国"337调查"。我国曾连续13年成为遭受美国"337调查"最多、涉案金额最高的国家，这些调查主要集中在电子信息领域。为此，我国政府和企业都采取了多种措施积极应对，其中中兴通讯近年来连续赢得了5起"337调查"官司。

第五章　数字视听行业

2016 年，我国数字视听行业的销售量稳定增长，技术和产品创新保持活跃。技术迭代加速，激光电视、量子点电视、人工智能电视等新的产品层出不穷。"互联网＋"、人工智能、虚拟现实等新技术等融合应用，给彩电行业带来新的增长机遇。数字视听行业进入互联网转型的新时期，互联网电视发展迅猛，传统彩电企业也积极推出互联网品牌。依托"一带一路"国家战略，我国彩电全球化步伐正不断加快，品牌的世界影响力不断提升，市场份额不断扩大。

第一节　发展情况

一、产业规模

2016 年，数字视听行业销售量同比增长 7.8%，彩电零售量首次突破5000 万台，同比增长 8.5%，视听行业内销产值同比下降 1.8%。2016 年，我国彩电出口量为 8064 万台，较上年同期增长 12.3%，出口总金额为 809.722亿元。2016 年中国彩电全球化步伐不断加快，中国品牌地位不断增强，自主品牌出口和 OEM、ODM 加工输出都取得了历史性突破。2016 年，中国电视品牌在全球的占比达到 30%，比上年增长了 3.2%。2016 年全球出货量前五大电视品牌中，海信和 TCL 分别名列第三和第四，其中海信电视出货量 1330 万台，TCL 电视出货量为 1320 万台。

二、产业结构

从供应链来看，中国拥有全球最具竞争力的平板显示产业链。2016 年，大陆面板厂的全球占比超过 30%，偏光片、芯片、玻璃等原材料也加速国产化，增强了本土化产业的配套能力。

从产品结构来看，2016 年智能电视的渗透率达到 83%，成为主导型产品。2016 年高清电视、高动态范围电视和高色域电视的渗透率分别达到 48%、14% 和 14%。互联网品牌电视以低价、内容丰富、性价比高作为卖点进入彩电市场，2016 年互联网品牌的市场零售份额为 18.9%，较上年增长 8.0%。

从产品尺寸来看，2016 年大尺寸电视产品成为主流，55 英寸成为电视大屏的分界线。2016 年，55 英寸电视的市场份额为 23.9%，较上年同期增长 8.4 个百分点，成为 2016 年彩电市场增幅最大的尺寸；65 英寸电视的市场份额为 4.0%，较上年同期增长 2 个百分点；"55 英寸 +"电视的市场份额为 31.8%，较上年同期增长 10.4 个百分点。

三、产业创新

2016 年，数字视听行业技术迭代加速和产品创新加快，4K 超高清产品、OLED、量子点、HDR、曲面等新技术迅速发展。"互联网 +"、大数据服务、智慧家庭、人工智能等新业务和技术和彩电行业的融合发展，给彩电行业带来新的增长机遇。数字视听行业的自主创新能力不断提升，创维与海思合作推出国内第一台自主芯片的智能电视，创维与京东方合作推出国内第一台自主知识产权的 OLED 电视，以及海信发布全球首款首款 DLP 超短焦 4K 激光电视，都是国内企业自主创新的成功案例。

（一）智能电视进一步普及

2016 年，智能电视的普及率越来越高，结合"互联网 +"、人工智能、增强现实等技术的电视的智能程度显著提升。创维发布的新一代一体机智能电视，将数字接收、解码与显示融为一体，不再需要机顶盒，配备智能酷开系统，集影视和教育、健康运动等服务于一体。长虹推出的智能儿童电视拥有双模式＋双 UI 界面，搭载了长虹 UMAX 影院系统，包含儿童内容，可通过语音操控。长虹发布的全球首款人工智能电视 CHiQ（启客），具有自适应能力、自学习能力、自进化能力，在音视频、教育、新闻等方面实现认知、决策、反馈，能辨别和响应人的指令，能自动分析每个人的喜好，为用户提供个性化的服务。小米发布的 60 英寸人工智能电视 3s，利用"PatchWall 拼图墙"系统，具备深度学习的能力，可以积累了解用户的观看习惯和偏好，并依据这些信息向用户推荐内容。创维发布的 AR 智能 OLED 电视 S9D，将大屏技术与 AR 技术融合，用真实世界信息和虚拟世界信息"无缝"集成的新技术，大幅提升了电视屏幕的显示效果，AR 体验被运用在儿童教育应用、AR 体感游戏、运动健身以及购物试衣应用等领域。

（二）互联网电视高速发展

2016 年，互联网电视进入高速发展阶段，各大厂商不断推出内容创新、大尺寸的新品电视。聚力推出限量 65 英寸屏利物浦俱乐部定制版 PPTV 电视，由 LiverpoolTV 提供包括球队新闻、赛事集锦、球员动态等利物浦球队的独家视频内容。暴风发布暴风超体电视系列，结合 VR 头显，可以实现 720°全景观景与 VR 虚拟现实体验。微鲸发布了旗下 78 英寸互联网电视天幕，采用分体与曲面屏幕设计，屏幕曲率达到 4000R，电视最薄处仅 11mm，标配蓝牙体感遥控器，分辨率为 3840×2160，支持 HDR 技术。乐视推出超级电视系列，通过生态补贴硬件，引领电视行业步入硬件负利时代。海信推出高端互联网电视 VIDAA，外观采用了金属曲面异形一体折弯成型设计，具有无线充电、无线寻呼等功能和丰富的电视剧、电影资源。

（三）OLED 电视实现国产化

2016 年，创维联合京东方、海思发布了中国首台自主研发 OLED 电视，采用的是京东方生产的 OLED 屏，OLED 电视的特征是 OLED 每个子像素都能独立控光，呈现画面中的纯黑。康佳发布首款互联网 OLED 电视，采用的是 LGD 的 OLED 曲面屏，搭载 HDR 技术，整机厚度为 5.9mm。

（四）HDR 电视实现高动态显示

乐视联合 TCL 推出 65/55 寸 HDR 曲面 4K 超级电视，有效提升画面的对比度，让用户能同时看到非常清楚的暗部细节与高光细节，电视画面色彩更加鲜艳、纯净。长虹发布 CHiQ 新品 Q3T，并实现了 HDR 高动态显示技术和 DTS 双解码音效系统完美结合。海信推出 ULED 电视，应用了海信最新研发的 ULED3.0 技术和 Hi－ViewPro 画质处理芯片——信芯，能够实现全程 HDR，大幅提升画面对比度并显著改善灰阶，充分呈现细微亮度变化，色域覆盖高达 130%。

（五）量子点电视色域覆盖更广

TCL 发布 QUHD TV 量子点电视 X1，从色域、亮度、稳定性以及音效等方面都有全面的提升。TCL QUHD 电视色域覆盖率（DCI－P3）高于 OLED 产品色域覆盖率的平均水平，色彩亮度达 109%，峰值亮度最高达到 1630cd/m^2，每项指标均高于行业平均值。

（六）激光电视尺寸进一步扩大

海信发布全球首款超短焦 100 英寸 4K 产品和 88 英寸高清激光电视，拥有 IMAX 巨幕的沉浸感和临场感，具备互联网电视功能。100 英寸和 88 英寸电视的价格分别约为同尺寸传统液晶电视的 1/10 和 1/3，功耗约为相近尺寸液晶电视的 1/3、响应速度比液晶电视快 370 多倍。激光电视采用激光反射成像技术，视觉舒适度高于普通纸质阅读 20% 以上。

第二节　发展特点

一、市场销量稳定增长，彩电增量不增收

2016 年，中国作为全球彩电生产和销售的主要地区，销量稳定增长。2016 年中国彩电零售量规模为 5089 万台，同比增长 7.8%；零售额规模为 1560 亿元，同比下降 1.8%。受到互联网低价模式的影响，2016 年彩电的同尺寸产品的平均价格降幅超过 20%，但彩电成本却在持续不断上涨。彩电行业过去五年的平均净利润不超过 2%，尽管通过网络化和自动化，劳动生产率有所提高，但微薄的制造利润难以支撑长期持续的惯性降价，尤其是台南地震导致面板减产，以及彩电销量增长和平均尺寸增长导致面板需求增加等两

股作用力下，2016 年下半年开始彩电面板出现缺货并引发大幅涨价。同时，存储芯片、钢铁、包装材料、物流和人力成本都出现了不同程度的上涨，导致彩电成本持续上涨。2016 年全年彩电增量不增收，企业经营压力变大。

二、互联网电视发展迅猛，传统厂商结盟发展

2016 年，互联网电视（具备互联网、内容源、多媒体优势的数字电视交互产品）进入高速发展阶段，乐视、小米、暴风、风行、微鲸等互联网品牌电视的市场占有率首次超过外资品牌，约占整体中国彩电市场零售量的 20%。互联网电视的出现，重塑了消费者对电视的固有观念。互联网电视厂商采用了"轻硬件＋重内容"的新模式改变了传统电视市场的格局，用低于成本的售价去颠覆传统电视市场，全靠内容的收益（会员费）进行补贴。2016 年，在互联网电视品牌的加速冲击，传统电视厂商积极加快跨界合作结盟发展，其中微鲸和康佳达成战略合作，创维联合腾讯企鹅 TV 打造了互联网品牌酷开电视，TCL 与爱奇艺、乐视等视频网站合作实施互联网转型战略，海信发布了高端互联网电视子品牌"VIDAA"。

三、企业收购重组活跃，努力开拓新市场

2016 年，我国彩电企业对外投资加快开拓新兴市场。海尔集团以 54 亿美元的价格收购美国通用电气（GE）的家电业务，收购后的海尔 GE 联盟超过日本的松下和美国宝洁，跃居全球市场份额第 5 位。海信赞助了 2016 年欧洲杯，海外品牌知名度提升了 6 个百分点，相继在以色列和日本成立了研发中心。创维收购了印尼东芝 TJP 工厂、非洲品牌 Sinoprima 和德国品牌美兹，开工建设创维东南亚制造基地。TCL 依托"一带一路"国家战略，扎根海外市场，加速了国际化进程，开展的海外项目括：与埃及企业 ELARABY 集团在埃及合资建立的液晶彩电工厂；开工建设 TCL 波兰工厂，占地面积 10.5 万平方米，是中国在波兰最大的工业制造项目；与巴西家电龙头企业 SEMP 共同出资投建合资公司 SEMPTCL。乐视进军美国市场，以 20 亿美元收购美国本土最大电视厂商 Vizio，是目前全球电视产业史上最大的收购。2016 年中国品牌的海外扩张之势已经形成。

四、中国彩电品牌崛起，全球影响力加大

2016 年，中国彩电企业品牌价值提升，运营更加成熟。受到欧洲杯和奥运会两大体育赛事的拉动，以及国内骨干彩电企业加快实施国际化战略的推动下，彩电出口实现了较大幅度增长。在家电出口市场中，增长较快的是巴勒斯坦、阿尔及利亚、埃及和以色列地区，出口比上年分别增长 64.4%、38.6%、23.7% 和 15.8%。2016 年，中国品牌通过两起大宗并购（海尔收购 GE、美的收购东芝）及自主品牌建设，加大了在全球品牌中的话语权；另一方面，韩资品牌在美国的洗衣机爆炸案及惠而浦大容量洗衣机反倾销案上面遭受到市场和品牌的双重打击，影响力下降。2016 年中国电视品牌在全球的市场份额约为 33.9%，比上年提高 4%；韩国品牌的占比为 31.3%，比上年下降 1.2%；日本品牌的市场份额降至 9.4%。2017 年中国品牌的全球份额有望实现进一步增长。

五、更新换代速度加快，主流尺寸逐年攀升

2016 年，随着国民收入的提高、中产阶级人群占比上升，中国家电产品已经从普及型消费向结构型消费升级转变，彩电产品的更新换代加速。2016 年彩电市场的更新换代年限较以往下降了 1.5 年，我国电视市场正在经历从纯液晶电视转向智能电视、互联网电视、OLED 电视、量子点电视、曲面电视等新技术产品换代。2016 年中国彩电市场平均尺寸为 46.3 英寸，比全球平均消费尺寸大 4 英寸，较上年增幅为 1.8 英寸。2016 年电视大屏化趋势十分明显，主流电视尺寸不断攀升，55 英寸取代 32 英寸成为销量最大的尺寸，55 英寸成为电视大屏的分界线。

第六章　集成电路行业

　　2016 年我国集成电路产业继续保持了高速增长的态势，增速达到 20.1%，产业规模攀升至 4335.5 亿元。产业链结构正在向技术含量较高的方向发展，设计业和制造业都实现了 25% 左右的增速，使得三业结构愈发均衡，结构更加趋于优化。我国集成电路市场需求也在进一步加大，规模增长 8.7%，达到 11985.9 亿元。并且，随着 4G 网络的使用深入，网络通信成为引领中国集成电路市场增长的重要细分市场，市场占比提升至 30.6%，首次取代计算机成为第一大应用领域。在《国家集成电路产业发展推进纲要》及国家大基金成立以后，2016 年国内多个省市新设立集成电路产业投资基金，新增基金规模超过 500 亿元。同时国内集成电路企业也得到了更多社会资本的关注，兆易创新、景嘉微电子、汇顶科技和杭州国芯等企业相继实现上市，集成电路领域的投融资瓶颈逐步缓解。另外，我国巨大的集成电路市场也吸引了国际资本的参与，英特尔、格罗方德、台积电等企业纷纷通过战略投资、技术授权、先进产能转移、合资经营等方式，深度参与中国集成电路产业发展。与国内热火朝天的产业气氛相比，我国企业在海外投资并购却频频受阻。2016 年国内企业仅有 2 笔海外收购案，收购热度明显弱于 2015 年。一方面是由于海外优秀的投资标的大幅减少，另一方面是因为我国集成电路产业快速发展的态势引起了美欧日韩等国家不必要的警觉。

第一节　发展情况

一、产业规模

　　2016 年，在市场需求带动以及产业政策支持下，我国集成电路产业保持高速增长的势头，产业规模进一步扩大。中国半导体行业协会统计数据显示，2016年我国集成电路产业合计销售4335.5亿元，同比增长20.1%。按照季度销售情况分析，集成电路产业规模逐季递增，增速呈现"先抑后扬"的发展态势。2016年第一季度受上一年库存及节日影响，产业增速由2015年第四季度的20.2%下降至16.5%，销售额为798.6亿元，第二季度受到全球半导体市场下滑影响同比增速下滑至14.5%，销售额为1048.5亿元，在之后的第三季度和第四季度中，产业开始高速增长，分别为19.4%和28.0%，销售额分别为1132.8亿元以及1355.6亿元。

图6-1　2014—2016年我国集成电路产业分季度销售情况

资料来源：中国半导体行业协会，2017年3月。

受国际金融危机和全球半导体市场低迷影响，2008—2009年期间，我国集成电路产业销售收入连续两年负增长。2010年在世界消费能力释放和全球半导体市场短暂复苏的形势下，我国集成电路产业有力实施"创新驱动、转型发展"的产业发展策略，集成电路产业销售收入大幅回升。在"十一五"的五年中，我国集成电路产业的销售收入平均复合增长率为17.2%，集成电路产量的年均复合增长率为22.0%。进入"十二五"后，尽管2011—2012年欧债危机持续，世界经济增长乏力，全球半导体市场徘徊不前且小幅衰减，但我国政府继续大力支持集成电路产业发展，政策力度不断加强，政策效应逐步显现，企业不断调整产业结构和产品结构，积极开拓国内市场，努力提升企业生产规模和技术水平，推动集成电路产业平稳发展，为"十二五"期间我国集成电路产业逐年增长打下良好的基础。2012年我国集成电路产业销售规模保持了 11.6% 的增长。进入 2013 年后，在移动智能终端等市场需求推动下，全球半导体市场恢复稳定增长趋势，在国内外半导体市场显著回暖的带动下，中国集成电路产业发展有所提速，产业增速达 16.2%，远高于全球同期水平。进入 2014 年后，在国家和各级地方政府支持下，产业政策效应凸显。《国家集成电路产业发展推进纲要》的出台进一步完善了我国集成电路产业发展的政策环境。国家集成电路产业发展投资基金的设立，更是为我国集成电路产业长期所面临的投资瓶颈提供了有效的解决方案，产业增速达到 20.2%。2015 年《国家集成电路产业发展推进纲要》系统实施，金融杠杆作用逐步显现，产业政策环境和投融资环境进一步优化并完善，产业保持 19.7% 的增速。2016 年是"十三五"的开局之年，随着"中国制造 2025""互联网 +"行动指导意见以及"国家大数据战略"相继组织实施，"双创"工作持续深入推进，创新创业的氛围逐步形成，我国集成电路产业增速达到 20.1%。展望 2017 年，随着各地集成电路投资基金的逐步投入以及多条生产线的建设和扩产，我国集成电路产业面临着前所未有的发展机遇。

图 6 - 2　2008—2016 年我国集成电路产业销售规模及增长率

资料来源：中国半导体行业协会，2017 年 3 月。

二、产业结构

2015—2016 年，我国集成电路产业链各环节都保持了快速增长的态势。其中，设计业在移动智能终端、网络通信、云计算、大数据等多层次需求及智能硬件创新的带动下，全年实现销售收入 1644.3 亿元，同比增长 24.1%。

芯片设计业所带来的订单以及制造业扩产，为产业链下游环节的增长提供了动力，芯片制造业和封装测试业分别实现销售收入1126.9亿元和1564.3亿元，增速分别为25.1%和13.0%。

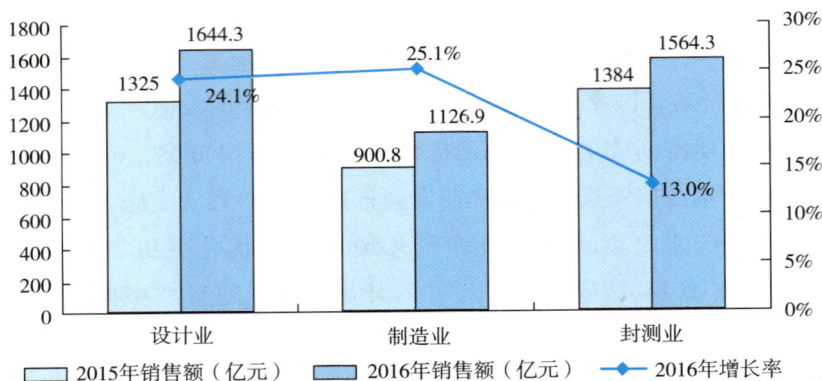

图6-3 2015—2016年我国集成电路产业结构

资料来源：中国半导体行业协会，2017年3月。

整体来看，2016年期间，芯片设计业相较于其他两业，始终保持较快的增长速度。设计企业的增多以及产业规模的快速增长增加了国内制造封装订单量，有效降低国内制造业与封装测试业对外依存度过高带来的产业发展风险。

表6-1 2016年我国集成电路产业链各环节季度销售情况

季度		Q1	Q2	Q3	Q4
设计业	销售额（亿元）	283.9	401.6	489.2	469.6
	增长率	26.12%	23.53%	25.08%	22.39%
制造业	销售额（亿元）	212.1	242.7	252.6	419.5
	增长率	14.70%	9.82%	20.40%	47.14%
封装测试业	销售额（亿元）	302.6	404.2	391	466.5
	增长率	9.80%	9.24%	12.36%	19.46%
合计销售额（亿元）		685.5	798.6	1048.5	1132.8

资料来源：半导体行业协会，2017年3月。

自2009年以来，设计业占产业链的比重稳步增加，从24.3%占比增加到2014年的37.9%。制造业由于多条产线还未投产，增长远不如设计业和封测业，产业链占比为 26.0% 。封装测试业所占比重略有下降。总体上来看，我国集成电路产业链结构正在向技术含量较高的方向发展，结构更加趋于优化。

表 6 - 2　2009—2016 年我国集成电路三业销售收入及产业链占比

（单位：亿元）

年份		2009	2010	2011	2012	2013	2014	2015	2016
设计业	销售额	269.9	363.9	526.9	621.7	808.8	1047.4	1325	1644.3
	占比	24.3%	25.3%	27.2%	28.8%	32.2%	34.7%	38.3%	37.9%
制造业	销售额	341.1	447.1	535.6	590.2	600.9	712.1	900.8	1126.9
	占比	30.8%	31.1%	27.7%	27.3%	24.0%	23.6%	25.0%	26.0%
封测业	销售额	498.2	629.2	871.7	946.5	1098.8	1255.9	1384	1564.3
	占比	44.9%	43.6%	45.1%	43.9%	43.8%	41.7%	36.7%	36.1%
合计销售额		1109.0	1440.0	1933.0	2158.5	2508.5	3015.4	3609.8	4335.5

资料来源：中国半导体行业协会，赛迪智库整理，2017 年 3 月。

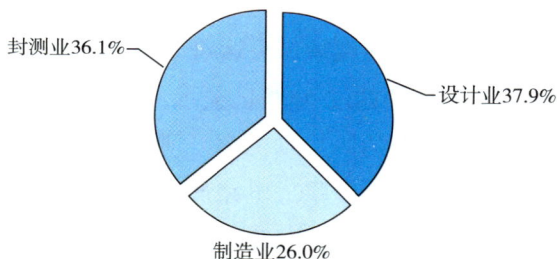

图 6 - 4　2016 年我国集成电路产业链结构

资料来源：中国半导体行业协会，2017 年 3 月。

第二节　发展特点

一、国内市场充满机遇，国际市场面临挑战

（一）国内产业规模持续增长，产业结构持续优化

我国集成电路产业继续保持高位趋稳、稳中有进的发展态势。2016 年，

我国集成电路产业合计销售 4335.5 亿元，同比增长 20.1%，产业规模进一步扩大。从产业链结构上看，设计业和制造业所占比重呈逐渐上升的趋势，芯片制造业同比增长 25.1%，增速位列三业最高。设计业总规模第一次超过封装测试业，位列第一。全球最大的市场规模、逐步优化的产业结构以及世界半导体产业向亚太地区转移的趋势，将中国推向世界集成电路发展的"风口"。此外，"中国制造 2025""互联网＋""双创"等顶层的政策支持及产业投资基金设立，培养了一批具备自主研发实力的系统集成厂商，同时"双创"工作持续深入推进，创新创业的氛围逐步形成，国内企业面临着前所未有的发展机遇。

（二）集成电路进口维持高位，贸易逆差不断增长

我国是全球重要的电子信息产品制造基地，对集成电路的需求占据全球市场 50% 以上，而且市场需求还在不断提升。然而，我国集成电路市场供给严重不足，芯片自给率只有 8% 左右，90% 左右的集成电路产品依然需要进口。2016 年，集成电路进口数量继续扩大达到 3424.7 亿块，同比下降 0.9%，达到 2277.6 亿美元，连续四年超过 2000 亿美元，是价值最高的进口产品。由于我国旺盛的市场需求和较低的芯片自主率，预计未来几年集成电路进口额仍将维持高位。在出口方面，由于集成电路产业关系到国家战略安全，随着各国对于本国集成电路产业愈发重视，我国集成电路进出口出现一定程度的下滑。2016 年我国出口金额 616.1 亿美元，同比下降 10.8%，集成电路贸易逆差呈现持续增长趋势。随着国家对集成电路产业的重视程度提高，芯片国产化提升至国家安全层面，国内出台相关政策扶持集成电路产业发展，国产芯片的质量不断提升将会进一步增加国产芯片的出口规模。

二、技术能力不断提升，企业竞争力明显增强

（一）各环节均实现突破，先进技术水平提升

2016 年，国内集成电路产业在设计、制造和封测领域均取得了较大的技术进步。在设计领域，展讯通信、海思半导体、联芯科技等国内 IC 设计企业成功研制移动处理器芯片及北斗芯片，极大地改善了我国自主移动智能终端芯片市场的地位。先进设计水平进一步提升，华为海思于 2016 年发布了基于

16 纳米 FinFET 技术的麒麟 960 芯片，有望与高通、MTK、博通等国际芯片厂商竞争。在制造方面，中芯国际、华力微电子双双突破 28 纳米工艺。中芯国际于 2016 年 2 月宣布其 28 纳米高介电常数金属闸极工艺成功流片，在量产的基础上完成技术升级，实现了该工艺节点的技术覆盖。在封测方面，长电科技收购星科金朋后又与中芯国际合作布局先进封装，同时中芯国际并购长电 14.26% 的股权，成为单一最大股东，将更好整合两家公司制造、封测业务的能力。

（二）企业数量大幅增加，龙头企业实力增强

2016 年我国继续推行"大众创业、万众创新"的国家战略，各地兴建产业园区支持集成电路产业发展。在物联网、汽车电子、虚拟现实等新兴领域的应用需求拉动下，我国集成电路企业获得了快速成长。特别是在设计领域，2016 年国内设计企业从 736 家增长至 1362 家，实现 80.1% 的增长，兆易创新、景嘉微电子、汇顶科技和杭州国芯四家企业实现上市。国内骨干企业整体实力也在持续提升，海思和展讯受惠于国内智能手机市场高速的成长动能，年收入分别增长 11.8% 和 8.1%，分列全球设计企业排名第六、第十位。在制造领域，中芯国际 2016 年销售额为 29.2 亿美元，同比增长 31%，全球市占率提升一个百分点至 6%。同时，通过资本运作中芯国际收购意大利集成电路晶圆代工厂 LFoundry70% 的股份，凭借此项并购中芯国际的整体产能将提升约 13%，正式进驻全球汽车电子市场，这也是国内集成电路晶圆代工业首次成功布局跨国生产基地。

三、企业跨国合作频繁，海外投资并购降温

（一）国际合作持续推进，重点产品布局初步成型

我国目前拥有全球最大、增长最快的集成电路市场，在全球拥有超过一半的市场份额，国际地位日益突出，越来越多的海外巨头谋求与国内企业合作。为了争夺我国集成电路市场，同时更贴近市场需求和优化资源配置，Intel、高通和格罗方德等跨国企业纷纷通过战略投资、技术授权、先进产能转移、合资经营等方式，深度参与中国集成电路产业的发展。英特尔联合清华大学和澜起科技成立合资公司，联手研发融合可重构计算和英特尔 x86 架构

技术的新型通用 CPU。高通与贵州省政府成立合资公司，开发基于 ARM 架构的高性能服务器芯片。此外，一批芯片制造重大项目陆续启动。位于南京的台积电项目正式开工建设，采用了目前世界上最先进的 16nm 工艺制程。该项目是继台联电、力晶之后，台企在大陆设立的第三个 12 寸晶圆厂。同时，投资额为 90.5 亿美元的格罗方德晶圆厂落户成都，该项目一期建设 0.18 微米制程 CMOS 工艺 12 英寸晶圆生产线，预计 2018 年底投产，二期将建设全球首条 22 纳米 FD – SOI 先进工艺 12 英寸晶圆代工生产线，预计 2019 年投产。国际企业看重大陆的市场和资源，是本轮生产线投资热潮的主要原因。想要发展集成电路产业，自主可控的核心技术必不可少。我国政府有关方面也希望借合资之机，向国际巨头学习技术，做大做强产业。同时，也应看到全球半导体主要制造厂商纷纷在国内建厂，必将与本土制造企业形成竞争。

（二）国际产业环境恶化，海外投资并购降温

2016 年中国半导体企业对海外资产的收购热度明显弱于 2015 年，仅有 2 笔收购案。2016 年 6 月，中国建广资本以 27.5 亿美元收购荷兰 NXP 标准产品业务。通过此次收购，提升中国 IDM 的技术水平、管理经验、产品布局和国际市场竞争力，也有利于建广资产在产业链上下游布局，有望实现协同效应，形成产业集群式发展。在制造领域，中芯国际出资 4900 万欧元收购意大利集成电路晶圆代工厂 LFoundry70% 的股份，凭借此项并购，中芯国际的整体产能将提升约 13%，同时正式进驻全球汽车电子市场，这也是国内集成电路晶圆代工业首次成功布局跨国生产基地。

其实 2016 年中国半导体企业仍在坚持海外扩张，只是在收购过程中频频受阻，2016 年被否决的中国资本并购案例达到 7 起，当中不乏一些政治因素，尤其是美国的阻挠为甚。例如 2016 年 7 月，中国福建宏芯基金报价 6.7 亿欧元收购德国半导体制造商爱思强，由于美方担心中国掌握爱思强可用于军事用途的氮化镓（GaN）材料技术，时任美国总统奥巴马于 12 月宣布禁止福建宏芯投资基金收购爱思强（Aixtron）在美国的业务。2017 年 1 月，美国白宫发布报告《持续巩固美国半导体产业领导地位》，报告认为中国的芯片业已经对美国的相关企业和国家安全造成威胁，并建议对中国的芯片产业进行更加严密的审查。预计未来中国企业在并购过程中将面临更为严格的审查。

表 6 – 3   2016 年被否决的中国资本并购案

序号	并购方	被并购方	并购金额	否定原因
1	金沙江 GO Scale Capital 牵头的中外资银团	飞利浦 Lumileds LED 与汽车照明业务	33 亿美元	此交易最终未能解除 CIFUS 的关于国家安全顾虑，双方决定停止此项交易
2	紫光集团	台湾力成科技	6 亿美元	参股案长期未能取得投审会核准，力成董事会决议通过不继续本私募案
3	紫光集团	台湾南茂科技	23.94 亿元	因未通过台湾"经济部"投审会审核
4	华润和华创组成的中资财团	美国仙童半导体（Fairchild）	26 亿美元	仙童公司担心美国监管机构可能以担忧国家安全为由拒绝批准交易
5	三安光电	美国环宇通讯半导体（GCS）	2.26 亿美元	CIFUS 认为 GCS 的产品应用涉及美国国防军事工业，否决此次并购
6	福建宏芯投资基金	德国爱思强（Aixtron）	6.7 亿欧元	奥巴马签署总统令，禁止宏芯投资基金收购爱思强的美国业务

资料来源：赛迪智库整理，2016 年 12 月。

四、地方投资基金热情高涨，投融资瓶颈逐步缓解

经过多年的快速发展，我国已经具有不少具备实力的收购主体企业和营收在一亿元左右的 IC 设计标的公司，只不过很多企业缺乏合适的融资途径。自 2014 年《国家集成电路产业发展推进纲要》颁布及国家基金成立以后，各类集成电路地方基金和专项基金纷纷出台，而且集成电路产业也引起了风险投资、主权投资等社会资金的关注。我国已经有多个省市明确将集成电路作为地方重点产业发展，包括北京、上海、福建、陕西在内的多个省市相继成立了集成电路产业基金。2016 年新增基金规模超过 500 亿元，其中上海市于 4 月完成了首期规模达 285 亿元的集成电路产业投资基金募集工作，重点投资芯片制造业；四川省于 5 月设立了集成电路和信息安全产业投资基金，基金规模为 120 亿元；陕西省于 9 月设立了目标规模为 300 亿元的集成电路产业投

资基金，用于 IC 制造、封装、测试、核心装备等重点项目。国家集成电路产业投资基金设立以来，撬动作用逐步显现，适应产业规律的投融资环境基本建立。

有了基金和政策的支持，国内很多企业可以获得更多的发展资金或通过并购实现快速做大做强，实现集成电路领域的突破。可以看到投资并购潮不仅限于国内企业之间，也会向海外公司蔓延；同时，这一领域也有很多创业创新团队，投资渠道的打开会为这一领域注入新的活力。相信在各类基金及国家积极的财政政策的共同努力下，经过国内外的行业并购整合，5—10 年内我国会出现规模位居全球前列的集成电路公司。

第七章　新型显示行业

新型显示产业具有技术含量高，应用领域宽，市场规模大，产业辐射广，拉动效益明显等特点，是我国重点发展的战略性新兴产业，近年来取得跨越式发展。2016 年，我国新型显示产业发展向好态势更加明显，实现了"十三五"的良好开局，产线建设速度不断加快，产业规模快速增长；面板自给率稳步提升，贸易逆差继续缩窄；通过推动新产品首发、加快知识产权布局、加强前瞻技术研发等方式不断强化自身创新能力的提升；坚定不移的实施创新驱动发展战略已成为各企业提升核心竞争力的重要路径，在 8K 超高清、超薄、曲面显示、透明显示、AMOLED 等领域取得明显进步。

第一节　发展情况

一、产业规模

受电视平均尺寸增加，大屏手机、车载显示和公共显示迅猛发展的拉动，近年来全球新型显示产业保持了持续增长态势。2016 年全球新型显示产业销售收入超过 1150 亿美元，同比增长 2%，出货面积为 2.02 亿平方米，同比增长 8%。

从出货金额看，2016 年，我国新型显示产业全年销售收入 2013 亿元，同比增长 19%，出货面积 0.53 亿平方米，同比增长 16.5%，2016 年，京东方、华星光电和天马三家骨干企业销售收入达到 1073 亿元，同比增长 32%。以金额计算，我国在世界液晶面板市场占有率达到 27%。2016 年，我国薄膜晶体管液晶面板（TFT－LCD）量产生产线达到 26 条，产能接近 7000 万平方米，全行业全年保持满产满销的局面，另有在建产线 14 条。以面积计算，我国在世界液晶面板市场占有率达到 35％，是全球第二大显示器件生产地区。

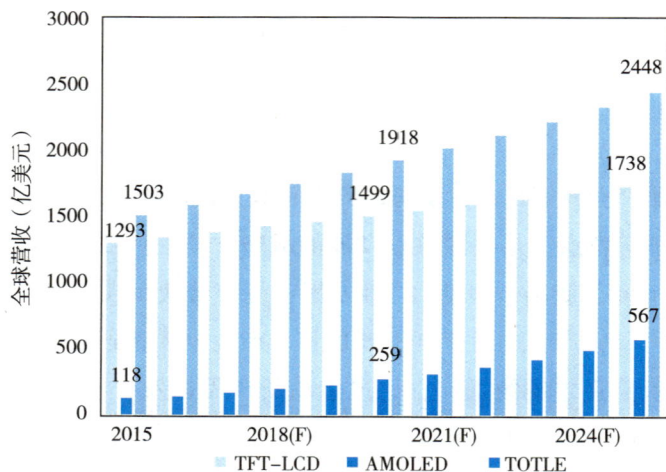

图 7 - 1　全球显示产业产值规模走势

资料来源：赛迪智库，2017 年 2 月。

表 7 - 1　2016 年我国在建 6 代以上产线情况

企业	地点	技术	投资（亿元）	预计量产时间
京东方	福州	8 代 TFT - LCD	280	2017 年 Q1
京东方	合肥	10.5 代 TFT - LCD	458	2018 年 Q1
京东方	绵阳	6 代柔性 AMOELD	465	2019 年 Q3
京东方	成都	6 代柔性 AMOELD	465	2017 年 Q3
华星	深圳	11 代 TFT - LCD	538	2019 年 Q1
天马	武汉	6 代 LTPS - TFT - LCD	160	2017 年 Q2
中国电子	成都	8.6 代 TFT - LCD	280	2018 年 Q2
中国电子	咸阳	8.6 代 TFT - LCD	280	2017 年 Q4
惠科	重庆	8.6 代 TFT - LCD	240	2017 年 Q1
华映	莆田	6 代 IGZO - TFT - LCD	240	2017 年 Q3
黑牛食品	固安	6 代 AMOELD	300	2018 年 Q4
和辉光电	上海	6 代 AMOELD	273	2018 年 Q4

资料来源：赛迪智库整理，2017 年 2 月。

从进出口规模看，2016 年，液晶面板进出口逆差继续缩窄。2016 年液晶面板进口金额 318 亿美元，出口 257 亿美元，分别下降 19.8% 和 17%，全年贸易逆差为 61 亿美元，同比减少 28.4%。

从下游市场看，2016 年，我国电视机、智能手机、微型计算机产量分别为 1.57 亿台、15 亿部和 2.9 亿台，产量继续位居全球首位，液晶面板自给率达到 62%、65% 和 60%。京东方智能手机面板全球占有率达 25%，平板电脑市场占有率达 38%，均居全球第一。此外，在快速发展的可穿戴设备、车载显示和公共显示市场，我国显示面板的占比也在稳步提升。

二、产业结构

2016 年，液晶显示继续引领新型显示产业发展。大尺寸方面，2016 年全球液晶面板出货量为 2.53 亿片，同比增长 1%。电视机平均尺寸从 39 英寸增长为 42 英寸，4K 等高分辨率面板产量达到 1.2 亿片，年增长率高达 50%。小尺寸方面，2016 年移动手机面板出货量（包括功能机和智能机）达 21 亿片。其中，基于 LTPS 和 Oxide 技术的面板出货量增长最为迅速，LTPS TFT - LCD 面板出货量从 2015 年的 4.37 亿片增长到 2016 年的 5.5 亿片，同比增长 15%，Oxide TFT - LCD 面板出货量从 2015 年的 9000 万片增长到 1.2 亿片。

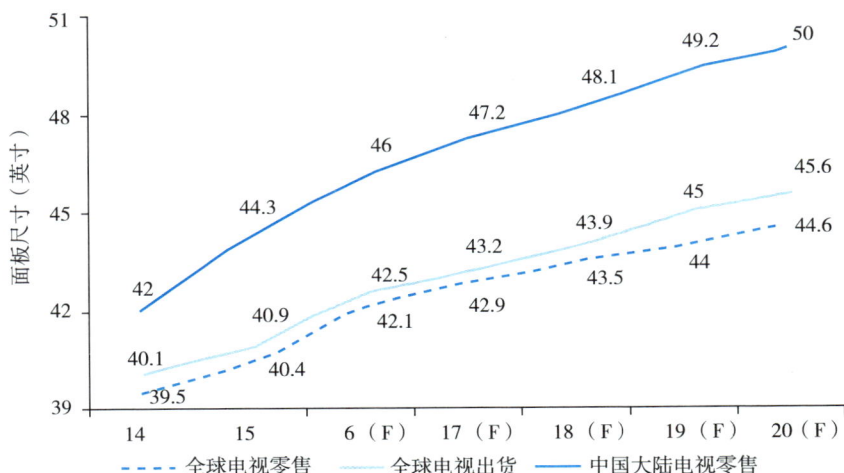

图 7 - 2 全球及我国电视面板平均尺寸走势

资料来源：赛迪智库整理，2017 年 2 月。

三、产业创新

2016 年，中国新型显示产业技术发展日新月异，坚定不移地实施创新驱动发展战略已成为各企业提升核心竞争力的重要手段，我国显示产业领军企业通过推动新产品首发、加快知识产权布局、加强前瞻技术研发等方式不断强化自身创新能力的提升，在 8K 超高清、超薄、曲面显示、透明显示、AMOLED 等领域取得明显进步。里约奥运会期间，京东方 98 英寸超高清显示电视实现全球首次 8K 实况转播。2017 年 1 月，国际消费电子展（CES 2017）上，京东方家庭云艺术馆 iGallery 产品获得 "年度显示产品创新应用奖"。2017MWC 世界移动大会上，京东方与华为联合展出 110 英寸 8K 超高清显示屏，天马展出曲率半径为 5mm 的柔性 OLED、FHD 及 2K OLED 面板，受到广泛关注。

专利方面，京东方年新增专利申请量达 7570 件，全球业内第一，其中发明专利超 80%，累计可使用专利超 5 万件。汤森路透 2016 年度创新报告显示，京东方已成为半导体领域全球第二大创新公司。美国商业专利数据显示，中国大陆仅有两家企业京东方和华为进入 2016 年度美国专利授权量 TOP50，其中京东方排名第 40 位，年增长率超 200%，是 TOP50 中增长率最高的企业。2016 年，国家发改委批复华星光电联合有关单位共同筹建 "AMOLED 工艺技术国家工程实验室"，这是目前国内唯一一个 AMOLED 领域的国家工程实验室。AMOLED 工艺技术国家工程实验室的组建，有利于我国突破 AMOLED 工艺技术瓶颈，同时对 TCL 集团实现创新企业百强工程试点目标也将起到重要的支撑作用。

第二节　发展特点

一、产业呈现平稳增长态势

受智能移动终端快速发展、液晶电视大尺寸化的带动及产业周期性景气的到来，2016年全球显示产业呈现平稳增长态势。

需求方面，液晶电视面板继续向大尺寸方向发展，中国手机市场快速崛起和苹果手机热卖带动中小尺寸面板需求进一步增长。AMOLED面板在平板电脑和AMOLED电视的渗透率逐年提升，等离子面板则逐渐退出市场。2016年全球新型显示产品需求为1.5亿平方米，同比增加3%。预计到2017年，全球新型显示产品需求将达到1.6亿平方米。

供给方面，受中国产线建设热潮的影响，全球面板产能规模继续增加。2016年全球TFT－LCD产能达到2.02亿万平方米，同比增加8%，预计2017年，全球TFT－LCD产能将达到2.25万平方米，增长率为11%。

二、AMOLED渗透率不断提高

2016年全球AMOLED面板市场规模达到150亿美元，同比增长27%，出货量达到4亿片，同比增长42%。曲面AMOLED出货量达到7000万片，占总体AMOLED面板出货量的17%。AMOLED电视出货量达到85万台，同比增长3倍，AMOLED手机面板出货量达到3.7亿片，同比增长41.2%，韩国三星和LGD占据了全球98%的AMOLED面板市场份额。

我国AMOLED产线建设不断取得突破，逐步由技术研发向规模化生产过渡，共有2条4.5代线和3条5.5代AMOLED面板生产线进入量产，2016年中国大陆AMOLED面板出货量超过600万片，京东方、和辉光电、国显光电等企业成功打入华为、小米、中兴等品牌的供应链。

2017年在苹果手机采用AMOLED屏幕的带动作用下，AMOLED仍将保持高速增长，预计面板出货量将达6亿片，增长幅度超过50%。根据目前发布的投资规划，未来3年AMOLED新增投资将达650亿美元，占全球显示面板新增投资的三分之二。生产线的快速增加带动上游设备和材料发展，据IHS预估，2017年AMOLED生产设备订单有望达到100亿美元，创历史新高。

三、龙头企业竞相投资超高世代产线

10代以上面板生产线在生产65英寸以上大尺寸电视方面具有成本优势，同时10代以上面板产线对于7代、8.5代面板产线的挤占作用也十分明显，因此成为近期产业发展的重点。为了在愈加激烈的市场竞争中占据优势，全球各主要面板企业开始根据自身优势，抢占超大屏幕电视市场，各大面板企业将投资目标从8.5代转向了10代以上面板产线建设，以期在激烈的市场竞争中抢占先机。

2016年，华星光电第11代线正式开工，总投资538亿元，预计年均产值约300亿元，设计产能为14万片/月，用地面积103万平方米，建设周期为2016年11月—2019年3月，预计2019年实现量产。京东方则在合肥10.5代的建设基础上，通过自有资金投资58亿元，对刚刚封顶的合肥京东方10.5代线追加部分设备，在原本的9万片的产能扩充至现在的12万片。

2016年12月31日，鸿海集团投资的堺显示器株式会社（Sakai Display Production）与广州市政府共同宣布，双方在广州增城投资人民币610亿元，兴建全世界最高良率与产能的10.5代显示器生态产业园区，打造显示器、智慧电视、电子白板生产工厂，并从事高端显示技术产品研发。鸿海集团将在新的10.5代产线将导入氧化铟镓锌（IGZO）技术，预计2019年开始量产，生产大尺寸8K超高精细影像液晶面板，投产后年产值将达到920亿元。

四、中日韩主导柔性显示产业发展

柔性面板量产难度大，但市场前景十分明朗，一旦柔性显示技术成熟，将会对目前刚性面板带来较大程度的替代。2016年，全球小尺寸显示屏技术加快往柔性方向发展，面板技术领先的韩国和日本在技术路线上出现了分歧。韩国目标明确，以OLED技术实现柔性面板，逐渐退出LCD生产，并投入巨资进行柔性OLED产线建设，其中三星已经明确以小尺寸AMOLED作为主要技术方向，LG主攻大尺寸柔性AMOLED屏。日本则更希望从擅长的液晶LCD技术上作深度延伸，实现柔性LCD和OLED双重布局；我国则看好柔性OLED市场，紧跟韩企潮流投入巨资。

随着多条面板生产线的建成投产，中韩将成为全球柔性OLED两大生产基地，而日本则在上游材料和设备领域占据优势。韩国方面，三星和LG分属两个阵营，三星垄断了全球小尺寸柔性OLED领域，而LG在大尺寸市场上占据96%左右的市场份额。由于大尺寸柔性OLED的技术成熟度和市场成熟度落后于小尺寸，当前 OLED 在小尺寸领域的应用更加深入。我国国内面板企业早早布局柔性 AMOLED 产线，目前规划建设的 7 条 6 代产线均为柔性 AMOLED 面板生产线，预计将在 2018 年初逐步进入量产阶段。虽然日本企业在面板产线投资方面较为迟疑，但日本企业凭借雄厚的基础研究，掌握了柔性显示的上游关键材料和设备供应，出光兴产、住友化学、东丽先进薄膜公司、凸版印刷、Tokki、东京电子等日本企业在发光材料、偏光片、掩膜板、蒸镀机等方面占据绝对的市场竞争优势。

第八章　太阳能光伏行业

太阳能光伏产业是我国为数不多的能够同步参与国际竞争，并取得国际领先水平的行业之一。2016 年，我国针对产业和市场发展中存在的突出问题，出台了一系列配套政策，有力支持了光伏产业及市场的健康发展。产业继续保持有序健康发展态势，产业规模快速扩大，在全球市场中的领先地位进一步巩固，技术水平快速提升，生产成本不断下降。兼并重组与"走出去"稳步推进，企业继续通过收购盘活优质资产、获得先进生产技术、进行海外布局或开拓海外市场，"走出去"也开始从单纯的组件生产向上游配套和下游应用"抱团出海"延伸。

第一节　发展情况

一、产业规模

2016 年，我国多晶硅产能超过万吨的企业有 7 家，产能利用率保持在较高水平，产量为 19.4 万吨，同比增长 17.6%，占全球多晶硅产量的 48.5%。硅片、电池片、组件产量增长均超过 20%，占全球总产量比重都在 65% 以上。

表 8 - 1　2016 年我国光伏产品产量及增长情况

	多晶硅	硅片	电池片	组件
产量	19.4 万吨	64.8GW	51GW	57.7GW
增长率	17.6%	35%	24.4%	26%

资料来源：赛迪智库，2017 年 3 月。

（万吨）

图 8 - 1   2010—2016 年我国多晶硅产量及增长率

资料来源：赛迪智库，2017 年 3 月。

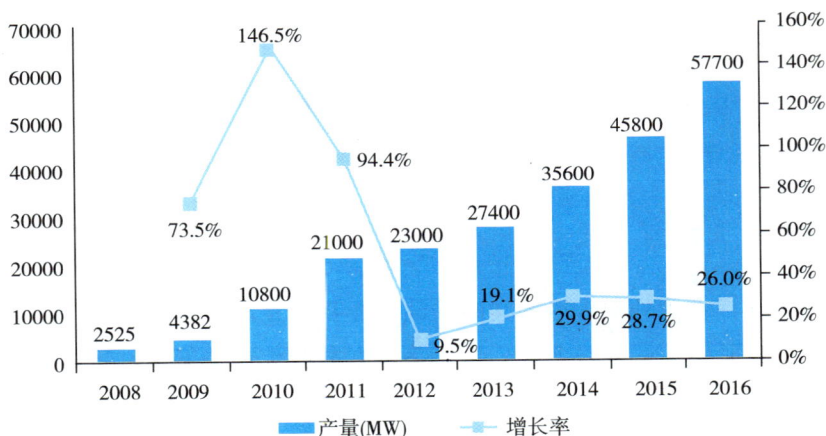

图 8 - 2   2008—2016 年我国光伏组件产量及增长率

资料来源：赛迪智库，2017 年 3 月。

进出口规模看，多晶硅进口量达到 14.1 万吨，同比增长 20.6%，创历史进口最高纪录。光伏产品出口额 140.2 亿美元，同比下降 10.3%。

表 8 - 2   2016 年我国多晶硅进口国/地区分布情况

	韩国	美国	德国	中国台湾	其他
进口量（吨）	70090	5635	35663	13538	16076
占比	49.7%	4%	25.3%	9.6%	11.4%

资料来源：硅业分会，2017 年 2 月。

市场规模来看，2016 我国新增光伏并网装机容量达到 34.54GW，同比增长128%。累计光伏装机并网量达到77.42GW，同比增长79.3%。新增和累计装机容量均为全球第一。其中，光伏电站累计装机容量67.1GW，分布式累计装机容量10.32GW。全年光伏发电量662亿千瓦时，占我国全年总发电量的1%。

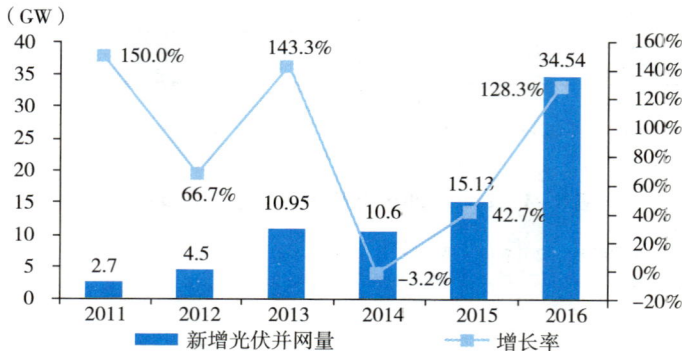

图8-3　2011—2016年我国光伏新增装机量及增长率

资料来源：赛迪智库，2017年3月。

二、产业创新

2016年，在内外部环境的共同推动下，我国光伏企业加大工艺技术研发力度，生产工艺水平不断进步。骨干企业多晶硅生产能耗继续下降，综合成本已降至9万元/吨以下，行业平均综合电耗已降至85KWh/kg以下，硅烷法流化床法等产业化进程加快。P型单晶及多晶电池技术持续改进，常规产线平均转换效率分别达到19.8%和18.6%，采用PERC和黑硅技术的先进生产线则分别达到20.5%和19.1%，异质结（HIT）、背电极等技术路线加快发展。光伏组件封装及抗光致衰减技术不断改进，领先企业组件生产成本降至2.5元/瓦，光伏发电系统投资成本降至6.5元/瓦以下，度电成本降至0.5—0.8元/千瓦时。

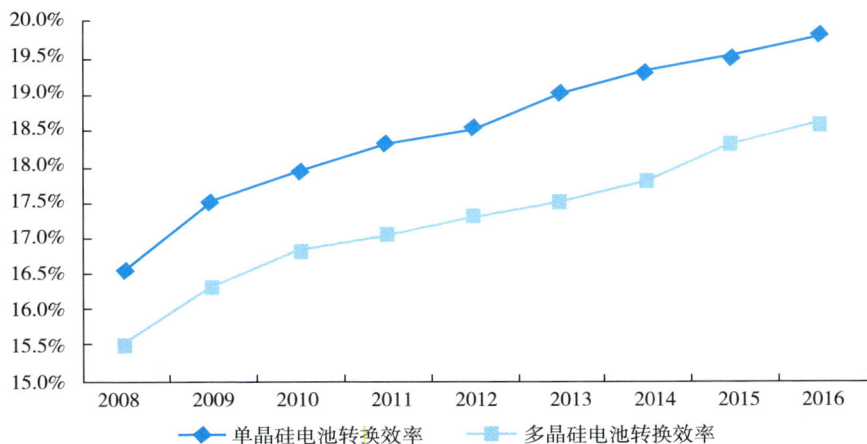

图 8 - 4　2008—2016 年我国太阳能电池转换效率变化

资料来源：CPIA、赛迪智库，2017 年 3 月。

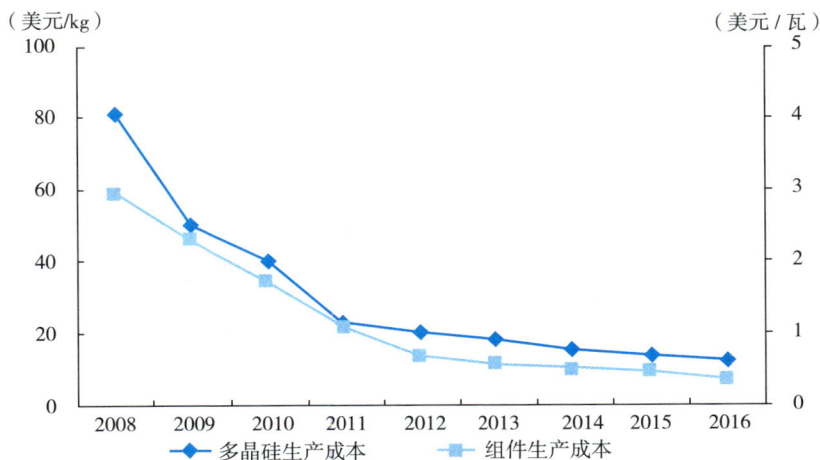

图 8 - 5　2008—2016 年我国多晶硅及电池组件生产成本变化

资料来源：赛迪智库，2017 年 1 月。

三、产业政策

2016 年我国主要从项目管理、资金下达、价格财税、规范标准、市场推广、土地管理、规划计划和电力消纳等方面指导和支持光伏产业及市场发展。

表8-3　2016年我国出台的光伏行业相关政策

政策类别	颁布时间	颁布部门	文件名称	主要内容
项目管理	2016.5	国家发展改革委、国家能源局	关于完善光伏发电规模管理和实施竞争方式配置项目的指导意见	鼓励采用竞争方式配置普通光伏电站项目,领跑者基地必须采取招标或竞争性比选等方式配置项目,且电价(或度电补贴额度)应作为主要竞争条件。
	2016.6	国家能源局	关于下达2016年光伏发电建设实施方案的通知	2016年下达全国新增光伏电站建设规模1810万千瓦,其中,普通光伏电站1260万千瓦,光伏领跑技术基地550万千瓦。
	2016.10	国家能源局、国务院扶贫办	关于下达第一批光伏扶贫项目的通知	下达第一批光伏扶贫项目,总规模516万千瓦。
资金下达	2016.1	财政部	关于申报第六批可再生能源电价附加资金补助目录的通知	针对尚未纳入前五批,2006年及以后年度核准(备案),2015年2月底前并网的项目。
	2016.8	财政部、国家发展改革委、国家能源局	关于公布可再生能源电价附加资金补助目录(第六批)的通知	于2016年2月开始申报,覆盖2015年2月底前并网的电站。
价格财税	2016.8	财政部、国家税务总局	关于继续执行光伏发电增值税政策的通知	继续对纳税人销售自产的利用太阳能生产的电力产品实行增值税即征即退50%的政策,为期3年。
	2016.10	国家发展改革委	关于调整新能源标杆上网电价的通知(征求意见稿)	与上一版征求意见稿相比,分布式补贴标准上调为一类、二类资源区0.35元/千瓦时,三类资源区0.4元/千瓦时。
	2016.12	国家发展改革委	关于调整光伏发电陆上风电标杆上网电价的通知	明确光伏标杆电价根据成本变化情况每年调整一次;2017年一类至三类资源区新建光伏电站的标杆上网电价分别调整为每千瓦时0.65元、0.75元、0.85元;分布式光伏发电补贴标准不做调整。

续表

政策类别	颁布时间	颁布部门	文件名称	主要内容
规范标准	2016.10	国家发展改革委、环保部、工业和信息化部	光伏电池行业清洁生产评价指标体系	指导光伏电池行业清洁生产。
市场推广	2016.2	国家能源局	关于建立可再生能源开发利用目标引导制度的指导意见	规定2020年各行政区域全社会用电量中非水电可再生能源电力消纳量比重指标。建立可再生能源电力绿色证书交易机制。
	2016.3	国家发改委、扶贫办、能源局、国开行、中国农业发展银行	关于实施光伏发电扶贫工作的意见	在2020年之前，重点在16个省的471个县的约3.5万个建档立卡贫困村，保障200万建档立卡无劳动力贫困户每年每户增收3000元以上。
土地管理	2016.10	国土资源部办公厅	关于光伏发电用地有关事项的函	对于国土2015年5号文件下发后，建设的农用地建设光伏项目，包括光伏方阵在内的所有用地均应按建设用地管理。
	2016.10	国土资源部	产业用地政策实施工作指引	对地面光伏电站、租用建设分布式光伏电站、配套建设分布式光伏的用地政策予以再次明确。
规划计划	2016.6	国家发展改革委、国家能源局	能源技术革命创新行动计划（2016—2030年）	开发平均效率≥25%的晶硅电池（如HIT电池和IBC电池或二者的结合），探索更高效率、更低成本的新概念光电转换器件。
	2016.6	国家发展改革委、工业和信息化部、国家能源局	中国制造2025—能源装备实施方案	研发可量产的晶体硅电池生产技术（多晶电池效率21.5%以上，单晶22.5%以上，N型高效电池25%以上，多结晶体硅电池26%以上），研发多晶CTM大于103%、单晶大于101.5%的高效率组件技术及光伏电池关键材料。
	2016.11	国家能源局	电力发展"十三五"规划	至2020年，太阳能发电累计装机量110GW以上。

续表

政策类别	颁布时间	颁布部门	文件名称	主要内容
规划计划	2016.12	国家发展改革委	可再生能源发展"十三五"规划	加快促进可再生能源技术进步和成本降低,进一步扩大可再生能源应用规模,提高可再生能源在能源消费中的比重。
	2016.12	国家能源局	太阳能发展"十三五"规划	基本任务是产业升级、降低成本、扩大应用,实现不依赖国家补贴的市场化自我持续发展,成为实现2020年和2030年非化石能源分别占一次能源消费比重15%到20%的重要力量。
电力消纳	2016.2	国家能源局	关于做好"三北"地区可再生能源消纳工作的通知	通过促进可再生能源发电直接交易、建立自备电厂电量置换机制、加强自备电厂管理等措施促进华北、东北、西北地区风电、光伏发电等可再生能源消纳。
	2016.3	国家发展改革委	可再生能源发电全额保障性收购管理办法	加强可再生能源发电全额保障性收购管理。
	2016.4	国家发展改革委	关于同意甘肃省、内蒙古自治区、吉林省开展可再生能源就近消纳试点方案的复函	同意甘肃省、内蒙古自治区、吉林省开展可再生能源就近消纳试点。
	2016.5	国家发展改革委、国家能源局	关于做好风电、光伏发电全额保障性收购管理工作的通知	核定了部分存在弃风、弃光问题地区规划内的风电、光伏发电最低保障收购年利用小时数,超出最低保障收购年利用小时数的部分应通过市场交易方式消纳。

资料来源:赛迪智库,2017年3月。

第二节 发展特点

一、政策变化导致市场大幅波动

2015 年 12 月，国家发改委发布《关于完善陆上风电光伏发电上网标杆电价政策的通知》，决定调整新建陆上风电和光伏发电上网标杆电价政策，并明确 2016 年以前备案并纳入规模管理的光伏发电项目，如在 2016 年 6 月 30 日前仍未全部投运的，将执行下调后的标杆电价。为获得较高的标杆电价补贴，各地纷纷在补贴下调大限到来前抢装光伏系统。其结果是，2016 年上半年，全国新增光伏装机量 20GW，高于 2015 年全年的 15.1GW。而自 2016 年 7 月开始，光伏市场出现断崖式下滑。三季度新增光伏装机量仅为 7GW 左右，环比下降 45% 以上。尽管如此，由于 2016 年上半年的抢装效应，2016 全年国内新增光伏市场超过 34GW，同比增长 128%。

二、光伏产品出口结构发生变化

一是出口产品结构发生变化。由于我国多数骨干光伏企业均已经在海外建有组件工厂，并通过海外工厂供应欧美等对我国本土光伏产品出口征收"双反"税率的海外市场。因此，2016 年我国硅片及电池片出口金额分别增长 28.3% 与 11.5%，以供应海外基地生产，而组件出口金额却下滑了 18%。二是出口区域结构发生变化。2015 年，日本、美国和印度分别为我国太阳能电池产品出口的前三大市场，分别占 2015 年太阳能电池产品出口总额的 25.9%、12.7% 和 10.5%。进入 2016 年，印度在国内强有力的政策支持下，超越美国跃居我国光伏产品出口第二位。2016 年我国太阳能电池对印出口金额占出口总额的 21.6%，几乎与日本持平。

69

表 8-4　2016 年我国太阳能电池产品前五大出口国家

	日本	印度	美国	荷兰	韩国
出口金额（亿美元）	25.59	24.48	13.43	5.77	3.57
占比	22.6%	21.6%	11.8%	5.1%	3.1%

资料来源：海关总署，2017 年 2 月。

三、产业投资力度持续增强

受市场需求不断扩大影响，骨干企业普遍加大资本支出，扩大生产规模，截至 2016 年底，骨干企业产能均有不同程度增长。

表 8-5　2015—2016 年晶科能源产能增长情况

年份	硅片	电池	组件
2015 年（GW）	3	2.5	4.3
2016 年（GW）	4.5	3.7	6.5

资料来源：企业财报，赛迪智库整理，2017 年 3 月。

表 8-6　2015—2016 年晶澳产能增长情况

年份	硅片	电池	组件
2015 年（GW）	1.5	4	4
2016 年（GW）	2.5	5.5	5.5

资料来源：企业财报，赛迪智库整理，2017 年 3 月。

表 8-7　2015—2016 年阿特斯产能增长情况

年份	硅片	电池	组件
2015 年（GW）	0.4	2.7	4.33
2016 年（GW）	1	2.44	5.8

资料来源：企业财报，赛迪智库整理，2017 年 3 月。

表 8-8　2015—2016 年天合光能产能增长情况

年份	硅锭	硅片	电池	组件
2015 年（GW）	2.3	1.8	3.5	5
2016 年（GW）	2.3	1.8	5	6

资料来源：企业财报，赛迪智库整理，2017 年 3 月。

四、企业兼并重组进程持续推进

在政府主导、资本运作与企业推动下，2016 年我国光伏行业兼并重组步伐持续推进，主要表现为三种形式。

——通过资本运作等手段盘活优质资产。如中环收购国电。

——通过收购进入下游。如湘鄂情通过收购四川鼎成进入光伏电站开发与运营。

——通过全球并购获得先进生产技术、进行海外布局或开拓海外市场。如上海电气收购德国 Manz，获得 CIGS 整线生产工艺；隆基收购美国 SunEdison 位于马来西亚的硅片资产，进行硅片生产的全球布局；协鑫集成收购澳大利亚 ONE STOP WAREHOUSE 以开发澳大利亚本地光伏市场等。

表 8 - 9   2016 年我国光伏行业主要兼并重组事件

参与主体	并购日期	主要内容	并购影响
上海电气	1 月	通过下属子公司出资收购 Manz AG	通过收购获得 CIGS 薄膜电池整线生产设备技术。
隆基	2 月	隆基收购美国 SunEdison 位于马来西亚的硅片资产	获得海外硅片产能，同时与新加坡 SunEdison 签署多晶硅购买及组件销售协议，确保原料来源和销售市场。
协鑫集成	4 月	收购澳大利亚 ONE STOP WAREHOUSE 51% 股权，OSW 主要从事光伏系统业务	通过收购实现境外光伏电站本地化安装。
湘鄂情	4 月	收购四川鼎成 100% 股权。后者主要从事光伏电站的投资开发建设、EPC 总承包业务	光伏行业成为国内各行业投资重点，须谨防又一轮投资过热。
中环股份	7 月	公司拟以 6.59 亿元收购国电光伏有限公司 90% 股权。	行业内兼并重组有序推进，中环股份借以完善其产业链。
保利协鑫	8 月	保利协鑫对外宣布，与美国光伏产业巨头 SunEdison 太阳爱迪生公司签署协议，以总代价约 1.5 亿美元收购该公司和其附属企业相关资产	积极布局光伏市场，整合产业优势资源。
卡姆丹克	11 月	卡姆丹克太阳能将以 5220 万元购买住宅太阳能开发商富林（亚洲）51% 的股份	光伏制造企业向下游延伸。

资料来源：赛迪智库，2017 年 2 月。

五、"走出去"开始延伸至电池环节

为规避"双反"税率，同时更加贴近市场，响应国家"一带一路"重大战略部署，我国光伏企业自2012年便开始"走出去"步伐，在海外建设工厂。但由于国外光伏产业配套相对不完善，政治、经济、社会环境相对陌生，我国光伏企业在海外投资的多为投资成本较低、技术门槛较低、自动化程度较高的组件制造厂。进入2016年，随着我国海外组件厂运转逐渐步入正轨，企业对海外市场、经济、人文、政治环境逐渐熟悉，企业投资重点开始向上游电池片制造延伸，以形成本地配套。国家能源局数据显示，截至2016年5月，我国光伏制造企业在海外已投产电池产能达3.2GW，组件产能3.8GW；在建电池产能2.2GW，组件产能2GW；计划投资电池产能1.1GW，组件产能近5GW。

表8–10　2016年我国光伏企业海外设厂情况

企业	日期	事件
天合光能	1月	收购荷兰光伏电池厂 Solland Solar，新增200MW 光伏电池产能。
	3月	位于泰国的700MW 电池、500MW 组件厂投产。
英利	2月	将与泰国 Demeter 集团公司合作建设300MW 多晶硅光伏组件工厂。
晶澳	11月	计划在越南建设一座新的10亿美元1.5GW 电池及组件厂。
顺风国际	12月	位于美国乔治亚州亚特兰大市的 Suniva 工厂电池产能提升至450MW，成为美国本土最大的高效太阳能电池制造商。

资料来源：赛迪智库，2017年3月。

六、单晶产品成为市场发展热点

2016年领跑者计划的大规模扩张，加上领跑者计划对电池、组件转换效率的指标要求相对单晶产品更容易达到，单晶产品市场需求陡升。以国家电投集团2016年度第54批集采招标结果为例，800MW 的采购总量中，单晶占比超过80%。根据 EnergyTrend 统计，中国上半年约有3.8GW 的安装量选用单晶产品，占实际需求量 15.5GW① 的 25%。但从产品供应来看，2016 年以前，国内市场需求与供应多以多晶产品为主，单晶产品需求的快速增长造成单晶产品供不应求，因此，原有单晶厂商相继扩大生产规模，部分原先多晶主导的大型光伏企业也开始进行单晶产能的扩张，如表 8 – 11 所示。除以上新增单晶电池产能，主流电池组件厂商如天合、阿特斯、晶科、晶澳、韩华等也开始将部分多晶电池线改为单多晶两用电池线。

表 8 – 11　2016 年我国单晶硅片产品扩产情况

企业	启动时间	地点	规模	达产时间
隆基股份	2016 年 1 月	宁夏银川	3GW 硅棒、硅片	2016 年底
	2016 年 7 月	云南丽江	硅棒 5GW	建设期 2 年
	2016 年 7 月	云南保山	硅棒 5GW	建设期 2 年
	2016 年 7 月	云南楚雄	硅片 10GW	建设期 2 年
中环股份	2016 年 6 月	内蒙古呼和浩特	6GW 硅棒及硅片	—
保利协鑫	2015 年 5 月	宁夏中卫	10GW 硅棒	首期 1GW 已达产
晶科能源	2016 年 7 月	新疆伊犁	2GW 硅棒	2016 年底达产 1GW，2017 年底达产 1GW

资料来源：赛迪智库，2017 年 3 月。

表 8 – 12　2016 年我国单晶电池 & 组件产品扩产情况

企业	启动时间	地点	规模	达产时间
乐叶光伏	2015 年 11 月	印度	500MW 电池，组件	2017 年底
	2015 年 12 月	江苏泰州	2GW 电池，2GW 组件	分别于 2016 年 4 月和 9 月投产
	2016 年 6 月	云南红河州	500MW 组件	
通威双流	2015 年 11 月	四川成都	5GW 电池	首期 1GW 已达产
横店东磁	2016 年 1 月	浙江杭州	500MW 电池，组件	2016 年 7 月
晋能	2016 年 2 月	山西晋中	2GW 电池，组件	分三期，3 年内建成
中来股份	2016 年 2 月	江苏泰州	2.1GW 电池	一期 1GW 已于 2016 年 10 月投产，二期 1.1GW 2017 年下半年投产
平煤股份	2016 年 6 月	河南许昌	2GW 电池	建设期 1 年
协鑫集成	2016 年 6 月	江苏徐州	650MW—1.35GW 电池	—

资料来源：赛迪智库，2017 年 3 月。

---

① 该数据为 EnergyTrend 估计数据。

七、贸易保护对光伏产业影响趋弱

对美方面，2016年我国光伏产品对美出口金额同比下降24.5%，但主要是受出口产品均价下滑的影响，出口量保持稳定；此外，由于我国光伏厂商相继在马来西亚、泰国、印度等东南亚国家建设光伏组件生产线，这些国家对美出口不受"双反"税率限制，因此企业相继通过海外工厂出口。对欧方面，随着德国、意大利等欧洲传统光伏市场相继调整支持政策，欧洲光伏市场也大幅下滑，在全球光伏市场中的占比也快速下降。2016年，欧洲新增光伏装机量6.9GW，同比下降16.5%，占全球新增光伏市场的份额也降至10%以下，欧洲已不再是我国最重要的出口市场。且由于MIP（最低进口价）价格承诺协议在MIP维持不变，而市场价格大幅下降的背景下越来越不合理，我国主要光伏企业均先后主动或被动退出了该协议。

第九章　电子材料、元器件及专用设备行业

作为电子信息制造业的基础，电子材料、元器件及专用设备行业较为薄弱一直是我国电子信息产业受制于人的根本所在。2016年是"十三五"规划开局之年，我国进一步加大对基础原材料、关键电子元器件以及核心设备的支持力度，保证了电子材料、元器件及专用设备行业稳步发展。行业规模继续保持平稳增长，主要产品产量增速普遍回升。在集成电路、平板显示、锂离子电池等热点领域带动下，全行业固定资产投资增速进一步回升。进出口金额双双下滑，进出口贸易逆差呈现扩大趋势。

第一节　发展情况

2016年是"十三五"规划开局之年，在全国经济面临下行压力持续加大的情况下，我国电子信息制造业生产运行平稳，保持较快增长，效益状况总体良好，固定资产投资增速加快，但外贸进出口降幅有所扩大，为我国电子材料、元器件及专用设备行业加快产业结构调整、推动产业转型升级奠定了良好的产业基础。

一、产业规模

（一）产业规模继续平稳增长

2016年我国电子材料、元器件及专用设备行业继续保持稳步增长，规模连续多年位居电子信息制造业各行业首位。2016年我国电子材料、元器件及专用设备行业销售产值达到4.83万亿元，同比增长9.0%，增速低于电子信息制造业全行业0.3个百分点，占我国电子信息制造业的比重为38.9%，比

2015年降低了0.1个百分点，占比企稳回升态势再次受到抑制。其中电子材料行业0.36万亿元，电子元件行业1.97万亿元，电子器件行业1.83万亿元，电子专用设备0.67万亿元。

（万亿元）

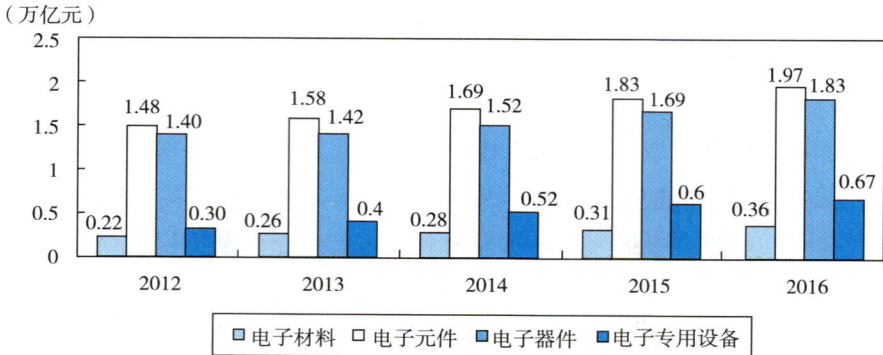

图9-1　2012—2016年我国电子材料、元器件及专用设备行业销售产值

资料来源：国家统计局，工业和信息化部，赛迪智库，2017年3月。

（二）进口降幅收窄，出口增速回暖

1. 进口情况

2016年我国电子材料、元器件及专用设备行业合计进口额达到3849亿美元，同比下降3.8%，降幅较2015年扩大3.4个百分点，占电子信息制造业进口总额的76.4%，较2015年提高0.6个百分点。其中，电子材料行业进口额达到78亿美元，同比增长7.1%，扭转了下滑态势；电子元件行业进口额为437亿美元，同比下降8.9%，降幅持续扩大，较2014年扩大1.2个百分点，连续5年出现下滑；电子器件行业进口额达2862亿美元，同比下降4.4%，近五年首次出现下滑；电子专用设备行业进口额为472亿美元，同比增长4.1%。进口主要产品中，集成电路进口额2271亿美元，同比下降1.3%；液晶显示板进口额为318亿美元，同比下降19.8%；二极管及类似半导体器件进口额为200美元，同比下降9.5%。

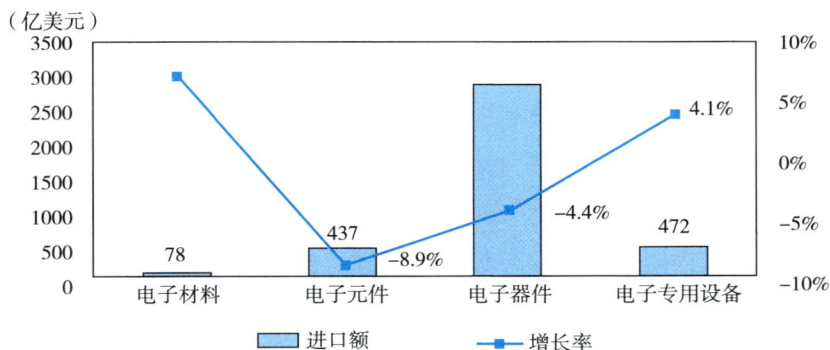

图 9 - 2 2016 年我国电子材料、元器件及专用设备行业进口情况

资料来源：海关总署，工业和信息化部，赛迪智库，2017 年 3 月。

2. 出口情况

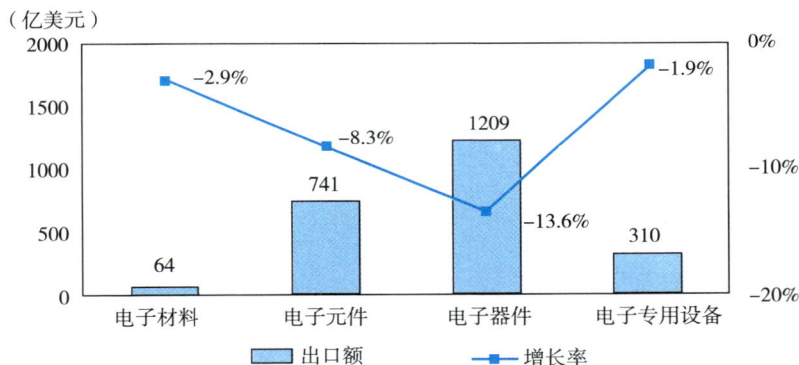

图 9 - 3 2016 年我国电子材料、元器件及专用设备行业出口情况

资料来源：海关总署，工业和信息化部，赛迪智库，2017 年 3 月。

2016 年我国电子材料、元器件及专用设备行业出口额达到 2324 亿美元，同比下降 10.2%，占电子信息制造业出口总额的 31.9%，占比较 2015 年下滑 1.2 个百分点。各细分行业出口额出现不同程度下滑。电子材料出口额 64 亿美元，同比下降 2.9%，降幅较 2015 年收窄 3.2 个百分点；电子元件出口额为 741 亿美元，同比下降 8.3%；电子器件出口额 209 亿美元，同比下降 13.6%；电子专用设备出口额为 310 亿美元，同比下降 1.9%，降幅较 2015 年收窄 3 个百分点。出口主要产品中，集成电路出口金额为 613 亿美元，同比下降 11.3%，2010 年首次下滑；液晶显示板出口额为 258 亿美元，同比减少 16.8%，持续下滑态势；二极管及类似半导体器件出口额 243 亿美元，同比下降 17.5%。

（三）固定资产投资增速回暖

2016 年我国电子材料、元器件及专用设备行业累计完成固定资产投资 9402 亿元，同比增长 13.3%，增速较与 2015 年增长近 1 个百分点。其中，电子器件行业完成固定资产投资 3720 亿元，连续四年位居电子信息制造业各行业首位，同比增长 22.7%，主要还在于半导体分立器件制造和集成电路制造领域增速突出，分别为 96.4% 和 31.1%；电子元件行业行完成固定资产投资 3253 亿元，继续位居电子信息制造业各行业次席，同比增长 13.3%，；电子专用设备行业完成固定资产投资 2051 亿元，同比增长 15.1%；电子材料行业完成固定资产投资 330 亿元，同比增长 11.5%。

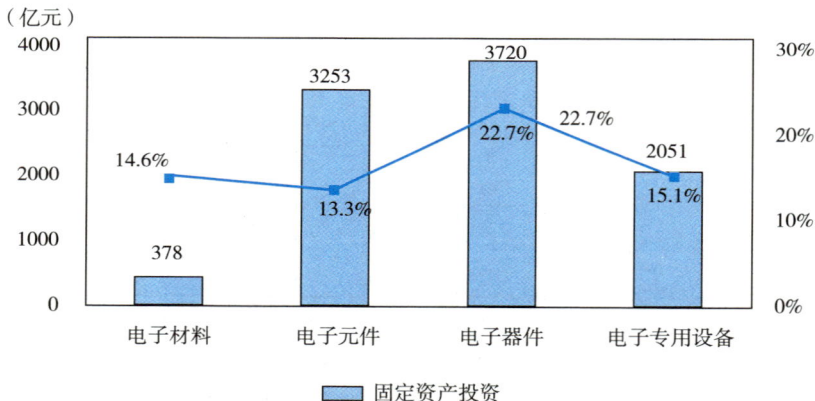

图 9-4　2016 年我国电子材料、元器件及专用设备行业固定资产投资

资料来源：工业和信息化部，赛迪智库，2017 年 3 月。

二、产业结构

为保障我国电子信息产业安全和国家信息安全，我国加大了对电子基础领域尤其是集成电路、关键电子材料和设备的支持力度，积极推动国产材料和设备导入生产线，2016 年我国集成电路、光电子器件、阻容感元件等重点产品产量持续增长，技术水平稳步提高，不断提升电子材料、元器件以及专用设备自给能力，进一步完善电子信息制造业产业体系。整体规模上，2016

年电子元器件占电子材料、元器件及专用设备行业的比重为 78.7%，占比分别比 2013 年、2014 年、2015 年下降 3.9 个、3 个、0.9 个百分点，继续保持下降态势。随着我国电子材料、元器件以及专用设备自给能力的不断提升，电子材料、元器件以及专用设备行业进口额持续下降，进口依赖程度逐步减弱。

三、产业创新

2016 年，我国电子材料、元器件以及电子专用设备行业整体创新能力稳步提升，高附加值和高新技术产品不断取得突破。在 2017 年初公布的国家科技进步奖和技术发明奖获奖名单中，电子材料、元器件以及电子专用设备领域获得二等奖的项目 10 余项。企业创新能力不断提升，知识产权意识显著增强，日益注重专利等知识产权建设，京东方 2016 年新增专利申请量 7570 件，其中发明专利超 80%，PCT 申请受理量超过 1500 件，中国发明专利申请量 3569 件，发明专利授权量 1228 件。

第二节　发展特点

一、产业整体增速小幅下滑

2016 年，尽管电子基础领域创新发展步伐加快，关键产品自给能力提升，但受进出口下滑影响，电子材料、元器件及专用设备行业增速出现小幅下滑。2015 年电子材料、元器件及专用设备行业整体增速为 9.0%，比 2015 年下降了 1 个百分点，从 2013 年以来的增速持续增长势头受到抑制。从细分领域看，2016 年电子材料、电子元件、电子器件和电子专用设备行业的增速分别为 16.1%、7.6%、8.3% 和 11.7%，电子材料行业的增速位居首位，增速较 2015 年增长明显，而电子元件、电子器件和电子专用设备行业增速较 2015 年出现不同程度下降。从增长贡献率看，电子元件和电子器件仍然是拉动电子材料、元器件及专用设备行业增长的主要力量，2016 年其贡献率分别为 40%

和35％，电子材料和电子专用设备的贡献率分别为12.5％和17.5％。

（万亿元）

图9－5　2010—2016年我国电子材料、元器件及专用设备行业销售产值及增长率

资料来源：国家统计局，工业和信息化部，赛迪智库，2016年3月。

二、主要产品产量增速回升

2016年手机、彩色电视机等终端产品产量增速较2015年显著提升，其中手机产量增速到达20.3％、彩色电视机产量增速8.7％，带动基础电子产品市场需求快速增长，主要产品产量增速普遍回暖。电子材料方面，2016年我国多晶硅产量约为19.4万吨，同比增长17.6％，增速较2015年提升2个百分点。电子元件方面，2016年我国电子元件产量37455亿只，同比增长9.3％，增速由负转正，较2015提高了14.5个百分点；锂离子电池产量上升至78.5亿只，同比增长35.8％，增速创2010年以来的新高，较2015年提高32.8个百分点。电子器件方面，2016年我国半导体分立器件产量达到6433亿只，增长11％，增速较2015年提高5个百分点；光电子器件9301.1亿只（片、套），同比增长38.7％，继续保持高速增态势。

三、进出口齐降，贸易逆差扩大

2016年我国电子材料、元器件及专用设备行业进出口金额分别为3849亿美元和2324亿美元，分别较2015年下降了3.8％和10.2％，进出口贸易逆差达到1525亿美元，同比增长7.4％，在连续两年收窄的形势下再度扩大。2015年电子元件进出口贸易顺差收窄，其他细分领域进出口贸易逆差均出现不同程度扩大。具体看：电子材料行业进出口逆差为 14 亿美元，同比增长 100%，在出口下降的同时进口增长，反映出对国外高端电子材料的依赖；电子器件行业进出口金额出现了双下降，进出口逆差增长至 1653 亿美元，创历史新高，同比增长 3.6%；电子元件行业实现进出口贸易顺差 304 亿美元，同比下降 7.3%，顺差连续三年持续增长的势头受到抑制；电子专用设备行业实现进出口贸易逆差 162 亿美元，同比增长 18.2%，再次呈现扩大态势。

图 9 - 6　2011—2016 年我国电子材料、元器件及专用设备行业进出口贸易逆差

资料来源：海关总署，工业和信息化部，赛迪智库，2017 年 3 月。

区域篇

第十章　长江三角洲地区电子信息制造业发展状况

长江三角洲地区是我国重要的电子信息产业基地和最大的电子信息制造业聚集区，在集成电路、光伏、光纤光缆、新型显示、物联网等电子信息领域发展均位于全国前列，并占据较高市场份额。2016 年，长江三角洲地区电子信息产业发展不断向产业链和价值链中高端攀升，以物联网、新型显示、集成电路、信息通信设备、新型应用电子等为代表的新一代信息技术产业快速发展，产业规模全国领先，占该区域电子信息制造业的比重不断提升。电子信息企业在发展中逐步转变出口导向性增长模式，出口依存度不断降低，内销比重不断加大，内资企业实力也不断增强。同时，长江三角洲地区积极把握产业与技术变革方向，面向未来谋划布局，加快培育 5G 通信、光通信、量子通信、无人驾驶、车联网等新兴电子信息产业领域，并已经开展了部分示范，取得了显著成效。在信息技术应用上，长江三角洲地区的行业数控率、机器联网率和生产制造信息系统普及率在快速提升的同时在全国也处于领先地位。

第一节　整体发展情况

一、产业规模

长三角地区的地理范围包括江苏省、上海市和浙江省，其中核心城市 16 个，包括上海市、江苏省沿江 8 个城市以及浙江省环杭州湾 7 个城市。占地面积不足我国总面积 2.19% 的长三角地区为我国创造了 20% 的 GDP，是我国当前经济与社会发展的重要经济板块。目前，长三角地区凭借独特的区位优势，已经形成产业链相对完善、产品配套能力强的电子信息制造业集群，区域信息化和工业化的进程不断推进。2016年，长江三角洲地区电子信息制造业工业总产值达到4.6万亿元。

二、产业结构

长江三角洲地区以上海为中心，厂商大量向苏州、无锡、常州等地聚集，在上海和周边地区呈现出差异化的发展状态。该地区电子信息制造业总体规模占到全国近四成，太阳能光伏产业占全国比例更达到六成以上。与此同时，长三角地区依靠复旦大学、上海交通大学、浙江大学、南京大学等优质的教育和科研资源，不断推进基础技术的研发和产业改造升级的结合，产学研协同作用日益加强，为长三角地区电子信息制造业发展不断释放新的增长动力。目前长江三角洲已经形成了以集成电路、太阳能光伏、新型显示、物联网、计算机及软件服务业为特色的产业集群。江苏省在信息通信、数字视频、计算机、软件、集成电路设计封装、光伏制造等领域具有产业优势，浙江省在电子材料、软件服务业、微电子等行业领域形成产业集聚，上海市则在计算机、数字音频、通信设备、软件等下游行业发展快速。

第二节　产业发展特点

一是产业结构调整成效显著。以上海市为例，其2016年新一代信息技术制造业实现工业总产值超2141亿元，同比增长3.7%，增速高出电子信息制造业近6个百分点。江苏省2016年新一代信息技术产业实现收入10600亿元，同比增长20%，较全省电子信息产业增长率高出13.6个百分点。

二是内资企业实力、内销市场占比不断提高。长江三角洲电子信息制造业逐步转变出口导向性增长模式，内资企业实力也不断增强。2016年与"十二五"初相比，江苏省电子信息全行业出口依存度由55.6%下降至37.5%、外资企业占比由74.2%下降至58.5%。浙江省电子信息制造业内销拉动作用也不断增强，2016 年实现内销产值 5385.3 亿元，同比增长 12.2%，对销售产值的贡献率达 100.9%。

三是行业协同发展不断增强。在物联网产业发展上，上海市整合了相关用户、系统集成、通信设备、模块、芯片等产业链厂商参与窄带物联网发展，物联网智能抄表获得澳大利亚水表千万台量级订单。在新型显示领域，上海市也积极推动奥来德、宇瑞、中颖、上微、凯世通等本市材料、装备企业与和辉光电、上海天马等面板企业加强合作，形成配套。

四是新兴电子信息领域加快培育。长江三角洲地区把握产业与技术变革方向，面向未来谋划布局，加快培育 5G 通信、光通信、量子通信、无人驾驶、车联网等新兴电子信息产业领域，并已经开展了部分示范，取得了相应成效。如上海市积极推进推动融合创新，开展道路智慧停车示范建设，在浦东陆家嘴等代表性区域对停车设施进行智能化、互联网化改造，实现停车位动态数据实时联网发送，集成多种支付方式，试验预约停车与错峰停车等模式，有效提升老百姓出行体验和停车场使用效率。

五是信息技术融合渗透持续深入。以浙江省为例，其 2013 年至 2016 年全省重点企业典型行业的数控率从 35.3% 提升到 53.07%，机器联网率从 12.92% 提升到 31.68%。重点行业典型企业的 ERP 普及率、MES 普及率、PLM 普及率、SCM 普及率、采购环节电子商务应用、销售环节电子商务应用、装备数控化率等处于全国领先。2016 年全省在役工业机器人达 4.2 万台，居全国第一位，近三年累计减少低端劳动用工近 200 万人，提高劳动生产率近 30%。

第三节　主要行业发展情况

近年来，长江三角洲地区电子信息制造业加快协同发展，产业集聚效应进一步增强，形成了集成电路、太阳能光伏、计算机、新型显示等主要行业集聚发展模式。

一、集成电路

长江三角洲是我国最重要的集成电路研发制造基地之一，主要在上海、苏州、无锡等地形成产业聚集。该地区集聚上海中芯国际、展讯通信、华虹宏力、江苏华润、上海华力微电子、无锡海力士半导体等龙头企业和关联企业，形成由集成电路前端设计、芯片制造、封装测试到设备材料相对完整的产业链。

一是产业规模快速增长。上海市 2016 年集成电路产业规模首次超千亿，达到 1053 亿元。集成电路制造业完成工业总产值 420 亿元，同比增长 16.4%，晶圆片产量同比增长 15.8%。江苏省 2016 年集成电路产量达到 453 亿块，同比增长 22.9%。

二是产业链发展更加均衡。2016 年，上海、江苏、浙江三地积极推进《国家集成电路产业发展推进纲要》的实施，产业链呈现均衡发展的良好态势，产业链各环节的比例日趋优化，设计、制造双引擎的带动效应愈发明显。2016 年上海市集成电路设计业实现销售收入 366 亿元，同比增长 20%，较 2011 年翻番，设计业规模首次超过封装测试业，真正成为产业龙头。

三是技术创新成果斐然。2016 年，兆芯 CPU 芯片及主板芯片组荣获 2016 年上海国际工业博览会金奖，基于兆芯 CPU 芯片的国产整机进入上海市政采清单；"神威·太湖之光"超算计算机名列最新一期全球超级计算机 TOP500 榜首，所用的申威 CPU 获得全球高性能计算应用最高奖戈登贝尔奖；支持 SDN（软件定义网络）的高性能以太网交换芯片、12 英寸硅通孔晶圆级封装技术等一批核心关键技术取得阶段性突破。

二、太阳能光伏

长江三角洲是我国最重要的光伏产业聚集地，主要分布在江苏、浙江两省。目前，长三角地区拥有光伏企业数百家，建立了从多晶硅、硅锭/硅棒、硅片、电池、组件、逆变器、光伏设备到下游电站应用的完整产业链，光伏产业总体规模占到全国 60% 以上，苏州、无锡、常州形成光伏产业发展金三角，常州更成为全球光伏产业单体规模最大的城市。

江苏省是我国光伏产业第一大省，也是我国光伏产业链完备程度最高、企业数量最多的省份，拥有江苏中能、天合光能、常熟阿特斯、协鑫集成、韩华新能源、苏州腾晖、无锡尚德等一批在国内外均有较强品牌影响力和核心竞争力的龙头企业。2016 年全省多晶硅产量 6.93 万吨（中能硅业），同比下降 6.4%；硅片产量约为 73.7 亿片，同比增长 41.7%；电池片产能约为 25.8GW，产量达到 22.6GW，同比增长 22.7%；组件产能约为 35GW，产量达到 23.9GW，同比增长 16.8%。截至 2016 年底，江苏省累计光伏装机容量 5.46GW，位居中东部省份光伏装机第一位，分布式光伏累计装机 1.73GW，位居全国第二。

浙江省光伏产业发展特点是单体企业规模小，但数量多，产业链布局完善，分布式光伏市场应用位居全国首位。2016 年浙江省硅片产能约为 12.3 亿片，产量达到 11.86 亿片；电池片产能约为 9.7GW，产量达到 9.25GW；组件产能达到 12.22GW，产量约为 8.75GW。在市场应用方面，自 2013 年浙江省出台《关于进一步加快光伏应用促进光伏产业健康发展的实施意见》起，截至 2015 年初浙江省各市县先后出台了 24 项配套支持政策，极大促进了浙江省光伏应用的推广。截至 2016 年底，浙江省累计光伏装机容量达到 3.38GW，其中分布式装机 2.07GW，位居全国第一位；新增光伏装机容量 1.75GW，其中分布式装机 0.87GW，位居全国第一位。2016 年 2 月，浙江省人民政府发布《浙江省国民经济和社会发展第十三个五年规划纲要》，提出将力争在 2020 年光伏发电规模达到 8GW。

三、新型显示

目前，长三角区域形成了相对完善的新型显示产业链及配套环境，从玻璃基板生产商如日本电气硝子，显示关键材料生产商如江苏和成液晶材料，到全球各主要面板生产商均在长江三角洲区域建立了生产基地。该地区重点新型显示企业有中电熊猫、三星、天马、友达等。

一是新型显示项目进展顺利。2016 年，和辉光电产能持续保持满产状态，达到月产 100 万片终端显示器的生产能力。小米手机的红米系列旗舰款 AM－OLED 手机屏由和辉光电独家供应，华为、中兴等知名终端厂商成为和辉光电客户；上海天马 5.5 代 AM－OLED 蒸镀封装线上半年实现批量生产，成为中兴手机供应商之一。

二是继续加大对新型显示技术的研发投入，推进产学研一体化。例如，上海海光机所南京先进激光技术研究院、北大工学院南京光电创新中心、南京大学光电工程研究院、南京邮电大学信息技术研究院等 5 家研发创新载体已孵化了数十个科技创业项目，为新型显示产业储备了一大批新技术和创新人才，不少项目正在寻找投资机构，准备走上产业化的道路。新型显示企业、高校、研究所开始提前研究布局柔性显示、印刷法等新技术、新工艺，以及量子点显示、micro－LED 等下一代显示技术。

四、物联网

长江三角洲物联网产业发展主要集中于上海市和江苏省，其 2016 年产业发展主要呈现以下特点：

一是产业规模快速增长。以江苏省为例，其已经构筑了以无锡为核心，苏州和南京为支撑的一体两翼产业布局，突破了核心芯片、通信协议、协同处理、智能控制等关键技术，形成了覆盖信息感知、网络通信、应用处理、共性平台、技术支撑的产业体系，产业规模多年保持高速增长。2016 年江苏省物联网产业实现业务收入 4400 亿元，同比增长 22%，"十二五"期间年均增长 30% 以上。

二是核心技术产业化取得突破。长三角地区光纤传感器占领国内高压电线温度监测和地铁消防监测领域 50% 的市场份额，并出口欧美；视觉传感器与新松机器人合作，开发出高精度、大范围机器视觉反馈系统，获得工博会金奖；汽车发动机排气温度传感器、涡轮增压器转速传感器等通过戴姆勒、博世、德尔福等用户单位认证。

三是持续推进应用示范。上海市已建成国内运营规模最大、数据最精细、有效性最强的楼宇能效监测平台，监测建筑面积 2069 万平方米，年节电 5000 万度；地铁综合监控系统获得 250 公里地铁订单，市场占有率国内领先；初步建成业内领先的半导体封装智能工厂，使产线工人减少 75%，物料配送效率提升 20%，配送出错率降低 8%。

四是营造物联网产业发展氛围。2016 年，上海市开展了以物联网和智能硬件为主题的创新创业大赛，召开了第三届国际健康物联网峰会、第二届国际传感器技术与应用展览会、上海国际智能家居展、窄带物联网高峰论坛等活动，加强产业链对接。江苏省也成功举办了 2016 世界物联网博览会，成为迄今为止全球物联网领域规格最高、规模最大的博览会。

第四节　重点省市发展情况

一、上海市

在产业规模上，2016 年上海电子信息制造业实现工业总产值 6045 亿元，同比下降 2.2%。产业结构调整成效显现：一是新一代信息技术制造业实现增长。全年新一代信息技术制造业实现工业总产值超 2141 亿元，同比增长 3.7%，增速高出电子信息制造业近 6 个百分点。二是集成电路领域保持增长。全年集成电路产业规模首次超千亿，达到 1053 亿元。集成电路制造业完成工业总产值 420 亿元，同比增长 16.4%，晶圆片产量同比增长 15.8%。三是产业盈利状况良好。全年，电子信息制造业销售收入 6430 亿元，实现利润 212 亿元，同比增长 11.1%，其中集成电路利润 46 亿元，翻番增长。四是电子组装加工业规模保持稳定。重点电子组装加工企业产值占全部制造业工业总产值比重稳定在 45%，为全市工业稳增长发挥了坚强支撑作用。

在项目建设上，中芯国际新建产线项目于 2016 年 10 月 13 日正式开工。华力 12 英寸生产线二期项目在 2016 年 11 月实现开工建设，项目主体单位上海华力集成电路有限公司正式揭牌。和辉二期项目顺利实现开工建设。上海集成电路产业基金正式注册运营，首期基金规模 280 亿元，2016 年实现对外首笔投资。新昇 300mm 硅片研发线全面落成。国内首个国家级"智能网联汽车（上海）试点示范区"封闭测试区正式投入运营。上汽首款互联网汽车荣威 RX5 上市。晨兴希姆通智能制造工厂纳入国家级智能制造示范试点。由上海移动牵头，华为、中兴等国内龙头企业支撑的首个基于 5G 技术的窄带物联网示范网络项目正式立项建设。天马 5.5 代 AM－OLED 扩产项目正式启动，完成第一批设备移机和招标。

二、江苏省

江苏省电子信息产业增长形势向好，综合实力不断增强，已连续 5 年呈增长态势，在全省工业发展中发挥了积极的支撑作用。

在产业规模上，2016 年江苏省电子信息产业实现主营业务收入 3.27 万亿元，同比增长 6.4%。"十二五"期间年均增速约 11%；产业规模约占全国电子信息产业的 1/4，全省工业经济的 20%；规模以上企业达到 5151 家；全行业实现利润 1912.8 亿元，同比增长 10.8%。集成电路、光纤光缆和新型显示等主要优势产品规模位居国内前列。

在产业结构上，以物联网、新型显示、集成电路、信息通信设备、新型应用电子等为代表的新一代信息技术产业快速发展，产业规模全国领先，向产业链和价值链中高端攀升。2016 年全省物联网产业实现业务收入 4400 亿元，同比增长 22%；新一代信息技术产业实现收入 10600 亿元，同比增长 20%。主要产品结构优化。2016 年，全省共生产手机 5352 万台，同比增长 35.5%；集成电路 453 亿块，同比增长 22.9%；半导体分立器件 2022 亿只，同比增长 15.6%；彩电 1839 万台，同比增长 14.7%；显示器 6919 万台，同比增长 10.4%；光缆 9436 万芯公里，同比增长 4%。

在创新能力建设上，2016 年，江苏省电子信息行业拥有国家认定的企业技术中心 8 家，省认定企业技术中心 166 家。企事业单位积极承担国家电子发展基金、"核高基""新一代宽带无线移动通信网"等国家科技重大专项，面向高端市场不断加大新技术新产品开发力度，在高端服务器芯片、新一代移动通信、AM－OLED 显示和集成电路先进封装等领域取得突破。

在项目建设上，2016 年，集成电路、新型显示、网络通信等领域有一批重大项目落户，全省电子行业完成固定资产投资 1711.7 亿元，同比增长 5%。其中，总投资 30 亿美元的台积电项目建成后将成为国内最先进工艺技术水平的生产线；总投资 60 亿元的中兴通讯光电子项目已启动项目建设；总投资 200 亿元的德科码半导体产业园开工建设；世硕电子、三星芯片载板两个总投资超过 10 亿美元的项目进展顺利。

在集聚发展上，沿江沿沪宁线电子信息产业带的特色产业集聚发展，形成了无锡国家传感网创新示范区、南京集成电路、常州传感器等一批国家级、省级特色产业基地和园区。截至 2016 年，全省在物联网、集成电路、新型显示和传感器等领域共建立了 48 个国家级和省级电子信息产业基地和产业园。苏中和苏北地区电子信息产业快速发展，2016 年增长分别达到 14.8% 和 8.5%，"十二五"期间年均增长分别达到 19.5% 和 34.7%，产业规模占全省的比重由"十一五"末的 18% 提高至 32.3%。

在对外贸易上，2016 年，江苏省电子信息产品制造业延续了触底反弹的态势，共实现出口交货值 12399 亿元，同比增长 1.9%，比上年提升了 1.5 个百分点。全行业出口依存度为 37.5%，较上年下降了 1.8 个百分点。全行业实现内销产值为 20671 亿元，同比增长 10.5%。

三、浙江省

近年来，浙江省电子信息产业以年均 23% 左右的速度持续快速增长，发展规模突破万亿，整体竞争力处于全国领先水平。

在产业规模上，2016 年浙江省电子信息制造业实现工业总产值 7475.8 亿元，销售产值 7197.3 亿元，分别同比增长 8.7% 和 8.8%；规模以上电子信息制造业实现增加值 1599.9 亿元，主营业务收入 7060.9 亿元，利税总额 740.4 亿元，利润总额 534.1 亿元，分别同比增长 13.6%、7.8%、7.9% 和 8.9%。行业中高端产品增长较快，全年共生产智能手机 5099.6 万部、路由器 166.1 万台、笔记本电脑 177.8 万台、智能电视 504.9 万台，分别同比增长 26.4%、90.9%、29.5%、29.1%。

在产业效益上，电子信息制造业销售利润率为 7.6%，高出全省规上工业和全国电子行业 1.0 个和 2.9 个百分点。行业劳动生产率达 19.7 万元/人，比上年同期提高 13.5%；行业企业每百元主营业务收入中的成本为 82.4 元，分别低于全省规上工业和全国电子信息行业 1.7 元和 2.1 元；企业亏损面为 14.2%，比全国电子信息行业低 4.7 个百分点。

在企业发展上，龙头企业快速壮大。浙江电子信息行业在保持"专精特新"发展的基础上，一批优势企业不断做大做强，占据行业发展的领先地位，如电子商务领域的阿里巴巴，数字安防领域的海康威视、大华股份，网络通信领域的华三通信，光纤光缆行业的富通集团，互联网金融的恒生电子、工业控制系统领域的中控科技，芯片设计行业的杭州士兰微等。2016年业务收入超百亿元企业达15家，比上年新增3家，4家企业超200亿元，收入超亿元的企业达到450家。全省入选全国电子信息行业百强企业数继续保持全国领先，2016年有14家、21家、11家、8家企业分别入选全国电子信息百强、中国电子元件百强、中国互联网企业百强、中国软件业务收入百强企业，入选企业数各居全国第3位、第2位、第4位和第4位。

在创新能力建设上，近年来，浙江省积极开展省级重点企业研究院建设，大力推进行业技术综合创新综合试点，2016年全省新建集成电路、大数据等省级重点企业研究院20家，信息技术领域累计已近100家。行业研发投入持续增长，2016年全省规上电子信息企业科技活动经费支出227.1亿元，占主营业务收入的3.2%，高出规上工业1.7个百分点。创新成果日益显现，2016年全省规模以上电子信息制造业完成新产品产值4189亿元，同比增长16.7%，高于规上工业5.1个百分点；新品产值率达56%，高出全省规上工业21.7个百分点；2016年新一代信息技术产业增加值增长21.2%，高出战略性新兴产业增幅12.6个百分点，增速居全省首位。

第十一章 珠江三角洲地区电子信息制造业发展状况

珠江三角洲地区是我国电子信息产业重要的发源地、聚集地和优势区，在新型显示、集成电路、视听产品、物联网等电子信息领域发展均位于全国前列，并占据主导地位。2016 年，珠三角地区电子信息产业结构进一步优化，高端电子信息产品继续保持较大幅度增长，保持珠三角地区经济发展主导力量的地位。产业以智能终端产品供给侧改革为抓手，突出智能终端产品新技术、新模式、新应用，推动新兴热点产业加快发展，培育新的经济增长点。在传统优势领域加大投入，做好前瞻布局，为持续领先态势做好技术上和产能上准备。对电子信息制造业的支持力度进一步加大，相继出台多项政策，积极开展新兴产业应用试点示范。

第一节 整体发展情况

珠江三角洲地区包括广州、深圳、佛山、珠海、东莞、中山、惠州、江门、肇庆等九个城市，面积 24437 平方公里，占广东省国土面积不到 14%，人口 4283 万人，占广东省人口的 61%。借助改革开放的东风，珠三角地区电子信息制造业从无到有、从小到大，目前已经成为我国最大的电子信息制造业集聚区之一，也是我国发展速度最快的电子信息制造业集聚区，被确定为首批国家级电子信息产业基地。

一、产业规模

经过多年的发展，广东省已成为我国电子信息制造业最重要的区域之一，而广东省电子信息制造业又主要集中于珠三角地区，占比超过 95%。2016 年，广东省规模以上工业增加值 3.19 万亿元，其中电子信息制造业增加值同比增长 10.6%，继续维持两位数增长。连续 26 年位居全国首位；工业投资 1.11 万亿元，同比增长 8.9%。其中，深圳市是珠三角地区发展的龙头地区，2016 年，深圳市规模以上工业增加值 7199.47 亿元，增长 7.0%，分别高于全国、全省 1.0 个、0.3 个百分点。其中，通信设备、计算机及其他电子设备制造业 4392 亿元，增长 9.3%，占规模以上工业的 61.0%。

二、产业结构

2016 年，珠三角地区电子信息制造业结构进一步优化，高端电子信息产品继续保持较大幅度增长，华为、比亚迪、中兴、TCL、康佳、创维、酷派等民营骨干企业规模持续扩大，占比也逐年提升。19 家企业入围第 28 届全国电子信息产业百强，名列全国首位。2016 年，广东省印发《广东省先进制造业发展"十三五"规划》，提出打造珠江东岸高端电子信息制造产业带。以广州、深圳、东莞、惠州、河源、汕尾等市为重点，着力增强自主配套能力，不断完善核心部件及软件的自主配套，提升终端产品价值链，打造全球领先的电子信息制造业基地。

第二节 产业发展特点

一是电子信息产业继续保持领头羊地位。2016 年，广东省规模以上计算机、通信和其他电子设备制造业累计实现销售产值 33231.5 亿元，增长 9.1%；工业增加值 7620 亿元，增长 11.4%，增速高于全省规模以上工业增速 4.7 个百分点。是支撑珠三角地区经济平稳发展的主导力量。二是新兴产业得到快速发展。在产业转移的大背景下，珠三角地区通过"腾笼换鸟"，积极发展电子信息新兴产业，形成了以深圳为中心的全国最大的可穿戴设备基地、虚拟现实产品集聚区，以智能终端产品供给侧改革为抓手，突出智能终端产品新技术、新模式、新应用，推动智能穿戴、智慧家庭、虚拟现实等新兴热点产业加快发展，培育新的经济增长点。三是传统产业优势继续保持，2016 年，珠三角地区手机、彩色电视机、电子元器件、集成电路、锂离子电池等产品产量保持良好的增长态势，23 家企业进入全国电子百强企业。四是对新兴产业发展的扶持力度不断加强。2016 年，珠三角地区进一步加大对新兴产业发展的支持力度，相继出台多项政策，积极开展新兴产业应用试点示范。广东省相继发布了《关于促进科技创新的若干措施》《广东省先进制造业发展"十三五"规划》《广东省智能终端产业发展行动计划（2016—2017年)》，深圳市出台了《关于促进科技创新的若干措施》以及相关发展政策。

第三节　主要行业发展情况

一、新型显示

珠三角地区是我国重要的新型显示产业优势区域，聚集了华星光电、利信、深超光电等骨干企业，该地区曾在 TN/STN LCD 领域占据优势，但由于在 TFT - LCD 特别是大尺寸液晶面板制造领域错失发展良机一度落后国内其他优势地区。随着华星光电和广州 LGD 两条 8.5 代液晶面板线的落户并实现量产，极大提升了该地区新型显示产业的总体实力，有效缓解了珠三角地区"少屏"的困境。与此同时，珠三角地区工业基础雄厚，外向型经济发展模式孕育出从液晶显示模组到康佳、创维、中兴、华为等大批下游显示用户厂商，形成了从上游模组到下游终端应用的完整产业链，产业集聚效果凸显。2016年，华星光电 11 代 TFT - LCD 及 AM - OLED 新型显示器件生产线开工，该项目总投资 538 亿元，预计年均产值约 300 亿元，设计产能为 14 万片/月，用地面积 103 万平方米，建设周期为 2016 年 11 月—2019 年 3 月，预计 2019 年实现量产。广州市政府与富士康科技集团子公司堺显示器制品株式会社在广州签署合作框架协议，堺显示器制品株式会社第 10.5 代显示器全生态产业园落户广州。

二、集成电路

2016 年，广东省累计实现集成电路产量 219.2 亿块，占全国集成电路产量的 16.5%，增长 29.3%，高于全国 8.3 个百分点；根据海关统计，进口方面，2016 年广东省集成电路进口量 1305.5 亿块，增长 8.7%；进口金额 935.1 亿美元，增长 8.1%，约占全国 2270.3 亿美元的 41%。

2016 年，我国集成电路设计业取得快速增长，年实现销售收入 1644.3 亿元，同比增长 24.1%。珠江三角洲设计业产业规模为 496 亿元，同比增长 12.7%，占全国比例的 33%。2016 年，深圳集成电路设计业销售收入达到 420 亿元，同比增长 10.5%，总额位居全国前列。

深圳市海思半导体有限公司、深圳市中兴微电子技术有限公司、深圳市汇顶科技股份有限公司，敦泰科技（深圳）有限公司荣获 2016 年中国集成电路设计十大企业，海思半导体以 260 亿元营收占据榜首位置。

2016 年 6 月，广东省由省财政出资 15 亿元设立集成电路产业投资基金，经资本募集放大后将达到 150 亿元左右的规模，主要投向集成电路设计、制造、封测及材料装备等产业链重大和创新项目，旨在推动广东省集成电路产业加快发展。

深圳市也在 2015 年设立集成电路产业引导基金，目标规模 200 亿元，其中首期为 100 亿元。2016 年 4 月，深圳集成电路产业引导基金投资深圳市中兴微电子技术有限公司 24 亿元人民币，占股 24%。珠江三角洲将重点建设设广州国家集成电路设计封装产业基地、深圳国家集成电路设计制造基地、珠海广东省集成电路设计等三大集成电路产业集群。

2016 年 11 月，中芯国际集成电路制造有限公司宣布正式启动中芯深圳 12 英寸集成电路生产线项目，这将是华南地区第一条 12 英寸集成电路生产线。该项目计划 2016 年底开工，预计 2017 年底投产，预期目标产能将达每月 4 万片晶圆。

三、视听产品

珠三角地区电视机产量全国领先，2016 年实现彩色电视机产量 8117 万台，占全国彩色电视机产量的 46.4%，同比增长 17.4%，增幅高于全国 8.7 个百分点；其中液晶电视机产量 7620 万台，同比增长 17.0%；4K 电视生产量约 2600 万台。数字激光音、视盘机产量 15120 万台，同比下降 5.6%；组合音响产量 7861 万台，同比下降 7.7%；半导体存储播放器（含 MP3、MP4）产量 532 万个，同比下降 13.4%。为适应竞争激烈的彩电市场，珠三角地区各大电视厂商纷纷加码技术创新领域，超薄、大屏、OLED、曲面、激光电视纷纷涌现，为整个电视行业的发展带来了新的增长点。

四、物联网

广东省积极发展物联网产业，推动"星光中国芯物联网工程"落户广东省，开展互联网与工业融合创新试点，形成以旭丽电子、芬欧蓝泰、新邮通信、高新兴、京信通信等骨干企业为引领的行业协同发展趋势。东莞物联网产业基地培育了以宇龙酷派、远峰科技、美赛达欣、华贝电子、泰斗微电子、大普通信、晖速天线等为代表的物联网先进制造企业 100 多家。惠州物联网终端及应用服务企业约 120 家，支柱骨干企业为华阳集团、德赛集团和 TCL。深圳成为全国物联网产业创新发展先行区，与物流和供应链密切相关的物联网产品占据国内 70% 以上的市场，远望谷、先施、国民技术、中兴通讯等企业在超高射频产品领域占据国内 90% 的市场。

第四节　重点省市发展情况

一、深圳市

近年来，深圳市充分发挥特区优势，积极承接全球电子信息产业转移，大力发展电子信息产业，已成为我国乃至全球重要的电子信息产业研发、生产、出口基地，手机、智能电视、计算机等电子信息领域产业规模位居我国乃至全球前列。通过不断的自我完善与发展，深圳市电子信息产业结构日趋完善，产业配套不断优化，已成为深圳市经济发展的重要支柱。目前，深圳市电子信息产业对当地工业经济的贡献率近60%，对工业增速贡献率已超过80%。

2016年，深圳市实现生产总值19492.6亿元，同比增长9.0%，增速分别高于全国、全省2.3个和1.5个百分点，居全省各地市第一。经济总量持续扩大，继续居内地大中城市第四位，比上年净增近2000亿元，创历年新高。全市规模以上工业增加值7199.47亿元，增长7.0%，分别高于全国、全省1.0个、0.3个百分点。其中，通信设备、计算机及其他电子设备制造业增长9.3%，占规模以上工业比重61.0%。

在以电子信息制造业及软件服务业为核心的新一代信息技术领域，深圳市通过对产业的超前布局，一直走在全国的前列，并通过一系列政策措施引导和支持电子信息产业持续健康发展。近年来，深圳市有关部门先后出台了《深圳市"互联网＋"行动计划》《深圳市促进创客发展三年行动计划（2015—2017年）》等重要文件，推动本市新一代信息技术产业加快发展，并于2016年1月发布实施《〈中国制造2025〉深圳行动计划》，计划在未来10年，通过两步走，将深圳建设成为世界制造业强市。目前，深圳市通过优化创新环境、支持高新技术研发应用，不断加大在华星光电11代TFT－LCD生产线建设、海思半导体16纳米工艺研发应用、中兴微电子集成电路研发、中芯国际8英寸片生产项目建设等的支持力度，推动当地以新一代信息技术为基础的新兴产业不断做大做强。

在政府有关部门大力推动和产业生态自我完善的共同作用下，深圳电子信息产业创新体系不断优化，形成以华为、中兴、比亚迪、腾讯、华星光电等骨干企业为代表的产业集群，目前已有各级重点实验室、工程研究中心、企业技术中心等创新载体1100余家，其中国家级单位70多家。在2016年中国电子信息百强企业中，深圳市有20家企业上榜，其中华为、中兴通讯、比亚迪等三家企业进入前十强，华为仍居第一。目前，深圳市信息产业在计算机、移动终端、智能硬件、核心元器件、视听产品、新型显示等领域均具较强竞争力，部分领域已具备一定的国际竞争优势。与此同时，在高端信息技术领域，深圳市也涌现出一批代表性企业，大疆创新的无人飞行器控制系统及解决方案、华讯方舟的超高速移动宽带通信技术等均在国际上具有领先优势。

二、东莞市

经过多年的发展，东莞市建成了涵盖新型显示、LED、电子元器件、结构件制造、通信设备、太阳能光伏、电力电子器件等领域的电子信息产业综合体系，产业发展核心竞争优势和配套水平不断提升。其中，上游包含光电子器件、核心电子元器件和 IC 芯片等基础环节，中游以计算机产业为核心，下游主要为信息产品应用产业，按照产品体量计算，元器件占整体产业规模的 41%，通信占 21%，计算机及软件占 18%，显示器占 14%，2016 年东莞集成电路产业产值预计约 15.48 亿元，其中封装测试环节产值为 12.38 亿元，IC 设计环节产值约为 3.10 亿元。整体而言，东莞市电子信息产业涵盖面大、产品门类多，综合配套优势明显，并且在诸多领域形成了自身独特的发展特点和竞争优势。目前，全球每 6 部智能手机就有一部产自东莞。2016 年前三季度，东莞智能手机出货量 2.07 亿台，平均每天约 75.55 万台，同比增长 65%。

计算机和电子元器件领域，是东莞传统电子信息优势产业，不仅有较完整的产业体系和内外市场，产业集群优势也相对突出，形成一批国内外知名企业。集成电路和软件领域，产业体系较为完善，地方政府正积极整合资源，打造当地集成电路和软件公共服务平台。新型显示领域，建立了以优势企业为龙头，升级发展上游原材料、OLED 装备和面板制造环节的系统布局。信息通信领域，在通信设备、信息服务、信息技术应用等方面增长较快，并形成新一代无线通信领域的研发资源聚集效应。

近年来，东莞地方政府积极推动，使当地 OLED、新一代通信、新型电子元器件等高端电子信息产业加快发展。2016 年，东莞发布了《"东莞制造2025"规划》。提出到 2025 年，东莞将打造成全球有影响力的以新一代信息技术产业和智能制造装备产业为特色的先进制造业基地，工业总产值实现由 1 万亿向 2 万亿跨越，稳居全国制造业城市第一梯队。东莞将推动电子信息制造业等四大重点领域的突破发展，做大做强智能手机龙头企业，在电脑、通信、消费电子的 3C 领域实施智能制造工程，采用先进设备和生产线，促进产业提档升级。东莞将依托智能手机省市共建基地，做大做强智能手机龙头企业，加强配套体系建设，推动产业聚集发展。支持企业围绕高效能微处理器、智能人机交互、柔性可拉伸器件、快速充电等关键技术开展攻关，增强智能手机产业优势。在电脑、通信、消费电子的3C领域实施智能制造工程，采用先进设备和生产线，促进产业提档升级。在集成电路设计等发展相对薄弱的环节加大招商力度，吸引更多国际知名企业进驻松山湖。同时，立足于东莞电子信息制造业良好的基础和完善的配套体系，向新一代移动通信设备包括新型智能手机、平板电脑、智能电视、智能穿戴设备、车载终端、行业终端等新领域拓展；利用建设智慧城市、发展智能家居、物联网等机遇，拉动新一代通信设备的应用需求。

三、惠州市

电子信息产业是惠州的主导产业之一，2016年，惠州市电子信息产业实现增加值678.7亿元，增长7.6%。在智能终端产业拥有明显的发展优势，现有手机生产线300余条，并可根据市场需求进一步提升产能。全市手机产量占全国总产量的1/6，全球总产量的1/8，拥有TCL、德赛、侨兴、三星、富士康、比亚迪、龙旗电子和伯恩光学等一批龙头企业。拥有中国最大的三星手机生产基地，龙旗电子是国内最大的手机方案设计商，伯恩光学是苹果、三星最大的手机屏幕供货商。产业链配套较为完善。在龙头企业的带领和吸引下，已拥有手机关联企业近1000家，形成集手机整机方案设计、平板电脑方案设计、线路板集成制造、视频图像处理器、发射芯片、背板制造、天线、玻璃基板、触摸屏、锂电池、充电器、蓝牙耳机、摄像头、光电模组、无线模组、手机外壳/支架、指纹锁、振动器、弹片/按键等较为完善的产业链，产业集聚效应明显。拥有专业化产业载体。惠州市拥有仲恺高新技术产业开发区、东江高新科技园、大亚湾开发区等一批专业化的智能终端制造园区。仲恺高新技术产业开发区是国家级高新区，已成长为国内重要的电子信息产业基地，形成了从手机设计、整机生产到触摸屏、手机主板、充电器等零部件制造覆盖整个移动通信产业链的产业集群。

近年来，惠州市积极利用云计算技术，统筹政府信息基础设施资源的共享和集约化利用，创新电子政务云服务模式取得突出成效。2016年，惠州市发布《惠州市促进大数据发展实施方案（2016—2020）》，提出到 2020 年，惠州将实现大数据在国民经济和社会各领域广泛应用，引进和培育 3 家以上大数据龙头企业或骨干企业、20 家大数据应用和服务企业，着力打造大数据产业基地和大数据创新孵化基地；各类城市公共服务平台实现一体化对接、民生服务信息实现共享，电子政务网络互联互通率达 100％，政务信息资源共享率达 90％，努力把惠州建成全省领先的大数据应用先行区和产业集聚地。

第十二章　环渤海地区电子信息
制造业发展状况

第一节　整体发展情况

环渤海地区是指环绕渤海全部及黄海部分沿岸地区所组成的广大经济区域，主要包括北京、天津、河北、山东、辽宁，处于日渐活跃的东北亚经济圈的中心地带，是我国东北、华北、西北地区的主要出海口和对外交往门户，战略地位十分重要。

一、产业规模

环渤海地区电子信息制造业基础雄厚，各种产业资源高效整合和交汇，区域内有三星、英特尔、京东方、浪潮、海信、歌尔等知名企业，不仅产业规模庞大，而且具有巨大的产业辐射效应，环渤海地区成为继珠江三角洲和长江三角洲地区之后又一瞩目的电子信息制造业基地。相对于珠江三角洲、长江三角洲地区，环渤海地区电子信息制造业总体增长速度不快。

二、产业结构

环渤海地区不同省市之间经济条件差异较大，各省市依靠自身工业基础、科研实力、地理位置和交通优势，制定合适的发展战略，在电子信息制造业某些领域形成了竞争优势，发展出各具特色的电子信息制造业集群。北京市电子信息制造业具备研制、规模生产各类计算机、半导体分立器件、集成电路、通信设备、广电设备、电子测量仪器和专用设备、电子元器件等系列产品的综合能力，是全国重要的电子技术研究开发与生产基地。天津市拥有国内最完整的手机生产及配套企业和基础设施，移动通信设备及终端产品、集成电路、新型元器件、彩色显像管、彩色显示器、磁卡等重点产品已经具有较大规模。山东重点发展高性能计算机及外围设备、高速宽带网络与通信产品、高性能信息家电、新型元器件以及新型电子材料，拥有海尔、海信、歌尔、浪潮等知名公司。河北省重点发展太阳能光伏、平板显示、电子元器件，拥有东旭集团、英利等知名企业。辽宁省大力发展集成电路、汽车电子、电子元器件、半导体照明等。

第二节　产业发展特点

一、京津冀协同发展加快产业升级转移

2016 年，为了进一步落实《京津冀协同发展规划纲要》，推进京津冀产业一体化发展，工业和信息化部、北京市人民政府、天津市人民政府、河北省人民政府联合印发了《京津冀产业转移指南》，明确提出构建"一个中心、五区五带五链、若干特色基地"的产业发展格局。其中，依托北京的科技和人才资源优势，打造具有全球影响力的科技创新中心和战略性新兴产业策源地。同时，河北省举办了京津冀产业投资合作对接活动，电子信息制造业作为其中一项重要内容。

二、各省市电子信息制造业发展不均衡

山东省电子信息制造业规模最大，2016 年主营业务收入突破 1 万亿元，产品主要集中在彩色电视机、服务器、电子元器件等方面，与之相比，北京、天津电子信息制造业规模稍弱，两者都在 5000 亿元左右，北京主要集中在集成电路、平板显示、电子专用设备等方面，天津则是以手机、电子元器件为主，而河北、辽宁两地的电子信息制造业规模均未超过 2000 亿元。

第三节　主要行业发展情况

一、通信设备

环渤海地区通信设备制造业基础好，规模大，云集了华为、中兴、大唐、联想、小米等科技创新领先的制造巨头。以天津滨海新区为核心的环渤海经济圈是我国手机产业发展的核心区域，汇聚了众多国内外手机巨头企业，如三星、海信、海尔、LG 等，区域内手机产量占据了我国的半壁江山。

二、集成电路

我国集成电路产业集聚度较高，环渤海地区是集成电路产业集聚区域之首，涌现出中星微电子、华大集成电路、大唐微电子等业界知名企业。北京作为国内综合科研实力最强的地区，在技术研发、集成电路设计、芯片制造、封装测试、设备和材料方面具有良好基础。2016 年，环渤海地区集成电路设计业规模突破 400 亿元，同比增长超过 25%，产业规模占全行业的比重为 25%，比 2015 年提升了 1 个百分点。

三、计算机与外围设备

环渤海地区是我国自主品牌计算机与外围设备生产聚集地，涌现出联想、方正、清华同方、浪潮、长城电脑、海尔等一大批知名品牌。2016 年，在全球 PC 市场持续衰退的大环境下，联想继续稳坐全球 PC 出货量冠军宝座，占到整体 PC 出货量的 21.7%。

四、平板显示

环渤海地区以北京为代表，集中了平板显示的人才优势。清华大学液晶中心是我国最早形成的平板显示人才培养基地之一，以及北京大学、北京理工大学、北京化工大学、中科院等科研院所，使得北京成为我国平板显示产业人才集中地，南开大学以及河北工业大学则是平板显示重要的科研和教学基地。北京聚集了联想、方正、同方等 IT 厂商，PC、笔记本电脑等产品众多，加上天津、大连等地区的手机产品，使液晶面板拥有广阔的市场空间。京东方在北京亦庄经济技术开发区拥有千余亩产业基地，其第 10.5 代 TFT－LCD 生产线已经正式投产。

第四节　重点省市发展情况

一、北京市

2016 年，北京市积极落实京津冀协同发展、"中国制造 2025" "互联网＋"等重大战略，大力推动电子信息制造业转型升级，推动京津冀电子信息制造业协同发展，2016 年，北京市电子信息制造业增加值止跌回升，同比增长 1%，占北京市工业增加值的比重达到了 8%，实现营业收入 2766 亿元，同比增长 5.7%，液晶显示屏、集成电路、智能电视产量增速分别为 65.7%、28.3%、18.8%，电子信息领域新产品销售快速增长，增速达 50.4%。

二、天津市

天津市在移动通信、消费电子和工业电子等领域拥有良好的技术和制造基础。2016 年，天津市出台了《天津市工业经济发展"十三五"规划》，将新一代信息技术作为重点打造的新兴产业之一，同时继续加强电子信息制造业结构调整，强化集成电路、高性能服务器等新一代信息技术重点领域发展，积极引进中芯国际芯片等重大项目，强化创新发展，先后在曙光高性能服务器，展讯 28nm 手机基带芯片、国产操作系统和数据库国内领先，全国首款亿级并发云服务器量产，全球首套分布式光伏虚拟同步发电机成功挂网等方面取得突破。全年电子信息制造业增加值同比增长 2.6%，共生产光纤 2378 万千米、光电子器件 120 亿只、集成电路 26 亿块、太阳能电池 548MWh，分别增长 28.2%、8.2%、7.3%、8.8%，但移动通信手持机产量下降 31.5%。

三、山东省

山东是我国的电子信息制造业大省，产业规模、研发能力优势明显，省内已经形成了具有一定规模的电子信息制造业集群。2016 年山东省电子信息制造业转型升级不断加快，北斗导航产业稳步推进，济宁市建设省信息技术产业基地支持力度加大，大数据产业全面有序发展，集成电路政策逐步落地，载体建设步伐加快，新兴产业调研力度不断加大，服务职能不断强化。2016 年山东省电子信息制造业主营业务收入突破 1 万亿元，增长 8% 左右。全年彩色电视机增长 20.3%，其中智能电视增长 58.8%，光缆增长 24.6%，服务器增长 19.7%。

四、河北省

在京津冀协同发展大背景下，河北省电子信息制造业抓住机遇，积极引进华为、中兴、京东方等一批行业巨头进驻，加速推动产业转型升级。2016 年，河北省电子信息制造业实现主营业务收入 1304 亿元，同比增长 5.1%，实现利税 157.9 亿元，同比增长 20.91%。2016 年河北省生产光电子器件 1.5 亿只（片）、太阳能电池 5.1GWh、锂离子电池 1556 万只、集成电路 4230 万块，分别同比增长 25.3%、2.6%、1558%、1.8%。东旭集团等 4 家企业营业收入超过 100 亿元，风帆集团等 3 家企业入围 2016 年（第 30 届）中国电子百强企业名单。

第十三章 福厦沿海地区电子信息产业发展状况

2016年，福厦地区的电子信息制造业实现了产业高端化、特色化和集聚化发展目标，新型显示产业"填屏"取得明显成效，集成电路产业"补芯"取得突破，计算机和网络通信产业平稳发展，LED产业发展较为稳健，锂电池产业发展迅猛。京东方8.5代面板、莆田华佳彩6代面板、厦门联芯集成电路和晋华存储器等一批重大项目的建设，为区域电子信息产业跨越发展打下了良好的基础。

第一节 整体发展情况

一、产业规模

2016年，福建省规模以上电子信息制造业完成工业总产值同比增长11.8%，销售产值增长10.3%，工业增加值增长12.1%。产业主要集中在厦门、福州、漳州、泉州、莆田和宁德等沿海地市。戴尔（中国）、宸鸿、宸美、捷联、友达、冠捷、时代新能源、华映显示、华映光电、省电子信息集团和宁德新能源等11家企业销售收入超百亿元。38家10亿元以上企业共实现产值2821.9亿元，占行业比重53.1%，产业集中度较高。根据工信部运行局统计数据，2016年福建省电子信息制造业规模位居全国第八位。2016年，福建省共生产液晶电视1748万台，显示器1750万台，液晶显示屏2.24亿片，液晶显示模组8443万套。2016年，福建省共生产计算机1251万台，增长5.2%，手机2568万部，增长20.3%，平板显示器3025万台，增长4.9%，打印机 168 万台，增长 16.8%。

福建省电子信息制造业经过多年建设和发展，形成了新型显示、集成电路、计算机和网络通信、LED、锂电池产业等五个比较明显的特色产业。新型现实产业主要分布在福州、厦门、莆田、泉州，产业园区主要有福州马尾开发区、福清融侨开发区、厦门火炬高新区、莆田高新区和泉州高新区等地。集成电路产业中，集成电路设计企业主要集中在福州、厦门两地，制造领域的骨干企业和重点项目主要分布在厦门火炬园、泉州晋江、福州高新区和莆田高新区等。计算机和网络通信产业主要集中在福州马尾、福清融侨、厦门火炬高新区、漳州开发区、泉州丰泽高新区、漳州南靖高新技术产业园等产业集聚区。LED 产业主要集中在厦门国家半导体产业化基地、云霄光电产业园、漳州长泰光电产业园、安溪光电产业园、连城光电产业园等产业集聚区。锂电池产业主要分布在宁德、福州、漳州等地，初步形成了宁德东侨经济开发区、福州马尾经济开发区、漳州诏安金都工业园区、漳州长泰经济开发区等产业集聚区。

福厦沿海地区龙头骨干企业的引领带动作用不断增强。以紫光展锐为龙头，开发 5G/4G、移动智能终端、网络通信、安全监控、存储器等应用领域的关键芯片。以飞毛腿公司为龙头，不断拓展锂离子电池设计应用。以联迪商用为龙头，大力发展通信产品设备。

随着"互联网＋""中国制造 2025"等战略的深入推进，福厦沿海地区电子信息产业与传统产业加快融合，一批批传统产业成为信息产业的下游产业。2016 年福州经济技术开发区加快建设国家新型工业化产业示范基地，重点推进物联网领域发展，小到蓝牙，大到神舟飞船上传感器等物联网产品及技术，开发区已经形成物联网产业链条的雏形，聚集了一批省内乃至国内领先的物联网企业，智能物联网产业已成为开发区经济转型的"起搏器"，力争2018 年实现产值 700 亿元。在信息消费与"互联网＋"行动的推动下，电子信息产品消费需求升级加快，传统产品需求放缓，生产规模逐步缩小。传统电子产品如显示器、平板电脑等竞争优势弱化，而新大陆自动化、福日电子、国脉科技、兆科智能卡等企业生产的符合消费升级需求的高端智能产品则保持较快增长。

2016 年，福建省政府出台了《关于加快物联网产业发展八条措施的通知》，要求到 2020 年，新增培育一批服务全国的龙头企业和行业平台，物联网产业产值达到 1000 亿元。为了促进大数据的发展，福建省政府还出台了《福建省促进大数据发展实施方案（2016—2020 年）》，提出到 2020 年，建设10 个重点技术创新研发中心，培育或引进 30 家大数据龙头企业，产业链基本健全，大数据产业规模达到 1500 亿元。把福建省打造成为面向全球、全国领先、连接两岸的国家东南部大数据产业发展聚集区。

福建省是全国平板显示器、笔记本电脑和液晶电视等终端产品的主要生产基地之一。福厦沿海地区平板显示产业以宸鸿、友达、捷联、冠捷、华映、捷星、天马微等企业为龙头，着力突破面板前段工艺、驱动和控制 IC 设计封装、整机模组一体化设计等关键技术，提高关键零组件的自制率和良品率，大力开发 3D 显示、柔性显示等新型显示技术，整合资源引进 OLED 生产线。厦门天马微 5.5 代低温多晶硅面板、宸鸿科技（平潭）触控玻璃、平潭冠捷电子信息产业园（一期）等重点项目建设加快推进，福建省电子信息集团和台湾面板与集成电路制造企业合作深化，新型显示整机制造全国优势地位继续保持。京东方第 8.5 代 TFT－LCD 面板生产线项目，预计 2017 年建成投产；厦门天马微（二期）第 6 代 LTPS 生产线项目，预计 2018 年建成投产；莆田华佳彩面板生产线建设 2 条第 6 代 TFT－LCD 生产线，预计 2017 年建成投产。

二、集成电路产业

集成电路产业"补芯"取得突破。长期以来，我国集成电路产品大量依靠进口，特别是全球存储器市场高度垄断，韩国企业占据了七成以上的市场，我国台湾企业占 5% 左右，中国大陆存储芯片产业基本为空白，年进口额高达 600 亿美元。福建省正在积极开展跨境合作补齐产业短板，福建省晋华存储器集成电路生产线项目在晋江开工。晋华项目首期投资 370 亿元，由福建电子信息集团和泉州、晋江两级政府共同投建，将与台联电合作，打造国内首家具有自主技术及世界级先进制造工艺的存储器研发制造企业，改变目前存储芯片 100% 依赖进口的格局。此项目已经被纳入"十三五"集成电路重大项目清单，成为国家重点支持的 DRAM 存储器生产项目。此外，紫光集团投资 40 亿美元，在厦门市建设集成电路产业聚集地。

三、LED 产业

福建省 LED 产业链发展较为健全。在上游外延片、芯片领域，是全国 LED 外延芯片实力最强、规模最大、品种最全的生产基地，三安光电、乾照光电居中国 LED 芯片竞争力前列，两家企业的产品销量分别比上年增长 1.1 倍和 1.7 倍，年营业收入分别为 62.7 亿元和 11.5 亿元，分别增长 29.1% 和 87%。在中游封装领域，厦门华联电子、信达光电、开发晶、厦门多彩电子和福建天电等企业实力较强。在下游的照明应用领域，福建省通过实施"海峡西岸城市群 LED 夜景示范工程""十城万盏"示范工程以及"LED 照明示范县（区）工程"建设，带动全省 LED 夜景和照明工程深入实施。

第四节　重点省市发展情况

一、福州市

电子信息产业是福州市支柱产业之一。近年来，福建省物联网产业发展从无到有、从小到大，已逐步应用到智能交通、智能物流、公共事业、安防监控、医疗健康等领域。2016 年以来，京东方 8.5 代半导体项目带起了东旭光电等多家配套下游企业投资热潮，数字福建（长乐）产业园等项目建设进度加快，福州市全年高新产业投资共完成 382.82 亿元，占全市固定资产投资总量的 7.4%，对投资增长的贡献率 44.6%，拉动增长 3.0 个百分点。福州市高新产业投资高速发展，2016 年 1—3 月、1—6 月、1—9 月和 1—12 月全市高新产业投资分别增长 92.6%、51.1%、71.6% 和 62.7%，保持高速发展的态势。福州市不断拓展发展新业态，出台促进 VR 产业发展政策，推动全国首个 VR 产业基地和最大的 VR 体验中心落户福州；启用全国首家 NB－IoT（窄带物联网）规模化商用，并在城市供水漏损治理上试点应用；加快 NB－IoT 开放实验室落地和中国（福州）物联网产业孵化中心建设。

二、厦门市

2016 年，厦门市电子信息制造业总体实现平稳发展。全市规模以上电子工业实现产值 1985 亿元，同比增长 2.2%，占全市规模以上工业总产值 5255 亿元的 37.78%，是工业产值最大的一个行业。其中：平板显示产业链完成产值 1120 亿元，计算机与通信设备产业链完成产值 767 亿元，集成电路产业完成产值 100 亿元。2016 年，厦门市有 5 家电子信息制造企业产值超百亿元，分别是：戴尔（中国）有限公司、宸鸿科技（厦门）有限公司、宸美光电（厦门）有限公司、友达光（厦门）电有限公司、冠捷显示科技（厦门）有限公司，数量与2015年相比持平，完成产值1362.68亿元，占全市重点企业工业企业产值的36.84%。2016年，电子信息制造业（计算机、通信和其他电子设备制造业）完成投资212.18亿元，同比增长9.2%，占全市工业投资397.72亿元的53.35%。

中西部地区是我国电子信息产业布局的重点地区，2016年，中西部地区加快承接东部沿海地区产业转移，积极吸引投资，产业规模增速明显高于东部地区。在巩固笔记本电脑、手机、军工电子等优势产业的基础上，合肥、武汉、四川、山西等中西部省市在集成电路、新型显示等领域陆续建设和配套了一批国家级重大项目，产业结构不断调整优化，形成了各具特色的产业聚集区。

　　中西部地区包含山西、安徽、江西、河南、湖北、湖南、重庆、四川、贵州、云南、广西、陕西、甘肃、青海、宁夏、西藏、新疆、内蒙古等18个省、自治区和直辖市。中西部地区是我国电子信息产业布局的重点地区，通过不断承接东部沿海地区产业转移以及直接吸引投资，具备了雄厚的产业基础。

　　2016年，中西部地区18个省、自治区和直辖市电子信息制造业总产值超过32349亿元，继续保持快速增长态势。

　　中西部地区电子信息产业具有自主研发、自成体系的特点，产品增加值在全国排名靠前，但该区域的产业链条分散，生产协作配套困难，产业规模总量偏小，总体发展水平相对落后，未形成大规模的电子信息产业带。经济、文化较为发达的中心城市在充分发挥比较优势的基础上，形成电子信息产业某些领域的生产地，如武汉是我国光信息技术实力雄厚的地区，西安成为我国中西部地区重要的光电子生产基地，贵州成为全国知名的大数据产业聚集区，郑州成为我国最大的智能终端生产基地。

第二节　产业发展特点

一、电子信息制造业继续向中西部地区转移

2016年，中西部地区产业结构不断调整。外资向中西部特别是具有电子信息和人才优势的部分西部省份转移实现快速增长，东部地区电子信息产业向中部地区和西部地区转移聚集实现稳步增长。西安、成都、重庆、郑州、武汉、贵州等市利用当地的科技、人才资源优势，大力发展电子信息产业，吸收发达国家和东部地区电子信息产业转移，同时大力发展电子商务，促进大数据、物联网、云计算、数字经济等发展。

二、中西部地区投资平稳较快增长

2016年，中部地区固定资产投资达156762亿元，同比增长12%，增速比1—11月回落0.6个百分点。6个省份同比均增长，增速较快的江西、湖南分别增长14%和13.8%。与上年相比，6个省份增速回落，山西、湖南分别回落13.7个和4.6个百分点。与1—11月相比，3个省份增速提高，河南、湖南增速均提高0.3个百分点；3个省份增速回落，山西、湖北分别回落6个和0.3个百分点。

第三节 主要行业发展情况

一、集成电路

2016 年，中西部地区数个大中型城市纷纷将集成电路产业作为"十三五"期间大力发展的主导产业之一，合肥、武汉、四川、山西等中西部省市陆续配套了集成电路产业投资基金，积极投入集成电路产业建设。同时，湖北武汉的长江存储、安徽合肥的长鑫存储等成为国内存储产业的主要参与着之一。其中，长江存储是目前进展最快的一方，其本身在 Flash 领域已经有较为丰富的发展经验，制造能力也比较成熟，在解决了技术授权问题后将能够快速形成产能；合肥长鑫项目目前刚进入启动阶段，项目主导方北京兆易创新有丰富的 Flash 产业经验，项目目前在产线运营以及后续技术研发和技术授权方面进行准备。

二、计算机

中西部地区是全国四大电脑生产基地之一，微型计算机产量占全国五分之一，处于劳动密集型的生产制造业和低端加工配套环节。其中，重庆为全国最大的笔记本电脑生产基地；"成都造" IPAD 平板电脑占全球产量一半以上，"成都造"芯片装配了全球一半以上的笔记本电脑。

三、平板显示

中西部地区平板显示产业具有良好发展基础。2016 年以京东方为代表的液晶电视面板企业在提升面板技术上不断加大投入，紧紧跟随世界前沿高新显示技术。2016 年 10 月，总投资 465 亿元的京东方第 6 代 AM – OLED 柔性生产线项目在绵阳开工，为促进绵阳电子信息产业结构转型升级，为加快建设西部面板产业基地注入强劲动力。

四川是国家软件基地、数字娱乐基地、集成电路设计产业化基地、信息安全成果产业化基地。目前，初步形成"成都—绵阳—乐山"电子信息产业带、绵阳（绵阳高新技术产业开发区、四川绵阳经济技术开发区）数字视听产品及配套产业集聚区、成都—乐山（成都高新技术产业开发区、四川乐山高新技术产业园区）集成电路产业集聚区、成都—绵阳（成都高新技术产业开发区、四川绵阳经济技术开发区）软件、网络及通信设备产业集聚区等特色产业集聚区。

　　2016 年，四川省电子信息产业完成主营业务收入 6100.4 亿元，居中西部第 1，全国第 8 位。其中，电子信息制造业完成主营业务收入 3676.2 亿元。2016 年，电子信息产业增加值占全省工业增加值比重超过 15%，是名副其实的四川第一支柱产业。

　　2016 年，四川省微型计算机产量占全国的 20.9%，IC 设计收入居全国第 7 位，全球 50% 的笔记本电脑"芯片"在四川封装测试，航空电子、平板显示、北斗、数字家庭、云计算、大数据、物联网、移动互联、数字动漫、空中交通管制、无线电监测、半导体照明、自动控制系统等方面整体实力名列全国前茅。

　　自从 2003 年英特尔入驻四川以来，微软、IBM、华为、中兴、德州仪器、戴尔、仁宝、富士康、纬创、联想等相继在四川建立产业基地和研发中心。截至 2016 年底，世界 500 强企业有 50 多户电子信息企业在四川落地。2016 年，四川相继与十一大军工集团、华为、中科院微电子所签署战略合作协议，紫光集团与成都签约建设 IC 国际城，中国电子集团建设"成都芯谷"，格罗方德在成都建设晶元生产线；中国电科集团整合集团信息安全资源在成都建设网安产业园；京东方分别在成都和绵阳建设 AMOLED 生产线。

2016 年，重庆市电子信息制造业实现产值 5000 亿元，同比增长 17.7%，占全市工业总产值的比重达到 20.8%。其中，计算机整机产值占电子信息制造业比重约 35%；手机整机产业产值约占 21%；电子核心部件、家电、机电、智能仪表等其他电子产业合计约占 30%，笔电及手机配套产业产值约占 22%。

2016 年，重庆市电子信息制造业继续加快招商引资步伐，哈迪斯手机 SMT 项目落户九龙坡区，计划总投资 17 亿元，达产后年产值 80 亿元；闻泰智能终端项目落户南岸区，计划投资 10 亿元，达产后年产值 100 亿元；中光电触控一体化项目落户渝北区，计划总投资 50 亿元，达产后年产值 100 亿元；京东方智慧电子项目落户两江新区，计划总投资 15 亿元，达产后年产值 100 亿元；合川信息安全产业基地项目签约，计划投资 50 亿元，达产后年产值 200 亿元；欧珀智能生态科技园项目落户渝北区，计划投资 70 亿元，达产后年产值 300 亿元；联创电子新型触控显示一体化项目落户两江新区，计划投资 10 亿元，达产后年产值 65 亿元；捷来科技手机 SMT 项目落户西永园区，计划总投资 4 亿元，达产后年产值 20 亿元；仁宝智能装置事业群项目落户保税港区，达产后年产值 100 亿元；天翌光电 3D 弧面盖板及触摸屏项目落户南川区，计划投资 3 亿元，达产后年产值 20 亿元。

安徽省在信息家电、软件、电工薄膜、特种线缆、磁性材料、显示材料等领域形成一定的行业优势和特色，将电子信息产业置于全省战略性新兴产业首位发展地位。全省电子信息产业规模持续提升，技术创新能力不断突破，产业结构逐步优化，新型显示、LED 光电、计算机制造等一批新兴领域快速成长。

2016 年，安徽省电子信息制造业总量规模首次突破 3000 亿元，全年实现工业总产值 3389 亿元，较 2010 年翻两番，比 2015 年净增 580 亿元，同比增长 20.7%，继 2011 年跨越 1000 亿元、2014 年跨越 2000 亿元之后，再次实现新千亿元台阶跨越。

2016年，安徽省电子信息制造业领域一系列重大项目加快推进。总投资128亿元的晶合显示驱动芯片项目（一期）顺利封顶，在建及签约的集成电路项目总投资规模超千亿元；总投资458亿元的全球首条10代以上液晶面板生产线——合肥京东方10.5代TFT–LCD生产线提前1个月完成封顶。

四、山西省

当前，山西省紧抓煤炭等传统行业转型升级机遇，加快培育壮大电子信息产业，具备了一定产业基础。

一是电子信息产业初具规模，产业结构不断优化升级。山西省光伏、LED等产业发展小有规模，潞安太阳能已具备600MW太阳能光伏垂直一体化产能；晋能清洁能源科技已形成650MW太阳能电池片、780MW光伏组件实际产能；长治高科建成了国内领先的LED全产业链生产研发基地，随着技术水平的提高，产能将充分释放。信息产业的规模在稳步扩大的同时，产业结构不断优化升级，在太阳能光伏、LED照明、电子设备制造、信息安全、煤焦冶电行业信息化服务等领域具备了一定比较优势。云计算、大数据、物联网等新一代信息技术产业也呈现出快速发展的良好态势。

二是创新能力有所增强，技术水平持续提升。中电科三十三所和二所、中天信、乐百利特、光宇半导体、长治高科、晋能清洁能源科技、罗克佳华、天地科技等企业在电磁防护、电子专用设备、微电子组装、高清安防监控、LED封装、光伏电池和组件制造、物联网、虹膜生物识别系统等领域具备核心研发能力，自主知识产权产品在军工电子、轨道安全、探月工程、城市建设、环境保护等重点工程上得到了应用。目前，全省电子信息产业已建成省级企业技术中心17个，重点骨干企业的研发投入占销售收入的比重达到10%以上。

三是产业集聚态势初显，配套环境不断优化。近年来，山西省LED产业联盟和山西省光伏产业联盟相继组建，极大地提升了LED和光伏产业的整体竞争力。通过不断强化重点园区、基地、集群的配套建设，完善上下游产业链，产业集聚效应初步呈现。不断优化发展环境，出台了《山西省信息化促进条例》《山西省信息技术产业三年推进计划（2015—2017）》等法规政策文件。积极促进银企合作、证企合作，建立产业基金和企业的合作渠道，不断创新融资方式，精英科技、科达自控、光宇科技、和信基业、泰和鑫科技等多家企业在新三板实现上市融资。

五、湖南省

湖南省电子信息制造业是全省工业支柱行业和多点支撑产业发展格局中的重要支撑点。已基本形成智能终端及配套、太阳能光伏、电池和电子材料、应用电子等多个百亿以上的产业集群，涌现出长沙高新区、浏阳经开区、衡阳白沙工业园、长沙中电软件园等多个电子信息百亿园区，实现了在长株潭、湘南、湘西北片区的集聚化发展和差异化分工。长株潭区域依托智能终端及配套、电力电子、集成电路等优势产业，内生增长显著，引领作用明显；湘南区域成为承接产业转移的重要基地，电子元器（配）件、半导体照明等产业快速发展；湘西北区域立足自身基础，电子陶瓷、印制电路板等领域特色明显。

2016 年，湖南省电子信息制造业累计完成增加值 845.6 亿元，同比增长 11.9%，高出省内工业平均水平 5 个百分点。实现主营业务收入 2543.8 亿元，同比增长 10.6%。行业增速全年整体呈稳中有升的态势。

目前，湖南省规模 100 亿元以上、30 亿元以上、10 亿元以上、亿元以上的电子信息企业分别达 3 家、7 家、18 家和 317 家，蓝思科技、红太阳光电、南车时代电气、科力远电池等一批企业入围全国电子企业百强，艾华电子、奥士康等多家企业入围中国电子元件百强和印制电路排行榜。其中，蓝思科技进入全球移动智能终端高端供应链，创造六年过 300 亿元的跨越发展奇迹；国科微电子获国家集成电路发展投资基金 4 亿元的投资；中国电科四十八所成为首个跻身光伏装备制造业全球十强的中国企业。

园 区 篇

第十五章　中关村国家自主创新示范区

2016 年，中关村国家自主创新示范区继续发挥高新技术产业集聚和科教智力人才高地优势，以技术、模式创新驱动产业结构向"高精尖"转型，实现电子信息产业同比两位数以上较快增长。同时，中关村加强完善创新创业服务体系建设，优化产业创新生态环境，在国际技术转移承接、创新创业扶持、政策创新、科技金融创新中心建设等方面屡结硕果，对京津冀区域辐射带动作用日益增强。未来，中关村将重点选择网络信息安全、智慧健康养老、人工智能和机器人等新兴领域，加快科技金融服务系统建设，构建协同创新网络，着力打造京津冀科技创新、产业带动新干线，充分发挥中关村示范区在京津冀协同发展中的引领和带动作用。

第一节　园区概况

中关村国家自主创新示范区（简称中关村示范区）起源于 20 世纪 80 年代初的"中关村电子一条街"，经过 30 多年的发展建设，中关村示范区已经聚集了以联想、百度为代表的近 2 万家高新技术企业，形成了"641"产业集群，分别是以下一代互联网、移动互联网和新一代移动通信、卫星应用、生物和健康、节能环保以及轨道交通构成的六大优势产业集群，以集成电路、新材料、高端装备与通用航空、新能源和新能源汽车构成的四大潜力产业集群以及高端现代服务业集群。中关村国家自主创新示范区是我国第一个国家级高新技术产业开发区、第一个国家自主创新示范区、第一个国家级人才特区，是我国体制机制创新的试验田，也是京津冀高新技术产业带的重要组成部分。目前，中关村园区包含一区十六园，分别是东城园、西城园、朝阳园、海淀园、丰台园、石景山园、门头沟园、房山园、通州园、顺义园、大兴一亦庄园、昌平园、平谷园、怀柔园、密云园、延庆园等园区，示范区面积达到约 500 平方公里。

2016 年 10 月，"中关村指数 2016" 发布，综合指数为 375.9，比上一年提高 90.1。从分项指数来看，创新创业环境指数为 542.1，位居第一，较上一年提高 184.4，是增长最快的分项指数；国际化指数为 439.9，较上一年提高 158.3，中关村境外投资和并购快速增长，2015 年企业境外并购案例 37 起，较上年增加 16 起，披露并购金额 561.5 亿元，较上一年增长 55.4%；辐射带动指数为 358.3，较上一年提高 68.2。创新能力指数为 334.8，较上一年提高 73.1；产业发展指数为 265.4，较上一年提高 19.5；企业成长指数 260.6，较上一年提高 9.9。在全国经济进入新常态和北京疏解非首都功能的背景下，中关村抓住新旧动能转换、经济结构调整机遇，发挥自身在先行先试、示范引领、辐射带动的作用，整体保持较好的增长态势。

中关村核心区已初步形成了以高新技术企业成长为基础，以创新资源集聚和产业组织创新为特色，以自主创新和内生增长为发展模式的世界知名高新技术园区。目前海淀区已经在软件、通信、集成电路、计算机及网络通信等重点产业形成了国内领先的产业集群，产业培育方式可概括为 "政策引导 + 人才虹吸 + 创新辐射"。2016 年，中关村示范区包括电子信息产业在内的六大高新技术优势产业销售收入增长均为 10% 以上。

中关村是我国科教智力和人才资源最为密集的区域，拥有以北京大学、清华大学为代表的高等院校 40 多所，以中国科学院、中国工程院所属院所为代表的国家及省市级科研院所 206 家；拥有国家级重点实验室 106 个，国家工程中心或工程技术中心 83 个，大学科技园 26 家。过去的两年里，中关村高校院所和企业有近百项成果获得国家科学技术三大奖，主导或参与了透明计算、人工智能、量子通信等基础前沿研究和载人航天、探月工程、无人深潜、高速铁路、深水钻井平台、高分辨遥感测绘等多项国家战略高技术工程项目。截至 2016 年底，中关村共评出 11 批"千人计划"人才，全国 5206人，北京地区 1337 人，中关村地区 1091 人，占北京地区 82%，占全国 21%。共评十批"海聚工程"人才，北京市 612 人，中关村示范区 424 人，占北京市 70%。"高聚工程"共有 239 名高端人才及其团队入选。驻外联络处总数达11 家。中关村高端人才创业基地（北科大天工大厦）正式揭牌成立，入驻签约企业 90 余家。深厚的科研人才储备和高新产业基础，为中关村在构建"高精尖"经济结构上提供了强大的人才保障和独特优势。

中关村已经建立起了良好的创业服务生态体系和企业发展环境，协同发展骨干企业、高端人才、金融服务、高等院校、科研机构、创业服务和创业文化等多方优势。近年来，中关村涌现出以创新工场、微软加速器等一批各具特色的创新型孵化器。车库咖啡、36 氪、创新工场等一批创新型孵化器纳入国家级科技企业孵化器管理体系，中关村创业大街的正式运营在社会上引起强烈反响，高校大学生创业服务中心在创业大街挂牌。创新工场、车库咖啡、36 氪、微软加速器、YOU＋青年创业社区等创新型孵化器涵盖投资、培训、媒体、专业服务等各个环节，目前已超过 50 余家。在众包方面，涌现出以百度、小米、京东、58 同城、创易网等为代表的"知识众包""研发众包""O2O 众包""服务众包""创意众包"等新模式。在众扶方面，200 余家行业协会和产业技术联盟不断发展壮大，在联合技术攻关、创制技术标准、科技成果应用示范、促进政企沟通等方面发挥平台服务功能。依托高校院所建立 155 家中关村开放实验室，促进大型科研仪器设备等资源向社会开放共享。在众筹方面，涌现了 32 家股权众筹平台，成立全国首家股权众筹行业组织。在创业扶持方面，联合科技部火炬中心实施《"创业中国"中关村引领工程（2015—2020 年）》，实现了中关村创业服务机构在十六园的全覆盖。2016 年中共中央、国务院发布的《国家创新驱动发展战略纲要》，明确提出推进北京全国科技创新中心建设，推广中关村国家自主创新示范区改革措施，突破外籍人才永久居留和创新人才聘用、流动、评价激励等体制瓶颈，完善创新创业服务体系，为建设科技强国提供制度保障。

四、政策优化营造创新生态环境

中关村国家资助创新示范区不断支持政策创新，实现了创新政策的再聚焦和再优化。近年来，中关村各园区陆续出台了一系列产业引导政策，进一步优化了园区创新生态环境，激发了科技创业企业活力，提升了企业核心竞争力，促进了园区重点产业发展。一是初步搭建了中关村核心区协同创新服务平台、技术转移与知识产权服务平台、创新创业服务平台三大创新服务平台，并正式上线运行；二是对接"京校十条""京科九条"，共建产业技术研究院、技术转移中心，畅通科技成果转化、产业化渠道；三是以市场化手段和机制，放大政府扶持资金的作用；四是加快推进国际技术转移聚集区建设，以中关村西区业态调整为契机，吸引120家国内外知名技术转移机构入驻中国国际技术转移中心。在政策引领下，园区创新驱动发展成效显著，经济发展稳步提升。

第三节　发展情况

一、产业规模稳步增长

2016年1—10月，中关村示范区规模（限额）以上高新技术企业实现总收入32463.1亿元，比上年同期增长14.4%，其中，存量企业总收入同比增长6.4%。1—10月，中关村高新技术企业实现技术收入4596.7亿元，比上年同期增长19.4%。六大重点高新技术领域均保持增长，实现总收入24580.8亿元，比上年同期增长12.3%，占中关村总收入的75.7%。其中，电子信息产业增速保持两位数增长，比上年同期增长13.8%。企业科技创新活跃。1—

10 月，中关村研发人员合计 55.7 万人，比上年同期增长 4.6%，企业内部的日常研发经费支出 1091.4 亿元，比上年同期增长 13.9%。

二、企业创新成果丰硕

中关村高科技企业近几年发展实力和创新引领作用显著提升，高科技高成长更加普遍。联想、京东、小米、百度、中国普天、清华控股等一批领军企业已经或正在迈向千亿元级收入规模，在"高精尖"领域跻身国际舞台。联想、UC 优视等一批企业"走出去"设立分支机构或开展并购。汉能控股收购硅谷企业 MiaSol，获得全球转化率最高的铜铟镓硒（CIGS）技术，成为具有世界领先水平的薄膜太阳能企业。其他收购案例还有清芯华创收购豪威科技，有研粉末收购英国 MMP 公司。

中关村企业正逐步掌握部分高科技领域国际话语权。中关村在新一代移动通信和移动互联网、高端液晶显示、集成电路制造先进装备和工艺、北斗导航应用等重大战略新技术领域取得重大突破，在部分"高精尖"领域正逐步掌握话语权。大唐电信牵头制定全球 4G/5G 通信标准，联想、小米公司在智能移动终端领域实现了高速增长，京东方 8.5 代 TFT-LCD 生产线在京实现量产，全国生产线达 7 条。北方微电子、七星华创、中科信等中关村企业攻克了 65nm 集成电路制造装备和先进工艺，中芯国际投建了 12 英寸 28—32nm 的芯片生产线，有望改变我国集成电路制造长期受制进口的局面。北斗星通、合众思壮、华力创通等中关村北斗导航领域的上市公司，掌握北斗导航芯片、终端、应用等一系列核心技术，全面支撑我国北斗产业应用在全球的创新发展。

技术专利创新成果丰硕。2016 年以来，在国家创新驱动发展战略、北京加强全国科技创新中心建设的背景下，中关村示范区的科技创新优势不断凸显。专利方面，2016 年 1—11 月，发明专利申请量达到 32655 件，同比增长 6.8%；发明专利授权量 13068 件，同比增长 13.4%。截至 2016 年 11 月底，中关村示范区企业发明专利拥有量 59426 件，其中每万人发明专利拥有量 284 件。2016 年 1—11 月，中关村示范区企业申请 PCT 专利 2905 件，同比增长 11.1%，占同期全市 PCT 专利申请量的 50.2%。标准方面，截至 2016 年 11

月，示范区企业和产业联盟已发布标准 6146 项，其中国际标准 229 项。

企业创新地位进一步凸显。在国家知识产权局公布的发明专利申请和授权前 10 强中，乐视、京东方、小米、联想等多家企业纷纷入围。如京东方 2016 年发明专利授权量超千件，在技术创新的推动下，其智能手机、平板电脑、笔记本电脑显示屏市场占有率分别为 25%、38% 和 21%，全球首发产品覆盖率 40%，居于全球领先地位。汤森路透《2016 全球创新报告》显示，京东方已跻身半导体领域全球第二大创新公司。联想持续加大研发投入，2016 年发明专利授权量 763 件。

作为国内最具优势的新一代信息技术创新策源地，中关村的高新企业引领了软件、互联网、移动互联网、大数据等多次产业变革浪潮。目前，中关村已初步培育形成下一代互联网、移动互联网和新一代移动通信、卫星应用等产业集群，聚集了联想、用友、百度、京东、小米、拓尔思、超图软件等一批行业领军企业，在通信标准、移动操作系统、信息安全、社会化媒体、语音识别等产业链关键环节具有突出优势。受益于信息消费促进政策和移动互联网领域的迅猛发展，以小米科技和巨龙东方国际信息技术等为代表的电子信息领域收入增速自年初以来始终稳定在 20% 的增长高位。百度公司对深度学习算法进行深入探索，有效提升了多媒体数据的处理效果，利用大数据算法的分析结果，推出指数、地图、语音识别、机器翻译等一系列产品，提供全面的个人信息智能服务。京东公司推出基于大数据的商业智能服务，对消费记录和消费行为进行分析，引导消费升级，打通供应方和需求方的沟通渠道，有效降低交易成本；利用"协同供应链"使按需精细化生产成为可能，带动行业上下游发展。昆天科成功研发世界最小的蓝牙芯片，产品已经在可穿戴领域得到大量应用；京微雅格研发出国内首颗高性能高集成 FPGA 嵌入式 SOC 芯片，打破了美国在该领域对我国的长期封锁和垄断。

示范区"一区多园"的发展模式，使中关村的区域辐射带动作用空前加强，有力地带动首都各区产业结构升级，高新技术产业对所在区县经济发展的贡献不断提高。中关村示范区各分园成为各区县稳增长、调结构、转方式的龙头和引擎。中关村产业联盟开放特征明显，约四成的产业联盟吸纳了京外地区成员。中关村也积极利用自身强大的科研创新能力，积极推动创新资源开放共享，为全国高科技产业的发展提供着强力支持。中关村天合科技成果转化促进中心、中国技术交易所等单位相继成立，"京津冀协同发展科技成果转化促进平台""京津冀技术交易平台"先后落成，京津冀区域分平台及工作站建设完善，中关村正用自己的方式，将自身创造的创新资源辐射出去，中关村天合科技成果转移中心整合中关村开放实验室资源，对接区域技术需求，目前已与河北承德、唐山多地开展合作。龙信数据公司与首都经济贸易大学共同成立京津冀大数据研究中心，面向区域提供基于大数据挖掘的资讯和研究服务。推动北林科技园等9家大学科技园、清控科创等10余家创业孵化机构在河北建设技术研发与创业服务平台，推动创客总部、YOU＋国际青年社区、36氪等10余家创业服务机构落户津冀。支持碧水源公司在河北秦皇岛、天津宝坻等地投资一系列污水处理项目。支持企业参与津冀交通一体化、生态环保、产业协同等重点领域开展合作。

《关于中关村国家自主创新示范区建设国家科技金融创新中心的意见》发布之后，中关村示范区大力助推科技金融服务系统建设，通过多元化、科学化、合理化的投融资组合方式，创新科技金融服务。发起成立中关村互联网金融行业协会，整合优势互联网人才和金融人才；启动中关村互联网金融信用信息平台，公开、透明、高效地搭建小微企业的信贷融资渠道、为互联网时代的股权众筹等新兴模式提供信用支持。筹建中关村银行，建设中国互联网金融创新中心。"全国中小企业股份转让系统"挂牌落户中关村，同时北京股权交易中心有限公司（"四板"市场）运行情况稳定、良好。从2016年发布的"中关村指数"分项指数来看，创新创业环境指数为542.1，位居第一，较上一年提高184.4，是增长最快的分项指数，主要原因是中关村科技金融发展迅速，全球风险投资加速向中关村集聚。

第四节　发展趋势

一、新一代信息技术产业将实现快速增长

在未来的五年里，中关村将瞄准国际新兴产业发展前沿，重点选择网络信息安全、智能家居、环境治理、健康服务、科技服务等细分产业开展布局，积极培育智能穿戴、远程医疗、人工智能机器人等新兴产业。大数据相关产业将加快布局落地。依托百度、用友、京东、曙光、中金数据等百余家企业，中关村将在分布式存储和计算、超大规模数据仓库、人工智能数据分析等领域实现产业化和快速增长。

二、进一步加大普惠性政策实施力度

创新统筹资金使用方式，联合领军企业、产业技术联盟、创投机构、重点高校院所、知识产权运营公司等社会各方，共同组建中关村产业投资基金和科技成果转化基金，通过市场化运营机制，挖掘、投资、孵化具有商业化发展潜力的科研成果、原创技术和创业公司。加快构建协同创新网络。选择一批基础好、能合作的"641"产业领军企业，建设产业共性技术创新平台和开放实验室，促进上下游企业协同创新。

三、京津冀区域合作步入快车道

中关村示范区将大力建设大数据、云计算基地，营造跨区域、跨产业的创新创业生态服务系统，加快推进产业合理布局、地区产业结构优化升级，打造首都经济圈，推进京津冀区域经济一体化，区域经济发展协同化。未来，在立足建设平台化的同时，依托于互联网技术的推动，实现京津冀区域产业转型升级，并通过节能环保产业改造传统产业，实现效率的同时关注环境建设，着力打造京津冀大数据走廊和京津冀科技新干线，进一步凸显中关村在京津冀协同发展中的带头作用。

第十六章　深圳市高新技术产业园区

2016年，深圳市高新技术产业园区立足制造，向高端转型，在集成电路设计、软件研发、医疗电子、光机电一体化等领域占据新的产业高点。高新区加速汇集国内外知名企业和大学的研发中心、技术中心、工程实验室、博士后工作站，全力打造广东省电子信息产业的人才智力资源高地和创新中心。高新区构建多元化、专业型、互动式孵化器群，不断强化共性技术研发和科技金融服务等公共服务平台建设，加速向国际化创新产业园区目标迈进。未来，高新区将加快电子信息产业高端转型，加快集成电路设计产业园、国家软件产业（出口）基地建设，培育医疗电子、智能机器人等产业新兴增长点，以城市长远竞争力为战略重点，带动"深港创新圈"经济、社会持续快速发展。

第一节　园区概况

深圳市高新技术产业园区（简称深圳高新区）始建于1996年9月，规划面积11.5平方公里，是国家"建设世界一流高科技园区"的六家试点园区之一。作为国家高新技术产业标准化示范区、国家知识产权试点园区、国家文化和科技融合示范基地、科技与金融相结合全国试点园区和国家海外高层次人才创新创业基地，深圳市高新技术产业园区还被国家认定为"高新技术产品出口基地""先进国家高新技术产业开发区""中国青年科技创新行动示范基地""国家火炬计划软件产业基地"和"亚太经合组织（APEC）科技工业园区"等。

园区建设十多年来，率先探索和建立创新生态体系的模式，以市场化改革驱动创新发展，在科技、金融、人才、知识产权保护、文化及保护等领域促进创新的融合，逐步建成服务地方经济的产业化发展体系；推动园区、校区和社区"三区融合"的同时建设现代化新型科技园区；推动园区骨干企业优先发展，尤其是华为、中兴、腾讯等一批领军企业加速发展，高科技企业给深圳经济带来新的增长点、立足点、着力点，从而促进深圳经济发展迈上新台阶，实现新的经济飞跃和长足发展。

高新区立足制造优势，大力发展具有自主知识产权和自主品牌的计算机、通信、软件、光器件、数字电视、数字无线对讲机等电子信息产品，产业链不断完善。高新区已形成了从移动通信、程控交换到光纤光端、网络设备的通讯产业群；从配件、部件到整机的计算机产业群；从集成电路设计、嵌入式软件到系统集成软件的软件产业群。高新区高新技术产业规模不断扩大，涌现出了一批产值超十亿甚至百亿元的大、中型企业。此外，高新区还发力生物医药、医疗器械、新材料、装备制造业等高新技术领域，对深圳市高新技术产业的发展形成了辐射与带动作用，电子信息、医疗电子、光机电一体化已成为高新区主导产业。

高新区正在建立和完善以市场为导向，产业化为目的，企业为主体，人才为核心，公共研发体系为平台，辐射周边、拓展海内外、官产学研资介相结合的区域创新体系。高新区汇集了一大批国内外知名企业和大学的研发中心，一些企业的研发经费超过销售额的10%。高新区现有市级以上企业研发中心36个、技术中心24个、重点实验室38个、企业博士后工作站23个。

"名校在深圳，汇聚高新区"。由 48 所海内外著名院校组成的深圳虚拟大学园，经过八年的发展，已形成了高层次人才培养、大学成果转化和产业化基地，在深培养硕士以上研究生 20000 余人，被授予"广东科技人才基地"；在深创办企业 304 家，成果产业化项目 236 个，被授予"国家高新技术创业服务中心"。由各院校 91 个国家级重点实验室、工程中心组成的"深圳虚拟大学园重点实验室平台"已经启动，目前有 50 家在深设立分中心。国家科技部、教育部批准的"深圳虚拟大学园国家大学科技园"正在建设中。虚拟大学园利用大学的有效人才、有效技术，在有效环境下，形成有效贡献。

深圳高新区一方面加速自主创新要素的合理流动和高效配置，自主创新企业的跨界合作，另一方面助推引进国外先进技术，提高技术创新的效率，从而实现两种模式相结合的新型技术开发体系。着力打造高新区骨干企业，尤其是以技术创新作为发展核心原动力的技术驱动型企业，对于进入高新区的生产型企业要求必须是规模大、技术含量高、有足够资金、效益好的高新技术企业，其年产值应达到 20 亿元人民币以上。

目前已经形成以企业为主体，以市场化原则为导向，以技术为核心驱动发展，以大学和研究所为支撑，产学研一体化的发展战略；同时实现辐射周边省市和地区，在拓展国内外市场的同时实现人才、技术建设和积累的主要目标。

深圳高新区立足于电子信息制造，着眼于产业智能化、网络化转型，抢占新一代电子信息产业制高点。北区建成传统优势产业提升区，鼓励企业实施品牌和标准化战略，加强高新技术在优势传统领域的应用，提升产业附加值，增强产业效率效益。中区建成软件及集成电路设计产业集聚区，重点发展软件、集成电路设计、计算机及外设等优势产业，以应用推广拉动产业增长，提升产业发展层次。

高新区以移动互联网、内容服务、软件服务、云计算、电子商务、物联网等作为主导方向，深挖产业核心价值。在手机硬件销售方面，华为和中兴均位列全球手机销量前十位，整体销量呈现持续增长趋势；在内容消费方面，全国最大的互联网综合运营服务商、最大的社交网络服务商腾讯以及 A8 数字音乐服务平台等均位于深圳高新区，以软件免费后端内容付费的模式实现盈利；在企业级软件方面，金蝶是我国管理型 SaaS 服务的领军企业，华为、中兴、卓望数码、融创天下在核心环节平台软件上优势显著，布局企业云存储和云服务，搭建企业内部协同办公平台；在大数据、云计算领域，国家超级计算深圳中心落户园区，运算速度超千万次，处于世界领先位置，在抓住企业、研究所等客户机会的同时积极拓展民用化分时复用商业模式；在物联网产业方面，以华为、中兴为代表的技术企业在物联网系统集成、计算处理及解决方案方面具有较强实力，布局万物物联底层协议的同时，积极发展上端应用，打造完整生态。

二、构建多元化、专业型、互动式孵化器群

由政府兴办的深圳软件园、国家 IC 设计深圳产业化基地、深圳国家电子工试中心、生物孵化器；由清华、北大、哈工大、深圳虚拟大学园创办的院校孵化器；由政府、留学生协会共同兴办的留学生创业园构成的孵化器群正在形成，目前在孵企业达 600 余家。由政府、海内外、民间资本参与的创业投资体系正在为孵化企业提供强大的风险投资支持。

三、强化技术研发及科技金融服务平台建设

目前深圳高新区汇集了国内外数十所高校和研究院所，拥有工程实验室、重点实验室、企业技术中心及博士后工作站等研究开发机构近 200 个，IC 基

地设计产值超百亿元，创投广场管理资本超百亿元。深圳高新区已基本实现政务信息化、企业信息化、商务信息化和警务信息化，建设了园区行政审批电子平台、知识产权和标准化服务信息平台、企业产品展示信息平台、企业管理服务信息平台、人力资源管理服务平台，降低了企业在信息化方面的费用，提高了企业的工作效率和管理水平，提升了高新区的核心竞争力。深圳高新区陆续设立了新产业技术产权交易所和新三板工作机构、工作联盟，以"科技＋金融＋服务"创新模式为基础，为科技型中小企业、高校、科研机构提供专业的知识产权服务。稳步推进深圳柜台市场建设，依托深圳联合产权交易所，在产权交易、碳排放交易、技术和知识产权交易以及金融资产交易方面取得显著成效。

四、国际化园区建设提速

作为国际科学园协会成员单位和亚太经合组织科技园区，深圳高新区和美国、意大利、韩国、埃及、澳大利亚等十几个国家的政府部门、科研机构和大企业建立了长期稳定的合作关系，市政府在高新区设立了"深圳国际科技商务平台"，为跨国公司在深投资、设立机构牵线搭桥，为海外科技商务机构和技术转移机构服务。深圳高新区致力于"深港创新圈"的建设，以国际领域有影响、国家战略有地位、区域发展有贡献为定位，借此促进两地资源共享、教育同构和交通便利。园区企业在积极开拓国际市场的同时也把自己的研发中心建到国外，使技术进步融入到国际技术发展的大平台上。

第四节　发展趋势

一、产业布局日趋合理，高端产业集聚发展

产业布局方面，高新区将以"一核两轴四基地"为重点，建设新型现代化高新科技园区。其中，"一核"是以深圳湾园区为中心，以留仙洞园区战略性新兴产业基地为产业空间拓展区，以大学城园区为创新能力拓展区，形成

国家自主创新示范区的核心区。"两轴"是指沿科苑大道轴线建设的创新动力轴和沿大沙河流域轴线建设的综合配套服务轴。"四基地"即重点建设深圳集成电路设计产业园、国家软件产业（出口）基地、深圳湾科技生态园、留仙洞战略性新兴产业基地等。

深圳高新区高度重视科技与金融的跨界融合，持续构建多层级、多要素的资本市场。高新区积极引进各类投融资创业服务机构，探索建立投资与信贷结合新型金融机构，力图实现企业信用等级对等信贷模式，全面推动科技与金融、文化产业的创新跨界融合。加速推进创新载体建设，全力支持创新型、高效性、实践性科研中心的建设和落成，形成种类齐全、配套完善、体系健全的全方位投融资生态化服务体系，为创新创业企业提供便利的同时也为园区的发展探索出一条新的道路。企业扩展融资渠道方面，将积极助推资本助力产业发展，强力支持企业在新三板市场挂牌交易，建设新三板培育基地，争取成为国家新三板扩大试点首批高新区，鼓励支持企业参与资本市场竞争，鼓励企业参与市场化竞争。

立足于长远发展优先重视人才建设，深圳高新区坚持开放式、持续式创新的人才吸引政策，积极吸引高端人才资源落户深圳，形成人才资源的良性循环。加快建设现代化国际化城市，为高端人才提供完备的生活保障服务，在人才的基本生活方面提供全方位、合理化支持。目前参照深圳站在科技创新前沿和产业发展前沿的产业定位，需要引进更多高质量、高层次海外人才；进一步完善高层次人才引进相关工作，加强甄选、考评和反馈制度建设；以城市长远竞争力为战略重点，瞄准未来增长点，为深圳人才引进注入创新活力，加快形成全社会、全方位、全领域集聚创新人才的独特优势和竞争力。

2016 年，苏州工业园区加快推进电子信息产业升级，加速新兴产业热点布局调整，电子信息制造业利润实现增长 40.2%。苏州工业园加大电子信息产业载体建设力度，国际科技园、创意产业园、苏州纳米城等创新孵化产业载体基本建成。苏州工业园区依托苏州国科数据中心，倾力打造国内领先的大数据和云计算产业集聚中心，面向全国为高科技中小企业、政府机构、新兴互联网服务企业、现代服务企业提供机房环境、IT 资源租赁、云计算及各类综合数据服务等专业 IT 外包服务，培育千亿级新兴产业。未来，瞄准产业发展前沿，提前布局人工智能为代表的智能产业，打造千亿级新兴产业集群。

苏州工业园区是中国和新加坡两国政府间的重要合作项目，于 1994 年 2 月经国务院批准设立，同年 5 月实施启动，行政区划面积 278 平方公里。20 多年以来，苏州工业园区保持快速健康发展态势，主要经济指标年均增幅超过 30%，取得了 GDP 超千亿元、累计上交各类税收超千亿元、实际利用外资（折合人民币）超千亿元、注册内资超千亿元"四个超千亿"的发展业绩。如今的苏州工业园区，以占苏州市 3.3% 的土地、7.4% 的人口、6.3% 的建设用地创造了全市 15% 左右的经济总量、13% 的工业总产值、16% 的公共财政预算收入，连续多年名列"中国城市最具竞争力开发区"榜首，综合发展指数位居国家级开发区第二位，生态环保指标列全国开发区首位。

2016 年，园区实现地区生产总值 2150 亿元，同比增长 7.2% 左右。园区转型升级质效提升，创新效应加速显现。生物医药、纳米技术应用、云计算产业分别实现产值 470 亿元、380 亿元、350 亿元，分别增长 24%、36% 和

25%。信达生物、通付盾、基石药业、同程旅游4家企业晋级10亿元融资俱乐部，数量占全省八成，国家高新技术企业累计达829家。新增主板上市企业3家、新三板挂牌企业44家，累计分别达17家、93家。新增国家"千人计划"17人、省"双创"人才27人，累计分别达135人、164人，继续保持全国开发区和省市第一。人才新政出台，园区被中组部确定为人才工作联系点。万人有效发明拥有量114件，PCT国际专利申请252件，累计发明专利授权突破1万件，继续保持全省领先。备案众创空间64家，其中13家列入"国字号"序列，孵化项目超千个，"金鸡湖创业长廊"品牌影响力不断扩大。同时，现代服务业综合试点扎实推进，服务业增加值占GDP比重达到43.8%，比上年提高1.2个百分点。新增金融准金融机构87家，总数达807家，金融业增加值占GDP比重达到7.4%。高端专业服务机构加速集聚，楼宇经济快速发展，税收"亿元楼"达23座。完成服务外包接包合同额60亿美元，增长7.5%。实现电子商务交易额700多亿元，增长50%以上，跨境电商综合试验区启动。

第二节　发展特点

一、产业结构进一步优化

2016年以来，苏州工业园区加快推进产业升级，加速产业的布局调整；加快培育和发展战略新兴产业，优先发展优势企业；加快发展现代服务业，不断进行资源优化配置和产业优势整合。

高端制造能级提升。累计吸引外资项目超5550个，实际利用外资超283亿美元，其中93家世界500强企业在区内投资了154个项目；全区投资上亿美元项目149个，其中10亿美元以上项目7个，在电子信息、机械制造等方面形成了具有一定竞争力的产业集群，高新技术产业产值占规上工业总产值比重达到67%。

服务经济加速繁荣。累计经认定的各级总部项目达 70 个，集聚金融类机构超 700 家，其中银行、证券、保险等持牌金融机构 113 家，区域金融中心高地加速形成，全年服务业增加值占 GDP 比重达 42.5%，电商企业交易额增长 50%，完成服务外包合同金额 56 亿美元、离岸外包执行金额 35.4 亿美元，分别增长 14.7%、13%，均保持全市领先。华人文化控股项目签约落户，文化产业增加值占 GDP 比重达到 7.1%，入境游客、酒店业营收继续保持全市首位。

二、改革化创新扎实推进

苏州工业园区坚持以开放创新综合改革试验为抓手，积极推进先行先试和各项改革，发展活力动力得到新的激发，产业转型升级新优势开始显现，作为苏州地区产业改革的先行军，园区积极探索和助推了一系列创新改革企业的落地。

2015 年 9 月 30 日，国务院批复同意园区开展开放创新综合试验，赋予园区探索开放型经济新体制、构建创新驱动发展新模式的新使命新任务，为园区发展树立了新的里程碑。2016 年，江苏省委、省政府专门出台意见支持园区开展开放创新综合试验，明确赋予园区省辖市社会事务行政管理权限等 14 项政策支持。开放创新各项改革任务稳步推进，首个国家级境外投资服务示范平台获批挂牌。先行先试加快探索。坚持"合作中有特色、学习中有发展、借鉴中有创新"，推动中新双方合作迈上新台阶。在物流通关、现代服务业、科技创新和生态环保等方面创造了多个全国"第一"和"唯一"，较好地发挥了改革开放"试验田"功能。中新金融合作创新加快推进，跨境人民币创新业务成效良好，跨境贷款合同余额超 32 亿元。各项金融创新政策落地，苏州金融资产交易中心开业，苏州股权交易中心获批筹建，初步构建了较为完善的区域金融体系。综合保税区贸易功能区封关运作，贸易多元化稳步推进。重点改革稳步推开。国资国企"解包还原"、监管专员、股份制改造等改革稳步推进。国家相对集中行政许可权改革试点获批，行政审批局挂牌，各项行政管理体制改革有序推进。"三证合一""一照一码"等商事制度改革积极实施，新增各类市场主体、注册资金分别增长 65.2% 和 127.4%；新增注册外资

28 亿美元，增长 82.7%。积极实施"走出去"战略，苏相合作经济开发区、苏宿工业园、苏通科技产业园、霍尔果斯经济开发区、苏滁现代产业园等合作项目稳步推进，园区服务辐射能力不断增强。

三、创新创业活力增强

苏州工业园抓住用好苏南国家自主创新示范区建设机遇，实施创新驱动战略，大力推动"大众创业、万众创新"，创新氛围更趋浓厚。累计建成各类科技载体超 380 万平方米、公共技术服务平台 30 多个、国家级创新基地 20 多个、各类研发机构 450 个，国际科技园、创意产业园、苏州纳米城等创新集群基本形成。百度创业中心、硅谷 PNP 等一批创新孵化器落户，8 家创新型孵化器被认定为国家级，腾讯云基地签约揭牌，新认定众创空间 30 家，苏州独墅湖创业大学揭牌，"金鸡湖创业长廊"品牌影响力持续提升。创新资源不断丰富。中科院苏州纳米所、国家纳米技术国际创新园等国家级创新工程加快推进，苏州纳米科技协同创新中心入选全国首批"高等学校创新能力提升计划"。纳米真空互联实验站、医科院苏州系统所、中科院电子所苏州研究院、中科院上海药物所苏州研究院等开工建设，江苏省纳米产业技术创新中心启动筹建，生物产业园（桑田岛）建成投用。

第三节　发展情况

一、发力建设大数据产业集聚中心

苏州工业园区通过打造苏州国科数据中心，发力建设国内领先的大数据产业集聚中心。国科数据中心总投资 10 亿元人民币，为华东地区规模最大的第三方数据中心，立足苏州、面向全国为高科技中小企业、政府机构、新兴互联网服务企业、现代服务企业提供国际一流的机房环境、IT 资源租赁、云计算及各类综合数据服务等专业 IT 外包服务。国科数据中心作为 IT 基础设施，为大数据产业发展提供高可靠性 IDC 服务和云计算服务，能够帮助企业快速部署 IT 设施，避免 IT 机房建设和信息系统运维难、人工成本和能源消耗巨大等问题，提高企业科技创新能力，并缩短产品和服务进入市场的周期，提高客户业务的敏捷性和动态性。2016 年 12 月，国科数据中心与西交利物浦大学共建大数据分析与技术中心，面向数字经济时代培养大数据分析高端人才和开展研究创新，学生可以使用 IBM 软件进行商业分析训练，开展企业情报分析、研究分析、数据分析、量化数据模型架构、市场分析和金融分析等工作。

区别于国内其他城市将大数据产业定位于软件和信息服务业的方向，苏州工业园瞄准大数据产业链、价值链中高端，既注重发展大数据运用产生的各类增值服务产业，更注重通过大数据技术促进苏州传统制造业、服务业转型升级，同时也注重以云计算、大数据为标志的现代互联网技术应用和发展形成的产业。预计到"十三五"期末，将建成 10 个"大数据＋"特色产业园和大数据产业孵化基地，创建 1—2 个国家级大数据产业园，培育出 10—20 家超十亿级、3—5 家超百亿级大数据龙头企业。加快推动工业大数据、服务业大数据、行业大数据产业的集聚化、规模化和创新化发展，形成完善的大数据产业链和生态圈，最终把苏州建设成为具有较高知名度的国家级大数据综合应用试验区和较大影响力的特色大数据产业集聚区。

二、智能产业形成新的发展动力

2016 年，苏州工业园区管委会出台新政《园区管委会关于发展智能制造及相关产业的实施意见》，将智能与产业相结合，助推智能制造及相关产业发展。

苏州蓝宝石机械有限公司专业做儿童类纸板书智能装订设备，速度达 5000—10000 册/小时，生产效率是手工装订的 1000 倍以上，生产成本仅为原有成本的 1/3，并拥有互联网跟踪监测功能。苏州信亨自动化科技有限公司将全自动中药房和"互联网＋"结合在一起，解决门诊中药房手工抓药和社区医院缺少中药房问题，目前已经在江苏省中医院、贵州省中医院、湖南中医药大学第一附属医院中得到应用。天智技术为老工厂提供智能化改造解决方案、为新工厂提供全新工厂与产线规划与设计，目前已经有 200 多家客户，并形成可观销售额。

三、园区科技创新能力快速提升

园区企业研发费用加计扣除金额再创新高，最新统计数据显示，2015 年共有 1037 家企业的研发项目在税务部门进行了登记，研发费用总金额达 56.3 亿元，较 2014 年分别增长了 24% 和 20%。2015 年，为鼓励企业不断提升科技创新的能力和水平，园区科技和信息化局出台了《苏州工业园区科技创新能力提升实施细则》（苏园科〔2015〕25 号），对科技企业的研发投入进行补贴；2016 年，为扩大对企业研发投入的补贴范围，园区管委会再出台《园区管委会关于鼓励企业加大研发投入、提升创新能力的实施意见》（苏园管〔2016〕33 号），每年安排近 2 亿元的资金对企业研发投入进行奖励，引导企业走科技创新之路，推动园区科技创新能力快速提升。

第四节　发展趋势

一、培育千亿级战略新兴产业

2017 年是推进"两聚一高"的开局之年，园区将扎实推进开放创新综合试验，加快建设国内一流、国际知名的高科技产业园区。在聚力创新中转换发展动能，坚持高端化、智能化、绿色化、服务化、品牌化发展方向，加快推动产业迈向中高端。大力发展特色产业，全年新兴产业产值占规模以上工业产值的比重保持 60% 以上。继续加快发展生物医药、纳米技术应用等优势产业，提前布局以大数据和云计算为支撑的人工智能产业，力争通过 3—5 年的努力，自主培育 2—3 个千亿级战略新兴产业，实现新兴产业的引领示范。培育形成 1—2 家千亿级地标型企业、3—4 家五百亿级龙头型企业、5—6 家百亿级规模型企业、50 家十亿级创新型企业。

二、加快建设创新服务体系

苏州工业园区将着力打造具有创新示范和带动作用的区域性创新平台，引领示范苏南国家自主创新示范区建设。科技服务体系、创新平台、人才高地建设加快完善。积极构建政府引导、社会参与、以市场为主体的创新服务体系；健全完善科技协同创新机制，推进科技与市场、高校科研院所与企业对接，增强创新动力源泉；深入推进人才强区和人才优先发展战略，深入实施"金鸡湖双百人才计划"，力争新增"千人计划"人才 15 人、省"双创计划"人才 15 人、市"姑苏领军"人才 30 人，确保高端人才数量继续保持领先。

未来愿景是到 2020 年，苏州工业园区全社会研发经费投入占 GDP 比重超过 5%，高新技术产业产值占规模以上工业产值比重超过 70%，累计认定高新技术企业超过 1000 家，拥有 5 家以上销售收入在 100 亿元以上的高新技术企业、10 家以上销售收入超 30 亿元的高新技术企业。万人有效发明专利拥有量达 150 件，万人拥有高层次人才数 500 人以上，工业增加值率 35% 以上，力争进入国家高新区前六名。

三、深入推进行政改革创新

2016 年苏州工业园区 60 项年度改革事项基本完成，形成 48 项改革创新举措，相对集中行政许可权改革、中新跨境人民币创新业务试点等成果得到推广。获批开展国家构建开放型经济新体制综合试点试验，综保区赋予企业一般纳税人资格试点启动，累计叠加复制自贸区政策 50 余项。苏州工业园区目标争取列为国家行政审批制度改革试点，继续精简行政审批事项，优化行政审批流程，加大电子审批力度，探索实现由一站式服务向"一窗式受理，一站式审批"的综合审批服务运行模式。深入开展工商登记制度改革，探索实施对外资实行准入前国民待遇加负面清单管理模式，继续推动"三证合一"并联审批改革试点。加快推进社会诚信体系建设，探索加强事中事后监管。

第十八章　武汉东湖新技术开发区

2016 年，武汉东湖新技术开发区光电子产业营收跨上 5000 亿元台阶。开发区以推动"互联网＋"融合、"光谷智造"为突破口，引入一批重大项目，将光电子信息产业打造成为平台产业，加快推进光电产业与其他本地主导产业的跨界融合与转型升级，衍生推动生物健康、节能环保、智能装备、现代服务业四大战略新兴产业发展。积极培育大数据、物联网、云计算等新兴业态，加快形成"光联万物"的产业生态体系。光谷聚焦优质创新创业要素，持续出台系列扶持政策且力度较大，加速向"创谷"转变。未来，东湖新技术开发区将持续壮大光通信、激光、半导体等产业规模，加快新一代信息技术与传统产业的融合发展，重点聚焦数控机床、机器人、海洋工程装备、石油装备、3D 打印等领域，着力培育新能源汽车、智能电网等产业。同时，加快推进数字城市建设，加强互联网、物联网、云计算等新一代信息技术的基础设施建设，构建全新城市形态，改善社会民生服务，打造智慧光谷和幸福光谷。

第一节　园区概况

东湖新技术开发区位于武汉市东南部，在东湖、南湖和汤逊湖之间，与武昌区、洪山区、江夏区相邻，东起武汉中环线，西至民院路，北接东湖，南临汤逊湖，面积 50 平方公里，由关东工业园、关南工业园、大学科技园、华中软件园、武汉国家农业科技园区等园区和托管的"九村一委"组成。

2016 年，东湖新技术开发区光电子信息、生物医药、高端装备制造、新能源与节能环保、现代服务业五大战略性支柱产业全部跨入千亿规模，引领企业总收入实现 11367 亿元，年增长 13％。其中，光电子产业跨上 5000 亿元台阶，实现企业总收入 5002 亿元。高端装备制造产业平稳增长，完成收入 1274 亿元。新能源和节能环保产业收入达 1169 亿元。高技术服务业收入 2569 亿元，增速达 21%。光谷生物医药企业总收入首次突破千亿元大关，达到 1005 亿元，增幅 25.3%。光谷 30 户重点工业企业中，16 户增速超过 20%。其中，联想武汉基地增速达 41.97%，人福医药增长 24.52%，长飞光纤增长 34.77%，盛隆电气增长 33.23%。

第二节　发展特点

一、推进自由创新区建设

大力推进先行先试，加快建设"自由创新区"。提升创新引擎动力，实施"光谷合伙人"计划。加速天使投资发展，建设科技金融特区。鼓励和支持众创空间发展，持续举办各类创新创业活动，弘扬创新创业文化，营造创新创业土壤和生态。促进人才、技术、资本等要素自由流动和高效配置，全面提升科技创新体系效能。

二、构建"光联万物"产业生态

以推动"互联网＋"融合、"光谷智造"为突破口，推动产业跨界融合与转型升级，发展新产业、新技术、新模式、新业态，加快推进光电技术与本地主导产业的共性和前沿技术研发，将光电子信息产业打造成为平台产业，大力推动生物健康、节能环保、智能装备、现代服务业四大战略产业发展，积极培育大数据、物联网、云计算等新兴业态，加快形成"光联万物"的产业生态体系。

三、构筑内陆开放先行高地

打造开放光谷，深入推进中国光谷与美国硅谷的"双谷"合作，以东湖综合保税区为核心，加快推进内陆自由贸易区建设，建设国际金融创新实验区，搭建跨境贸易平台，促进国际人才自由流通；积极承办重大国际活动，引进国际机构组织，促进国际要素资源集聚，加快推动高新区产品、技术、资本、标准"走出去"步伐，提升高新区国际竞争力；优化开放环境，完善国际营商环境，提升国际化服务水平，构建全方位开放新格局，将东湖高新区打造为中部区域开放新支点。

第三节　发展情况

一、重大项目加速引进

光谷新经济的快速发展，与一批重大项目密不可分。2016 年，光谷共引进了 2 个百亿元项目、5 个 50 亿元项目，世界知名企业研发机构落户 12 个。其中，总投资 1600 亿元的国家存储器基地项目，是湖北省单体投资规模最大的项目。

引入新能源汽车产业园。2016 年 12 月，湖北省长江经济带产业基金管理有限公司、武汉东湖新技术开发区、上海蔚来汽车有限公司三方签订协议，共同发起设立总规模 100 亿元的"湖北长江蔚来新能源产业发展基金"，具体投资方向包括电动汽车及其相关技术、智能驾驶和车联网、新材料及其应用技术和新能源及能源互联网。该基金计划在东湖新技术开发区建设长江蔚来智能化新能源汽车产业园，产业园总投入不少于人民币 200 亿—300 亿元，目标是建设新能源汽车的整车生产基地，引入关键零部件的重点企业、储能及能源互联企业和服务于新能源整车的智能创新型企业，打造新能源汽车全产业链，做大做强智能汽车产业集群，协助湖北省调整优化新能源汽车产业结构。在基金存续期内，产业园力争打造全国最重要的新能源汽车产业基地。

二、光谷"新经济"向新兴领域延伸

在传统光电子产业之外，光谷"新经济"的触角开始向"互联网＋"、虚拟与增强现实、人工智能、全光网络、量子通信等新兴领域延伸。盛天网络、斗鱼 TV、卷皮网、宁美国度，成为湖北互联网产业"四小龙"；长飞光纤、高德红外、三环集团等 5 家企业，获批国家两化融合管理体系试点；元光科技、光庭科技、无线飞翔等 80 余家企业，在智能公共交通信息服务、智能交通系统解决方案等应用领域，走在全国前列。2016 年 11 月，在武汉东湖新技术开发区支持下，由中国计算机学会武汉分部与武汉泰迪智慧科技有限公司发起，联合 30 多家企业、高校等单位成立了"武汉·中国光谷人工智能产业联盟"。联盟将以平台、研究、资本为引导形成三大生态矩阵建立联盟成员间深度战略合作，以人工智能应用为牵引力，立足中国光谷，辐射全球，将汇聚国内外人工智能领域产学研用专家，共同探讨行业趋势、应用案例、技术动态、聚合产业上下游龙头企业，构建人工智能交易生态体系，搭建人工智能交流合作平台，发挥桥梁纽带作用，促进人工智能领域资源共享，推动与人工智能相关的重大技术、标准、市场、政策等问题的研究，通过建立行业标准体系，促进全国人工智能产业快速成长。

三、构建国际化创新创业平台

目前，国内已经构成了新的区域创新创业格局，即以北京、上海、深圳为核心的华北、华东、华南创业基地，加上以武汉、成都为核心的创新创业基地的"3 + 2"整体格局。武汉作为湖北创新创业的前沿阵地，已被国家授予全面创新改革试验区、国家首批"双创"示范基地和小微企业创业创新基地城市。东湖新技术开发区被确定为国家首批"双创"示范基地。目前，园区正在全力打造集生产、生活、生态功能于一体，聚焦优质创新创业要素的创谷，为创新创业者放飞梦想、成就梦想、营造活力社群，现在两批 7 个创谷建设已全面展开。

光谷高科技产业快速增长，得益于创新创业的持续发力。在优化政策环境上，光谷研究出台了"黄金十条""创业十条""互联网 + 十条""科技金融十五条""光谷国际化十条"等政策，形成人才、资本、产业、对外开放等六大政策体系，有力促进了科技成果转化，降低了"双创"成本。

截至 2016 年 10 月，光谷新注册市场主体 12876 户，新注册企业 9863 户，同比增长均超过 30% 以上，全年新增企业总数突破 1.2 万户。中英光谷加速器、中欧校友武汉加速器两大国际双创平台落户光谷。在全国大力开展"双创"事业的良好氛围下，光谷正以每天平均60家新注册科技公司的速度向前迈进。专利同样是代表"双创"实力的重要指标。2016年，光谷专利申请总量近1.6万件，其中约9000件为发明专利。主导制定修订国际、国家及行业标准83项，涌现万瓦光纤激光器、胶囊内窥镜机器人、万吨级生物质燃油生产线等一批世界级自主创新科技成果。

第四节　发展趋势

《东湖国家自主创新示范区总体规划（2011—2020年）》提出了东湖示范区创新发展的主要发展方向。一是要将东湖地区建设成为创新驱动示范区。发挥科教资源优势，提升自主创新能力，率先探索依靠创新驱动经济社会发展的新模式，为实现科学发展和建设创新型国家提供示范。二是开放合作先行区。加快推进对外合作、开放交流，汇聚全球高端人才、资金、技术和信息等要素，推动企业"走出去"和"引进来"，为实现国际化创新发展提供示范。三是"两型"改革先导区。大力发展低碳经济和循环经济，集约节约利用土地资源，探索绿色发展模式，建设生态文明，为全国资源节约型和环境友好型社会建设提供示范。四是机制创新引领区。创新科技金融、科技成果转化、股权激励、知识产权保护与使用、公共管理服务等机制，弘扬创新创业文化，为推动高新技术产业发展的体制机制创新提供示范。五是高端产业聚集区。充分发挥国家级产业基地的作用，大力发展以光电子信息产业为龙头的战略性新兴产业和现代服务业，改造提升传统产业，为我国产业高端化发展提供示范。六是中部崛起增长极。做大做强优势企业，打造具有全球竞争力的创新型产业集群，完善城市服务功能，促进社会和谐发展，增强辐射带动能力，打造中部崛起的重要引擎。

一、抢占信息技术新高地，构筑创新发展新优势

光谷将持续发展新兴产业，壮大光通信、激光、半导体等产业规模，加

快下一代信息技术与生物产业的融合发展；重点聚焦数控机床、机器人、海洋工程装备、石油装备、3D 打印等领域，着力培育新能源汽车、智能电网等产业。

二、构建全新城市形态，建设智慧光谷

高起点、高标准建设基础设施和公共服务设施，加快构建复合式城市综合交通运输体系，提升水、能源、垃圾处理等市政基础设施水平；加快推进数字城市建设，加强互联网、物联网、云计算等新一代信息技术的基础设施建设，保障信息系统安全、可靠、连续运行，实现信息流高速融通；大力推进智能化管理，提升市政、交通等城市管理水平，打造高效、便捷、舒适的智慧新城；优化城市景观设计，提升城市品质和形象，创建产城融合、生态宜居的科技新城。

三、大力改善社会民生服务，营造幸福光谷

科学制定城市建设规划，加快实施"东拓南进"战略，建设光谷新中心；加大社会事业投入，发展特色职业教育，推进教育国际化发展，加强教育人才队伍建设，建立和完善多层次教育体系；推进养老和医疗事业发展，改革机制体制，构建立体网状医疗服务体系，提升公共服务的能力和水平；深入推进精神文明建设，提升居民精神文化素养，营造良好的公共文明氛围，打造独具魅力的人文都会；坚守生态底线，重点推动东湖高新区"两翼一环，廊道交错"的生态格局构建，保护和修复生态系统；推行精细化社会治理，完善社会保障体系，加强公共安全体系建设，提升基层组织服务能力，合理引导社会组织发展，进一步推动光谷公平、包容发展。

第十九章　昆山经济技术开发区

2016 年，昆山经济技术开发区深化两岸产业合作试验区建设，通过引进新技术、增设项目，加快电子信息制造业的转型升级。昆山经开区产业结构调整步伐不断加快，2016 年新兴产业、高新技术产业投资分别增长 14%、19%，新兴产业产值 3738 亿元，占规模以上工业产值比重的 41%，其中机器人及智能制造企业实现业务收入 295 亿元。高新技术产业和现代服务业筑起发展新高地，光电产业成为区域经济发展极具活力的增长极。未来，昆山经开区将进一步转变发展方式，在将笔记本电脑、智能终端和通信设备等的生产制造环节向中西部地区转移的同时，完善以高新技术产业为先导、先进制造业为支柱、现代服务业为支撑为特色的现代产业体系，同时也为上海、苏州等高端电子信息产业做好配套服务。

第一节　园区概况

昆山经济技术开发区是国家级开发区、江苏省省级重点开发区。昆山经济技术开发区地处长三角核心地带，位于上海和苏州之间，地理位置极为优越。园区集聚了较多全球知名企业，构成了电子信息、装备制造、光电显示、民生轻工、精密机械并举的多元化产业格局。目前已发展成为全球产业集聚地，海峡两岸产业合作的集聚区，中国对外贸易加工和进出口重要基地，综合发展实力连续八年位居全国开发区前四。昆山开发区是我国台资企业入驻最为密集的地区之一，成为笔记本电脑、液晶面板和显示器及电视整机等产品的生产和出口基地，全区出口总额占全国总量的 35%。

第二节　发展特点

一、继续深化两岸产业合作试验区，平台效应凸显

截至 2016 年 3 月，昆山经济技术开发区累计批准台资企业 4600 多家，其中增资项目占比接近一半，超过 2200 家。作为大陆台商投资最活跃、台资企业最密集、两岸经贸文化交流最频繁的地区之一，昆山市财政收入的 50%、地区生产总值的 60%、工业产值的 70%、外贸进出口总额的 80% 以上来源于台资企业的贡献。昆台合作覆盖电子信息、装备制造、民生用品、教育医疗、现代服务业等多个领域，呈现深度融合发展趋势。作为昆山支柱产业之一，电子信息产业累计引进台资项目 1000 多个，从电子基础材料、印刷电路板、电子元器件、显示器到整机生产，构成了一条完整的 IT 产业链。

台湾排名前 100 大制造业企业中已有 70 多家在昆山投资设立近 100 家企业。昆山台资企业平均投资规模超 1200 万美元，投资额超亿美元企业 50 多家。龙头企业仁宝、纬创、南亚电子、富士康、友达光电等，立足昆山不断增资，布局大陆开拓全球业务，其中纬创、六丰等台企在昆山设立的项目多达 10 个。尤其是近三年，随着转型升级创新发展，以及昆山深化两岸产业合作试验区建设深入推进，政策效应持续发酵，台企增资昆山高潮迭起，信心十足。纬视晶光电、欣兴同泰、沪士电子分别在昆山增资 9900 万美元、9000 万美元和 4500 万美元，正新、捷安特、永信制药、建大、统一等大型台企纷纷"加码"，或引进新技术增设新项目，或实施"机器换人"加快转型，或结合现代服务业转型设立总部，其中在昆山设立销售和运营总部的台企多达 50 多家。

二、高新技术产业和现代服务业筑起发展新高地

昆山开发区以昆山 1/9 的土地面积，贡献了昆山全市 50% 的财政收入、60% 的工业产值和 70% 的进出口总额，出口创汇占全国的 2%。截至目前，

开发区累计引进欧美、日韩、中国港澳台等 45 个国家和地区客商投资的 2000 多个项目，投资总额 330 多亿美元；注册内资企业超过 10000 多家，注册资金 400 多亿元，初步形成了以高新技术产业为主导、先进制造业为支柱、现代服务业为支撑的现代产业体系。

第三节　发展情况

一、产业综合能力不断提升，结构调整步伐不断加快

2016 年，昆山完成地区生产总值 3160 亿元，比上年增长 7.5%；实现工业总产值 9090 亿元，增长 1%；城乡居民人均可支配收入分别达 54400 元、28370 元，分别增长 7.6%、8.8%。全年完成工业投资 272 亿元，增长 1.7%，新兴产业、高新技术产业投资分别增长 14%、19%；引进外资项目 172 个，新增实际利用外资 8 亿美元；新批境外投资项目 28 个、8179 万美元，分别增长 86.7%、34.3%。产业布局与结构优化，昆山实现新兴产业产值 3738 亿元，占规模以上工业产值比重提高 1 个百分点；机器人及智能制造企业实现业务收入 295 亿元，增长 53%。在工信部发布的"2016 年县域经济 100 强"榜单中，江苏省昆山市名列第一。

二、光电产业成为区域经济发展极具活力的增长极

昆山光电产业园内三大核心项目均处于国内技术领先地位。其中，国显光电注册资本 30 亿元人民币，下属的昆山维信诺显示技术有限公司是 OLED 国际标准和 OLED 国家标准的主要制定者，先后获得中国知识产权界的最高奖项"中国专利金奖"和国家技术发明一等奖；友达光电注册资本 16.5 亿美元，目前正在建设 6 代低温多晶硅（LTPS）面板生产线，建成后将成为中国第一条、全球第三条最高世代 LTPS 面板生产线；龙腾光电注册资本 8.15 亿美元，具备每月投入 12 万片以上玻璃基板的生产能力，是国内最具生产规模的五代线非晶硅 TFT－LCD 生产企业。2016 年友达光电 6 代线 LTPS－TFTLCD

面板（续建）项目，总投资 120 亿元，昆山国显光电有限公司第 5.5 代有源矩阵有机发光显示器件（AMOLED）扩产项目：总投资 45.3 亿元，年新增第 5.5 代有源矩阵有机发光显示器件基板加工能力 13.2 万片、年新增 AMOLED 模组加工能力 1900 万片，成为电子信息产业新的重要增长极。

三、现代服务业不断发展壮大，带来转型新契机

随着昆山开发区从工业化主导的经济园区向产城融合发展的综合性园区转型，休闲旅游、文化创意、商贸物流、房地产等现代服务业，成为开发区招商引资新的"兴奋点"和产业增长点。经过多年发展，开发区现代服务业虽然有了一定基础，但发展步伐缓慢。加快发展现代服务业，既是科学发展的必然选择，也是增创新优势的重要途径。开发区高标准建设了"九通一平"基础设施，形成以"一站（高铁南站）、一江（娄江）、一带（夏驾河景观带）"为轴线的三大城市核心区及行政办公、金融服务、展览展示、企业总部、城市休闲、商业商贸等城市空间格局，走出了一条"凤凰涅槃"式的"产城融合"之路。其中，正在建设中的"汇设计"创意设计中心是开发区近年来重点打造的创意经济、服务经济平台。中心集成创意办公、项目孵化、交易评估等九大功能，体现了现代化建筑和智能化服务相结合的理念。此外，开发区还形成了金融街、智谷、东创等细分化的现代服务业产业平台，不断发展壮大。

第四节　发展趋势

一、转变发展方式，做到快速发展与资源保护相协调

随着当前经济社会发展进入新常态，昆山开发区面临的外部环境、基础条件等发生了深刻变化，开发区创新能力不足、可持续发展能力不强、体制机制约束等矛盾日益突出。如何正确处理经济发展与安全生产的关系，把安全生产与经济发展的各项工作同步规划、同步部署、同步推进是亟待解决的

问题。昆山开发区未来将进一步转变发展方式，完善以高新技术产业为先导、先进制造业为支柱、现代服务业为支撑的现代产业体系，力争服务业增加值占地区生产总值比重年均提高 2 个百分点，保持发展水平、发展质量、发展速度继续走在国家级开发区前列。

二、制造业加速向内陆转移，战略新兴产业成为发展重点

经过 20 多年的发展，昆山开发区开始进入以结构优化为特征的相对发达经济阶段。但同时经济结构性矛盾突出、生产要素利用效率低、资源和环境代价大、产品自主创新能力不强，给昆山开发区经济进一步发展带来压力，转变发展方式和转型升级的要求也更为迫切。伴随着昆山地区的电子信息制造业成本逐年增加，笔记本电脑、智能终端和通信设备等生产制造环节将加速向中西部地区转移，开发区将着力发展信息产业的中高端环节如集成电路设计研发和移动互联网、云计算、大数据、物联网、智能制造等国家战略性新兴产业，同时也为上海、苏州等高端电子信息产业做好配套服务。

第二十章 青岛高新技术产业开发区

2016 年，青岛高新技术产业开发区依托区域优势，加快集聚涉海研发机构，加快壮大软件与信息技术、高端智能化装备、海工装备研发等战略性新兴产业，打造"蓝色硅谷"。高新区加快布局云计算和大数据产业，吸引青岛智能产业研究院、清华—青岛大数据工程研究中心、IBM 联合创新中心、中科院软件所等一批龙头研究机构落地。不断优化创新创业环境，科技型中小企业集聚迅速，为高新区持续发展提供强劲后力。未来，青岛高新区将重点瞄准新一代信息技术和机器人产业，助推工业企业转型。同时，继续完善孵化体系和服务平台，引领带动青岛市实现打造创新之城、创业之都、创客之岛的"十三五"发展目标。

第一节 园区概况

青岛高新技术产业开发区是 1992 年 5 月经国务院批准设立的国家级高新区。2007 年，青岛高新区形成胶州湾北部园区（含新产业团地、新材料团地）、青岛高科技工业园、青岛新技术产业开发试验区、青岛科技街、市南软件园"一区五园"的发展格局。2015 年 2 月，青岛市政府对青岛高新区范围进行了调整，将蓝色硅谷核心区、海洋科技创新及成果孵化带和青岛（胶南）新技术产业开发试验区纳入青岛高新区范围，调整后，青岛高新区总开发面积 327.756 平方公里。

青岛高新区充分发挥高新区的承载和引领功能，增强自主创新和技术孵化能力，园区建设取得了显著成效。高新区被确定为"国家高新技术产业标准化示范区"试点建设园区；新产业团地被确定为"创建国家生态工业示范园区""全国首家数字化园区建设试点单位"；新材料团地被认定为"国家火炬计划新材料产业基地";高科园被认定为"国家生物产业基地""国家通信产业园""国家知识产权试点园区";科技街被认定为国家动漫产业基地;市南软件园被认定为"国家火炬计划软件产业基地"。

第二节　发展特点

一、依托区域优势，加快集聚涉海研发机构

国家海洋科学与技术实验室、国家深潜基地、国家海洋技术转移中心等创新平台在青岛高新区加快推进。北大科技园、清华科技园、哈工大青岛科技园、山东大学青岛校区、天津大学海洋装备研究院、大连理工大学海洋学院相继落户，中船重工 710 所、713 所、714 所、716 所、719 所、725 所、388 厂等 15 个海洋装备研究机构年内完成注册。青岛深海工程国际产业园、温州医科大学青岛国际生物科技园、山东生命科技研究院海洋中心、青岛大学海洋新药创制研究院等一批涉海高端项目落户建设。

二、加大开放力度，国际技术合作日益活跃

世界创新百强企业日本日东电工株式会社中国首个研发中心在高新区投入运行，主要研发面向青岛需求的光伏、家电、海洋制品等新材料、生物医药领域的产品。高新区与美国旅美科技协会签订创新合作框架协议，推动美国生物医药产业高端人才及项目与青岛高新区展开多层次、多渠道、多领域的合作共赢。青岛与欧盟之间技术创新与投资贸易综合性合作新平台——"欧盟项目创新中心（青岛）暨欧洲企业网络（EEN）中国北部中心"落成，促进了中欧科技合作、贸易投资和技术转移，有利于集聚欧洲优秀创新创业团队和优质项目落户青岛，使青岛市及高新区成为欧盟各国在中国东部推动合作的重要窗口和基地。

第三节　发展情况

一、形成"1+5"主导产业结构

按照"蓝色、高端、新兴"的产业方向，坚持"聚焦、聚集、聚合、聚变"的推进路径，青岛高新区在主园区全力打造"1+5"主导产业。即以突出发展科技服务业为支撑，加快壮大软件与信息技术、高端智能化装备、蓝色生物医药、海工装备研发、节能技术与新材料5个战略性新兴产业，板块化、平台化推进产业集聚。

二、积极布局云计算和大数据产业

近年来，青岛高新区坚持实施"产城一体、创新驱动、人才先导、金融助推、国际链接"五项战略，科技、人文、生态新城建设呈现勃勃生机。在经济新常态条件下，创新驱动已成为发展的主旋律，尤其是大数据、云计算、物联网、移动互联网等新兴信息技术对经济社会的影响不断深入。2016年，高新区将云计算、大数据作为30平方公里软件科技城发展的重点产业努力加以推动，清华科创慧谷、香港招商局青岛网谷等30个软件园区700万平方米软件载体相继落户建设，青岛智能产业研究院、清华—青岛大数据工程研究中心、IBM联合创新中心、中科院软件所等一批龙头研究机构纷纷集聚此地，各类软件企业已超过300家。未来在云计算和大数据领域的投入将继续加大，为吸引国内龙头互联网和云计算企业来此发展创造条件。

三、加大对初创企业扶持培育

近年来，青岛高新区认真贯彻落实中共中央"十三五"规划建议，强化企业创新主体地位和主导作用的工作精神，大力实施创新驱动发展战略，始终把培育高新技术企业作为发展高新技术产业、提升企业自主创新能力的重要抓手。一是政策引导、突出服务。为扶持和鼓励高新区科技型企业发展，培育高新技术企业队伍，青岛高新区出台了《青岛高新区创新型企业认定管理办法》，鼓励科技型企业比照高企标准开展创新活动，充分发挥创新型企业在建立以企业为主体、市场为导向、产学研相结合的技术创新体系中的作用。优先协助创新型企业参加高新技术企业认定工作，不断扩大高企认定预备队。二是充分调研、提前筹划。科技创新局及时与各街道、事业部、科技企业孵化器等主管部门进行对接，挖掘具有高企培育潜质的企业，将符合条件的企业纳入培育计划；逐户深入企业调研，了解企业自主创新和生产经营情况，对企业反映的问题、面临的需求作深入探讨和解答，不断推进高新技术企业队伍"扩容"。三是专题培训、答疑解惑。定期邀请有关专家对全区具有高企培育潜质的企业围绕高新技术企业认定复审标准、财务制度建设、申报流程以及材料撰写等方面进行深入细致的业务辅导，对企业提出的问题进行现场解答；申报过程中，科技创新局及时帮助企业审核高企材料，确保申报材料真实、完整、规范。四是分类指导、重点推进。高企认定标准对企业科技管理工作提出了详细的规范，为科技型企业特别是初创科技型企业建立完善管理制度提供了蓝本。高新区以高企认定培养工作为契机，建立了科技型企业分类指导制度，协助企业建章立制；对具有一定技术含量和技术创新性，重视产品研究、开发和科技创新的高成长性企业，加大培育指导力度，切实落实各项政策；积极支持科技型企业实施科研项目、加大研发投入、聚集科技人才，使更多企业发展成为拥有自主知识产权、现代化管理制度完善的高新技术企业。

2016 年全市高新技术企业认定初审名单，高新区融智生物等 58 家企业通过初审，较上年度增长 87.1%；其中，在孵科技型小微企业新认定 31 家，占初审认定总数的一半以上，反映出高新区近年来科技型中小企业集聚迅速，后劲十足，为高新区持续强劲发展提供动力。

第四节　发展趋势

一、以创新为主线打造青岛创新、创业、创客基地

青岛高新区全面统筹孵化资源，细化载体功能，优化配置政策、资金、

人才、研发等要素，打造创业生态链，形成了完整的"苗圃—孵化器—加速器"科技创业孵化链条，建设了盘谷创客空间等全市创业苗圃建设示范园区，截至 2016 年底，共引进中国 3D 打印创新中心、以色列柏科孵化器、海尔海立方等高端创新创业项目 178 个（含 91 个注册项目）。总投资 3 亿元的青岛市工业技术研究院，目前共有在孵项目 60 余个，通过一系列优惠政策及完备的创业服务，帮助高端人才实现创新创业，已经发展成为全市标杆孵化器。下一步，高新区将继续完善孵化体系和服务平台，为全市加快打造创新之城、创业之都、创客之岛作出新贡献。

二、加快机器人产业发展，助推工业企业转型

作为先进制造业的重要装备和手段，工业机器人已经成为衡量一个地区制造水平和科技水准的重要标志。近年来，青岛市不断加大工业机器人项目的引进和培育力度，大力促进行业研究开发和推广应用，着力打造我国北方最大的工业机器人产业基地，助推全市工业企业转型升级。青岛市还通过出台相关政策，对进行智能化改造的企业进行贴息，给予购买智能化产品的中小制造型企业发放政府补贴，并通过政府购买服务的方式，引进中介机构为智能装备使用企业提供指导和帮助。

2016 年，全球第二大机器人制造企业 ABB 集团签署协议落户青岛国际机器人产业园，ABB 将在高新区建设机器人应用中心，开展机器人销售、系统集成、服务等业务。同时，与青岛市最大码垛机器人企业宝佳自动化公司建立合作关系，通过发展机器应用技术，拓宽下游应用领域，加快青岛市传统产业的改造、转型和升级，推进信息化与工业化的深度融合。

第二十一章　天津经济技术开发区

电子信息制造业是天津开发区规模最大的支柱产业。2016年，天津经济技术开发区继续凭借区位优势带动电子信息产业发展，创新驱动提升明显，创业环境加速完善。通过加快促进与京津冀的经贸合作，投资规模日益扩大。在"中国制造2025"目标的推动下，开始向智能制造转型。在集成电路产业的大力发展下，形成龙头企业带动集群发展态势。未来，一批具有新时代创新性和高成长性特点的电子信息制造业企业将不断涌现，成为开发区乃至滨海新区经济发展的顶梁柱和创新发展的主力军。

第一节　园区概况

天津经济技术开发区创立于1984年12月6日，位于天津市区东40公里，紧邻塘沽区，总规划面积33平方公里，是天津市滨海新区的重要组成部分，也是我国首批国家级经济技术开发区之一。天津经济技术开发区分别在武清区、西青区和汉沽区建设了逸仙科学工业园、微电子工业区和化学工业区等三个区外小区。天津经济技术开发区定位于滨海新区先进制造和研发转化基地及现代服务业的聚集区。

2016年是"十三五"规划开局之年，也是天津开发区加快转型升级、创新发展的关键之年和攻坚之年。截至2016年，开发区科技型企业达到6364家；规模过亿元的科技型企业达到480家，继续位居全市第一；在各类资本市场挂牌、上市企业达到47家。作为外商投资聚集地，天津开发区上年新批外资项目32个，增资项目59个。新批1000万美元以上项目13家。同时，新注册内资企业1853家，注册资本2198亿元。综合投资环境继续在国家级开发区中保持领先，主要指标在滨海新区中占有较大比重，保持了"两个不动摇"。

第二节 发展特点

一、区位优势带动产业发展

天津经济技术开发区具有得天独厚的区位优势，依托京、津，辐射三北，以"21世纪现代化国际工业新城区"为目标，致力于塑造与国际市场接轨的投资环境。经过十几年的开发建设，天津经济技术开发区投资环境日臻完善，经济实力迅猛发展，已成为我国乃至整个亚洲最具吸引力的投资区域。凭借区位优势和投资吸引力，天津技术开发区围绕三星、诺基亚、西门子、富士康等龙头企业，形成了实力雄厚的电子信息制造产业群和完整产业链，国内外电子信息领军企业纷纷落户。

二、创新驱动提升成果显著

为推动以电子信息制造业为支柱产业的开发区创新驱动，2016年，开发区新增3家国家级众创空间、7家市级企业技术中心和工程中心；建成电子信息、大健康、智能无人装备、节能环保四个专业化园区；启动泰达双创示范区建设，举行各类创新活动100余场。新增国家级高新企业91家、市级高新企业149家；新增科技型企业809家，其中亿元以上企业71家；申请专利量超过5000件，创历年最高。开发区科技企业在资本市场表现抢眼，全年挂牌及新上市企业达到23家，与2015年相比基本实现翻番。

三、创新创业环境加速完善

2016年，开发区建设并启用泰达双创示范区，整合优质资源组建天津泰达创联盟，制定科技创新券管理制度，搭建"双创"线上公共服务平台APP。建成电子信息、大健康、智能无人装备、节能环保等专业化园区，各类孵化载体总面积达到115万平方米。举办创新创业大赛、泰达双创季、泰达双创嘉年华、泰达企业家俱乐部、京津冀生物医药泰达论坛等活动。新增3家国家级众创空间，国家级和市级众创空间累计达 8 家。

第三节　发展情况

一、电子信息产业投资规模日益扩大

天津经济技术开发区加快促进京津冀经贸合作，2016 年先后促成与北京、河北的合作项目 520 余个，投资总额超过 800 亿元。其中，积极承接北京非首都功能疏解和产业外溢，共促成京津合作项目 420 余个，投资总额超过 600 亿元；与河北的合作项目有 100 余个，投资总额约 200 亿元。在引进的北京企业电子信息制造业相关投资项目中，京东商城、滴滴出行等项目投资额超过 10 亿元以上。仅滴滴公司就在天津开发区成立了滴滴中国、滴滴出行业务总部、滴滴商业、惠迪商务服务等一系列公司，累计投资总额约 56 亿元。京东集团相继投资了天津东方启明、天津津投保险、天津滨海京元众筹等项目，投资总额达 20 亿元。除京冀投资项目外，2016 年，一批百亿级的投资项目先后在天津开发区动工。

二、智能制造转型升级进程加快推进

根据"中国制造 2025"目标，到 2025 年，我国要进入制造强国行列。作为天津制造业最为发达的区域，天津经济技术开发区的制造业也在向着智能制造转型。在 2016 年公布的《天津开发区先进制造业"十三五"发展规划》中，提出天津开发区要大力提升智能化水平。加快人机智能交互、在线监测系统等技术和装备的应用，推进生产过程的智能化。在发展工业机器人领域，要构建从驱动系统、执行系统和控制系统等关键构成部件，到工业机器人、机械手和服务机器人等自动化及成套设备的全产业链。

三、集成电路企业研发技术行业领先

近年来，开发区大力发展集成电路产业，形成龙头企业带动集群发展态势，中国"芯"在设计、研发、制造产业链条上不断完善，涌现一大批创新型本土企业。其中，唯捷创芯（天津）电子技术股份有限公司从 2010 年成立至今，已成长为国内首屈一指的专业射频集成电路设计企业，公司产品主要应用于 2G、3G、4G 等制式的手机和平板电脑中，产品品质得到国内众多品牌客户认可。目前，唯捷创芯在天津基地基础上，先后在北京、上海、深圳、苏州、香港等地设有研发或运营机构。

第四节　发展趋势

近年来，天津开发区将科技创新作为转型升级、创新发展的重要抓手，聚集了一大批优秀科技企业、高端载体平台、优质创新资源，形成了良好的创新创业氛围，构建起一流的创新创业环境。天津经济技术开发区将不断调整产业结构，积极引入创新创业载体和资源，培育新的增长点。为推动产业资源和"双创"要素有机结合，开发区决定从众多优秀科技企业中选出一批杰出代表，围绕信息技术、大健康、智能装备等重点产业领域，引导企业成立若干产业技术创新战略联盟，充分发挥品牌示范和引领带动作用。预计至"十三五"末，开发区科技型企业将突破一万家，其中，国家级和市级高新技术企业突破 1000 家，规模过亿元的科技型企业超过 650 家，规模过 5 亿元的科技型企业超过 150 家。未来，一批具有新时代创新性和高成长性特点的电子信息制造业企业将不断涌现，成为开发区乃至滨海新区经济发展的顶梁柱和创新发展的主力军。在电子信息产业创新主体的引领和带动下，天津经济技术开发区将继续努力吸引、容纳各种先进经济要素和经济实体，致力于构建一个以电子信息产业为支柱产业、体制机制保障有力、经济要素聚集活跃、实体经济特色鲜明、创新创业活力强劲、品牌效应价值凸显、发展后劲持续提升的高端产业领航区、改革开放先行区、自主创新示范区、和谐社会首善区，成为国际化、现代化、生态化的先进产业与新型城市综合体。

第二十二章　厦门火炬高技术产业开发区

2016 年，厦门火炬高新技术开发区的电子信息产业增长保持良好势头。出台一批产业发展的扶持政策，园区投融资发展迅猛；通过精准招商、多形式多渠道招商，引进了一批优质项目，龙头项目建设进展顺利；着力载体建设支撑发展，建成 63 家国家级、省级、市级众创空间和 6 家市级两岸青年创业基地；研发载体进一步增强，新增 1 家国家级企业工业设计中心、1 家国家级工业设计企业、1 家国家级企业技术中心；人才服务工作成效显著，被授予"福建省电子信息产业人才聚集基地"。

第一节　园区概况

2016 年，厦门火炬高技术产业开发区（以下简称"厦门火炬高新区"）完成规模以上工业总产值 2145.69 亿元，同比增长 8%；规模以上工业增加值 461.42 亿元，同比增长 8.3%，高于全市增速 2.9 个百分点。软件信息服务业保持快速增长，2016 年全年营收实现 701.2 亿元，同比增长 20.3%。招商引资、固定资产投资、财政收入均较好地完成年度计划。合同外资 4.94 亿美元，完成计划的 165%；实际利用外资 3.65 亿美元，完成计划的 101.5%。引进内资达 167 亿元，完成计划的 167%。固定资产投资 241 亿元；同比增长 19.5%。一般公共预算总收入 43.3 亿元，区级一般公共预算收入 9.7 亿元。

第二节 发展特点

一、出台政策，加大对企业引导和扶持力度

厦门火炬高新区明晰产业发展思路，梳理六条支柱产业链缺失环节及重点发展方向，制订《火炬高新区"十三五"重点产业链（群）发展工作方案》。推动出台《厦门市集成电路产业发展规划纲要》《厦门市加快发展集成电路产业实施意见》。制定高新区培育生根型企业工作方案，共培育15家生根型企业。积极实施产业补短板行动，开展助力企业创新创业路演活动超过500场。

厦门火炬高新区出台一批减负、技改扶持政策，促进产业稳步增长。兑现增产多销奖励政策资金958万元、增产增效奖励政策资金1328万元。兑现市、区人才政策和高管个税优惠政策资金，激励20多家企业经营团队稳产及增产。兑现市、区技术改造政策资金7847万元，促进企业优化主营业务、技术升级和生产线改造与扩建。指导企业办理技改项目备案44个，累计总投资253亿元。

厦门火炬高新区加强产业动态跟踪与引导。建立重点项目和企业跟踪责任制，定时走访、跟踪企业的发展状况、异动情况，及时采取应对措施促进发展。及时总结推广企业科技创新、转型升级的好做法，推广科华恒盛打造生态型能源互联网企业、美亚柏科公司全面开拓互联网模式、麦克奥迪实业设立病理细胞诊断中心等。积极引导孵化器发展，着力打造细分化、专业化、合作化众创空间集群，形成众创空间定期交流机制，促进众创空间的深度合作。

二、精准招商，一批重点项目建设扎实推进

厦门火炬高新区通过多形式多渠道招商，新增一批好项目。加强驻点招商，派员到北京、深圳及台湾等重点发达城市驻点招商。紧扣产业龙头招商，

围绕联芯等龙头企业，积极开展针对集成电路上中下游产业的项目招商工作。利用中介招商，签约日本瑞穗银行等第三方招商中介机构。利用平台招商，承办集成电路产业专场招商引资推介会，生成一批优质项目。集成电路引进台湾世禾半导体设备清洗、台湾美日丰创光罩等十余个配套项目以及第三代半导体碳化硅产业链项目。现代服务业引进紫光互联等一批具有影响力、带动能力强的龙头项目。引进科易网技术交易平台，整合高校、科研院所、专家、科技服务机构等各类科技创新资源。

一批龙头项目建设进展顺利。高新区 16 个省市重点项目计划总投资 174 亿元，全年完成投资 182 亿元，完成计划的 104%。电气硝子、天马微电子二期、联芯、三安光电等项目正式投产。ABB 工业中心一期项目进展快速；二期用地已完成土地出让。三安 LED 项目二期进行生产设备调试。清华紫光项目开工建设。

第三节　发展情况

一、体系完善，创新动能进一步卯足

厦门火炬高新区的研发载体进一步增强。新增 1 家国家级企业工业设计中心、1 家国家级工业设计企业、1 家国家级企业技术中心；新增高新技术企业 120 家。

厦门火炬高新区的公共技术服务平台进一步厚实。着力优化"厦门市科学仪器设备资源共享平台"的功能与服务，新增 12 家仪器共享协议单位。充分发挥国家 LED 技术应用产品质量监督检验中心等平台作用，为中小企业提供强有力的公共技术支撑。

厦门火炬高新区的创新社区进一步提升。软件园三期实施"调规划、建载体、促产业、推双创、优服务、强配套、共缔造"，社区功能多样全面，公共交流活动空间丰富。火炬（翔安）产业区育成中心实施提升改造工程，建成线上信息化服务平台、科技金融服务平台。

厦门火炬高新区的资金和多层次资本市场进一步用好用足。获得国家、省、市各类扶持资金支持超过 1.1 亿元，兑现高新区区级扶持资金超过 5000 万元。做好国家发改委国家专项建设基金企业项目申报工作，共有 18 个项目获得专项基金，项目投资总额 623 亿元，获得基金金额 76 亿元。弘信电子的"挠性印制电路板智能工厂建设"项目列入国家智能制造试点示范项目。

厦门火炬高新区投融资发展迅猛。投融资联动结合担保 4 亿元促进软件信息服务业发展。新增 3 家上市企业，美图在香港主板上市，清源科技、吉比特在上海上市，新增 36 家新三板挂牌企业。53 家企业入选省重点上市后备企业名单，占全市 33%。高新区 9 家新三板企业定增融资 3 亿元。23 家中小企业融资 11 亿元。通过授信、抵押，协助 41 家企业完成融资合计 25 亿元，努力破解企业融资难题。

厦门火炬高新区的人才项目培育成效显著。全年共组织申报国家"千人计划"、省"百人计划"、省"侨界贡献奖"、省"在闽优秀台湾人才"、市"白鹭友谊奖"、市"台湾特聘专家"等人才项目达 115 人次；共有 27 人入选国家、省、市各类人才计划，其中有 2 人入选国家第十二批"千人计划"，占全省 50%；16 个人才项目入选厦门市"双百计划"；9 人入选厦门市"台湾特聘专家"。高新区被授予福建省电子信息产业人才聚集基地。人才服务与保障进一步加强。组织召开人才政策宣讲会和人才创业座谈会，覆盖园区 100 多家人才企业、300 多名高层次人才和人才工作者；建立高新区人才服务专员制度，已有 24 家重点企业设立人才服务专员；兑现首批 20 家人才企业区级配套扶持资金共计 3780 万元，进一步推动"双百计划"创业项目落地。全年安排高新区人才开发资金 1 亿元。筹集了人才公寓及公租房 1698 套（间），并拟定了《高新区人才公寓管理办法》。

二、载体建设，支撑发展更加有力

同安翔安高新技术产业基地高起点开发建设。遵循"海绵城市、管廊城市、产城融合"等先进理念，组织编制完成基地发展总体规划和三个起步区的控制性详规。按照"适度超前、滚动发展"的原则，分期分片组织编制规划环评、水系专项规划、综合管廊等专项规划。片区内道路及供水、供电、污水处理等配套设施建设有序推进。目前五显起步区一期、市头起步区一期用地已基本达到"七通一平"，具备招商出让条件；其他片区的市政配套项目加快建设。同翔基地已有12个产业项目落地，总投资151亿元。

火炬（翔安）产业区、软件园三期、科技创新园等园区建设扎实推进。火炬（翔安）产业区基础配套设施进一步完善，实施了5条道路施工道路及其一批输配电工程；污水处理配套设施基本完工。软件园三期除起步区外，集美北大道以北新建15栋研发楼，已交付2栋，封顶13栋；新建5栋公寓楼，已交付1栋，封顶4栋。全年软件园三期完成固投12亿元。火炬科技新天地二期完成施工图审查。科技创新园完成1号楼建设工作以及7号、8号楼预验收工作。

建设众创空间及两岸青年创业基地。完成8家国家级众创空间备案，新增省级众创空间6家，市级众创空间49家。厦门火炬高新区拥有国家、省、市众创空间数，占厦门市的四成以上。积极打造了5个专业特色众创空间，紧密对接实体经济。

第四节　发展趋势

一、加快构建区域创新体系，推进"国家自主创新示范区"建设

进入2017年，厦门火炬高新区管委会以落实厦门市委、市政府出台的《福厦泉国家自主创新示范区厦门片区行动方案》为主线，牵头落实12项市级重点任务，扎实推进29项区级重点项目，并持续推动各项改革创新。

一是探索体制机制创新。推动信息集团、火炬集团向产业投资公司转变，集聚一批产业发展方面人才，搭建好产业投融资平台，为高新区产业发展做支撑；积极稳妥推进招商中心改制，构建更灵活、更高效、更专业的招商机制。全面推行火炬创新券，以市场化方式向园区企业提供金融、人才、技术、中介等方面的高水平、低收费服务。

二是完善政策体系。积极推进自创区与自贸区联动发展，用好用足自贸

区先行先试政策。加快制定"支持瞪羚企业发展""创新型产品首购制度"等产业政策，修订"鼓励众创空间发展""知识产权扶持""创新资金政策"等政策。加快出台人才公寓相关管理办法，打造火炬人才公寓体系。

三是建设一批创新平台。引导企业用好火炬线上技术交易转移平台，全面促进技术成果转移转化。加快推进以色列技术展示与交流中心、火炬—厦大产业研究院、两岸微电子研发及检测中心、"企业合作圈"协作创新平台、创＋技术站、创＋学堂等创新平台建设。

四是打造一批专业孵化器。重点建设厦门创业园同安孵化基地、"石墨烯应用"众创空间、南方海洋创新创业基地、新能源新材料专业加速器、IC及软件信息技术创新创业孵化基地等，服务高新区实体经济转型升级。

五是持续深化金融创新。打造全国性金融资产交易中心，为园区企业机构提供高水平的综合性金融资产交易服务。加快建设"鹭创金融"平台，构建集聚度更高的项目资本对接平台。

六是推进各项综合创新试点。加快建设并应用"火炬智慧园区平台"，积极创建"绿色生态园区"，力争获批"能源互联网示范园区"，全力建设五显片区三期等创新社区。

二、推动各区域协同发展，抓好园区及重大重点项目建设

厦门火炬高新区管委会积极探索同各行政区联动发展的"一区多园"的体制。主动对接各区，梳理确定新的产业布局。岛内共同拓展产业发展空间，岛外加强配套的合作。

一是扎实抓好重大项目重点项目建设，实现一批项目开工、竣工、投产、达产。2017年高新区重点项目31个，计划投资122亿元。实行倒排工期、挂图作战，尽早出成效。

二是推动建设"升级版"园区。扎实推进高新区绿色开发区示范区创建工作，继续完善火炬翔安产业区基础设施配套，抓好科技创新园、火炬科技新天地等项目建设，加快中国移动手机动漫基地、紫光科技园、ABB工业中心建设进度。加快园区的停车场、绿化、标识、公租房等设施进度。

三是积极参与厦门市健康医疗大数据中心及产业园建设国家试点工程建

设。制定《健康医疗大数据中心及产业发展优惠政策》。建设健康医疗大数据公共孵化平台。成立政产学研用健康医疗大数据产业联盟。完成大数据中心研发及办公大楼、人才公寓楼装修，完成展示中心设计与施工。

三、积极拓展新动能，抓好重点产业领域招商

围绕高新区的六大主导产业以及新业态、新模式、新技术，积极拓展产业新动能，开展全方位、多层次的招商工作。

一是盘活产业存量促生根。加快培育科技小巨人，力争 2017 年新增科技小巨人 30 家，总数超过 110 家；全面实施产业生根计划，分批实施政策措施。

二是紧盯龙头铸集群。围绕产业链龙头项目，重点加快天马、公安部一所、医疗大数据等重大项目的商务谈判和落地工作；深挖龙头配套及关联企业策划生成一批关联度强的项目，对已生成对接的项目要专人跟踪，制定针对性强的措施，精准招商。

三是拓展招商的内涵和外延。招商领域要向专业化众创空间、研发机构、总部经济延伸；要综合利用资本运营及政策扶持等手段开展招商。

四是整合好招商资源。要注意同各区招商联动，盘活好管委会及各区的资源，优先安排效益好、带动性强的项目。

第二十三章　成都高新技术产业开发区

2016 年是成都高新技术产业开发区打造国际创新创业中心开局之年。成都高新技术产业开发区秉承"发展高科技、实现产业化"宗旨，以打造国际创新创业中心为核心，以创新强区、开放兴区、法治立区为主线，深入实施"双创"大引领、产业大智造、人才大汇聚、开放大融合、产城大提升、体制大突破、民生大保障"七大行动"计划，充分发挥极核引领、示范带动作用，经济保持平稳较快发展，在科技部国家高新区评价中综合排名居全国第三。

第一节　园区概况

2016 年，成都高新技术产业开发区（以下简称"成都高新区"）实现产业增加值 1436.5 亿元，同比增长 8.5%，每平方公里 GDP 逾 11 亿元；完成固定资产投资 636.7 亿元，同比增长 15.3%；完成进出口总额 1711.9 亿元，同比增长 19.2%，其中成都高新综合保税区实现进出口总额 1573 亿元，居全国综保区第 3 位。经济质量和效益进一步提升，新增各类科技型企业 5200 家，科技型在孵企业达 1.27 万家，数量居全国国家级高新区前列；新引进投资逾 100 亿元重大项目 4 个；新增新三板挂牌企业 55 家，数量居全国国家级高新区第 2 位。

第二节　发展特点

一、深入实施"创业天府"引领工程

2016 年，成都高新区着力实施"'双创'大引领"行动，整合产业链资

源，加强创新载体建设，完善公共服务平台，形成了在全国具有领先优势的科技创新创业政策体系。全年新增 11 家众创空间和孵化器、孵化载体 62 万平方米；新认定公共技术平台 11 家，累计认定的公共技术平台达 67 家，其中电子信息类 42 家、生物医药类 25 家，形成了电子信息、生物医药等领域较完善的全产业链公共技术平台。

在招才引智方面，成都高新区实施了"菁蓉·高新人才计划"，创新设立创智、创客等六大人才招引项目，以建设国际创客天堂为目标，实施推动建设国际人才城、建立高层次人才礼聘制度等举措。全年柔性引进诺贝尔奖获得者 4 人、院士及世界 500 强高管 5 人进区创新创业，新增国家"千人计划" 16 名，评选产生"菁蓉·高新人才计划"380 人，带动引进海内外高层次人才 2265 人、产业急需紧缺人才 10171 人。全年累计用于人才工作的专项资金达 7.9 亿元，其中直接用于各类人才扶持资金 4.4 亿元。成功创建全国第 4 家海外人才离岸创新创业基地、全国第 7 家国家级人力资源服务产业园，建立 2 亿元的海外人才离岸创新创业基金。

二、大项目支撑作用持续显现

2016 年，总投资 16 亿美元的英特尔"骏马"项目在成都高新区投产；面积约 500 万平方米的新川科技园区有微芯生物、好医生、远大蜀阳等 38 个项目正式开工；总投资 465 亿元的京东方 OLED 生产基地建成；中电科航空电子产业园、欧珀运营基地等 126 个项目加快建设；约 881 万平方米新兴产业园区相继竣工，涉及阳光保险、中光电科技、银泰中心等 67 个项目。成都高新区全年利用外资 18.31 亿美元、到位内资 475.36 亿元。引进重大项目 95 个，总投资 1385 亿元。引进总投资 245 亿元的京东方二期 AMOLED 柔性屏生产线，100 亿元的四川省信息安全和集成电路产业发展基金陆续投放，投资额达 12.9 亿美元的 AMD/中科曙光通用服务器 CPU 芯片项目有序推进。

第三节　发展情况

一、新千亿产业集群培育成效明显

2016 年，成都高新区已有百家以上世界 500 强企业落户，正全力发展以新一代信息技术、高端装备制造、生物、环保为重点的战略性新兴产业。成都高新区先后引进了英特尔、格罗方德、德州仪器等全球高科技产业的重大项目，形成了生物医药、生物医学工程两大产业特色。

2016 年，成都高新区新兴产业发展势头强劲，生物规上工业企业已集聚 47 家，实现战略性新兴产业增加值 524 亿元。生物、高端装备制造产业增加值分别增长 15%、16% 以上；高端软件和新兴信息服务业增加值增长 20% 以上，战略性新兴产业成为支撑区域经济增长的重要力量。电子商务引进亚马逊、韩国 DK 等知名电商项目，新增市级创新型电商 62 家，交易总额突破 4000 亿元。

二、区域创新创业活力进一步释放

2016 年，成都高新区在全国率先探索并深化"职务科技成果转化制度"改革，重点激励科研院校科技成果（知识产权）的所有权、使用权、收益权、转移权"四权改革"，打通科技成果、科技人才、科技企业的权益化和权益流通化"两大通道"，激发创新创业内生原动力，为打造国际创新创业中心、实施"创业天府"高新区引领工程提供政策保障。

商事制度改革取得新突破，成都高新区率先全省开展"五证合一、一照一码"、电子营业执照试点以及企业简易注销登记、深化"先照后证"等制度改革，以简政放权进一步激活市场活力和社会创造力。2016 年，150 个原本需要事前审批的事项被改为后置审批，大大降低了市场准入门槛。

成都高新区在投融资体制改革方面，深化金融服务产业能力，参与四川省信息安全和集成电路产业发展基金等 13 只政策性产业基金。截至 2016 年底，已正式运营的 10 只基金，累计实施投资项目 273 个，投资金额高达 67.58 亿元。"四个一"政策性贷款服务模式在全国推广，累计帮助3500 多家（次）科技型企业获得低成本政策性担保贷款 173 亿元、信用贷款 50 亿元。在全省首创民营企业国家专项建设基金落地模式，帮助 19 个项目落实基金 49.24 亿元。全国首创的标准增信融资列入《国家消费品标准和质量提升规划》，并联合中国人民银行、盈创动力建立信用数据库，形成从天使基金到 VC、PE 的股权投资基金产业链，累计聚集 438 家股权投资及其管理机构，注册资本规模超过 850 亿元，管理资金规模超过 1000 亿元。

第四节　发展趋势

一、打造现代产业体系，成为全球产业重要节点

2017 年，成都高新区将坚持工业"一业定乾坤"，着力推动电子信息制造业转型升级，围绕集成电路、新型显示产业生态系统引进关键材料企业，引导企业开发面向网络通信、数字视听、工业应用等领域的集成电路产品。推动生物产业壮大规模，聚焦发展生物医药、生物医药工程、现代中药、体外诊断、智慧健康等本土优势品种和企业，力争 2017 年生物产业整体规模超过 300 亿元，生物产业投资超过 40 亿元。推动高端装备制造产业提质升级，围绕成都"大智造"板块提升制造业智能化水平，在航空航天设备、无人机、轨道交通、人工智能等领域聚焦发力。

二、创新创业持续推进，力建国际创新创业中心

2017 年初，成都高新区出台《成都高新区创新创业发展规划（2016—2020 年）》和《成都高新区进一步深化创新创业发展的若干政策》，提出以"大空间、大视野、大集群"理念全面推动创新创业工作，并分别设立 50 亿元协同创新专项资金、50 亿元大企业创新专项资金、50 亿元领军人才专项资金，支持区域内"双创"人才、企业和载体进一步壮大发展。

企 业 篇

第二十四章　计算机行业重点企业

2016 年，计算机行业重点企业发展喜忧并存，联想营收出现下滑，PC 业务和移动业务萎靡不振；浪潮营收实现稳步增长，服务器业务发展迅速，但利润出现大幅下滑；中科曙光在营收和利润方面均保持了两位数增长，包括高端计算机和存储产品在内的传统硬件产品业务营业收入稳步增长；华为营收继续保持高速增长，不断加大研发创新投入，加快开拓高密度服务器产品市场。

第一节　联想集团有限公司

一、总体发展情况

2016 年，联想集团总营业收入为 212.8 亿美元，同比下降 6.9%。净盈利为 3.30 亿美元，上年净亏损 6.09 亿美元。其中，个人电脑和智能设备业务收入同比下跌 8%，移动业务收入同比下跌 10%，数据中心业务同比下跌 4%。2016 年中国区市场对联想集团收入的贡献是 28%，美洲区是 30%，欧洲、中东和非洲占据 25%。由此可见，联想的国际化程度在国内企业中处于最高水平。

二、企业发展策略

（一）市场战略

积极应对个人电脑业务下跌。受全球 PC 业的集体颓势影响，联想的 PC业务有所下滑，但个人电脑业务正在回升，这是因为联想对业务进行了创新改革，比如推出可拆卸式笔记本、平板二合一电脑 Yoga 系列。联想财报指出，联想在个人电脑和智能设备上的出货量依然是全球第一，也是联想最大的收入来源，占据总收入的70%左右。

移动业务表现持续不佳。近年来，联想移动业务表现糟糕，只占到联想集团总收入的18%。联想十分重视移动业务，收购摩托罗拉后，联想专注于中高端市场，砍掉了很多低价产品，这导致联想在近半年里，全球智能手机销量同比下跌28%。过去两年时间里，联想移动业务先后换了三个掌门人，试图扩大移动业务规模。

大力发展第四大业务。从2016年开始，联想大力发展第四大业务，即创投业务，大量投资于创新型创业公司，并在深圳和香港设立创业加速器。

（二）产品战略

PC方面。2016年，联想正式对外发布了X系列新款笔记本电脑——ThinkPad X270。该款笔记本电脑搭载了"商业公路勇士系统"（business road warrior system），续航可以达到20小时。ThinkPad X270采用了12.5英寸显示屏（提供1080P、1080P触控和720P的选择），搭载最新的Intel Core i系列处理器（集成显卡），最高16GB内存、2TB HDD或512GB SSD，支持杜比音效。此外还有军规级防护标准、全新指纹识别系统以及dTPM 2.0联想精准触控板等等，并运行Windows 10系统。手机方面，联想集团在美国硅谷举办的第二届全球科技创新大会上发布了全新旗舰手机摩托罗拉Moto Z系列，包括Moto Z和高配版Moto Z Force，同时还包括这两款手机的扩展模块Moto Mods，搭载了快速充电等功能。

第二节　浪潮集团有限公司

一、总体发展情况

2016年，浪潮集团总营业收入为126.68亿元，高于2015年的101.23亿元，同比增长25.14%。实现净利润为2.87亿元，同比下降36.11%。知名市场机构Gartner的数据显示，2016年第一季度，浪潮服务器在国内市场销售额和出货量均为第一。此外，浪潮四路服务器，连续 2 个季度占据全球市场第一；浪潮八路服务器，连续 10 个季度占据中国市场第一。2016 年前三季度，浪潮服务器销售额累计中国市场第一，2016 年 Q1—Q3，浪潮服务器市场占有率达到 18%。在全球市场，浪潮服务器出货量全球第五，增速为第一；出货量同比增长 28%，销售额同比增长 31%。

二、企业发展策略

（一）产品战略

2016 年第三季度，浪潮天梭 K1 在 10 万—50 万美元的 NON－x86 市场段，份额进一步提升至 25.3%，和市场第一的差距进一步缩小。浪潮天梭 K1 已经在金融、公安、财税等十几个行业实现应用，同时，承担应用的关键程度也越来越高，湖南有线的 BOSS 平台升级、中国银行河南分行的特色系统、ETC 全国清分结算系统等都迁移到了天梭 K1 上。2017 年，浪潮将会推出新一代关键应用主机，并同时推出系列一体化解决方案，形成完整的高端业务布局。

（二）市场战略

从 2016 第三季度开始，金融、电信、石油、电力等传统高端行业用户开始年度集采，浪潮在行业集采中不断获得大笔订单，成为双路、四路、八路等 X86 产品出货增长的重要因素。据统计，浪潮连续 5 年入围国家电网集采，在国家电网和南方电网的采购占比保持在 30% 左右，在移动、电信和联通三大运营商也占据了主要的出货份额，仅在第三季度，浪潮在已经招标的联通和电信的集采中，占比第一。SR 整机柜服务器是主要出货的产品，在阿里巴巴、百度、中国移动等大型互联网、电信运营商中累计出货超过 10 万节点，刚刚推出的新品 SR4.5 整机柜配置领先的 SAS 和 PCI－E 交换技术，实现了存储和 PCI－E 资源的重构和池化，并且采用了效率超过 99% 的分布式供电技术BBU。

浪潮一直在加速全球化战略的布局，建立全球化的运营体系，目前在美国、欧洲的市场影响力提升很快，云计算服务运营商等重点客户的开拓卓有成效，随着业务的"走出去"，浪潮会逐步成为全球领先的云计算产品和方案供应商，实现 2020 年从全球前五到全球前三。

（三）创新战略

深化云战略加速全球化。2016 年，浪潮继续深化以数据为核心的云计算战略，围绕云数据中心、云服务、大数据三大重心打造世界级的平台产品，通过组织机构的变革、核心技术和商业模式的创新、能力体系的建设，加快全球化步伐。浪潮对行业趋势的预判和长期发展战略与此不谋而合。2016 年，浪潮围绕云数据中心、云服务、大数据三大业务取得了显著成绩。浪潮云数据中心整体构建能力和创新能力得到进一步提升。通过打造云海卓数平台，浪潮帮助政府和企业采集互联网数据，并与内部数据整合，进而分析利用这些数据，帮助政府提升社会治理能力，为企业、创客创新创业等提供数据资源。目前浪潮通过云海卓数平台已采集超过 35PB 互联网数据，在贵州、沈阳、北京、济南等地打造"大数据创客中心"，支持引导创新创业项目近百个；为广州搭建全市统一政府数据开放平台，已梳理来自医院、人社、交通等数据集 8100 类，采集数据 150 万条。

浪潮计划于 2020 年实现收入突破 1000 亿元；服务器进入全球前三，存储全球前五，为 200 个区域政府提供政务云服务，完成产品、方案向运营服务供应商转型；在 150 个国家实现销售，海外收入占比 40%。继续深化以数据为核心的云计算战略，全面发力云数据中心、云服务、大数据三大业务重心，构建全球化的运营体系、研发体系、方案体系、交付体系和服务体系，为未来五年的发展夯实基础。在云数据中心领域，浪潮将继续强化芯片级的研发能力，发布 64 路关键应用主机等产品，发力高端网络产品，完善云数据中心全线产品和整体解决方案，打造与世界同步水平的云数据中心，支撑中国云建设。继续以服务器、存储为核心，重点突破美国、欧洲和日本等发达国家市场，以云计算中心为载体，聚焦拉美、非洲、东南亚及"一带一路"沿线国家，输出中国云计算的先进技术和成功模式。

第三节　曙光信息产业有限公司

一、总体发展情况

2016 年，曙光信息产业有限公司在营收和利润方面均保持了两位数增长。其中，年营业收入达到 43.60 亿元，同比增长 19.06%；利润总额 2.81 亿元，同比增长 39.08%。在三大主营业务板块的营业收入方面，包括高端计算机和存储产品在内的传统硬件产品业务营业收入稳步增长，增长率分别达到 14.67% 和 19.82%。在利润更高的新兴业务，即软件开发、系统集成及技术服务板块，实现了 59.54% 的迅猛增长，业务占比进一步提升。

二、企业发展策略

（一）市场战略

2016 年，公司持续针对高端计算机、存储、云计算、自主软件等主营业务开展研发工作，掌握了大量高端计算机、存储和云计算领域的核心技术，在本领域实现了国内领先并达到国际先进水平。上半年，曙光公司新增专利申请 130 项，获得发明专利授权 38 项。在世界超算 TOP500 榜单上，曙光公司入围机器数量占整体份额的 10%，居全球第四；在 Green500 中的前 10 大超算系统中，公司上榜 3 套。

（二）产品战略

2016 年，公司推出了用于高性能计算和云计算等应用领域的 M－Pro 架构的服务器；向中国电信等电信运营商顺利交付了一体化设计的整机柜 TC5600 和融合架构的 TC4600T 高密度服务器；发布了业界领先的具备高密度、低功耗、易管理等特点星河云服务器系统 SDC1000；I610－G20 的 SPECint 和 SPECint_ base 性能测试成绩获得全球第一。发布了新一代 ParaStor300 并行分布式云存储产品，除保持在 HPC、气象环保、广媒等行业及领域的竞争优势外，在视频监控、卫星遥感、云计算等领域也有出色的表现；公司针对现有磁盘阵列产品进行了优化升级，为中高端企业级用户推出专门的性能优化和容灾解决方案。自主设计研发了高性能100Gbps接口网络流量分析处理平台，采用数通正交架构，整机交换能力高达3.84Tbps，网络包处理能力高达2.88Tbps，可以有效满足运营商、数据中心等客户的网络流量处理需求。公司参股的天津海光，与业界知名的AMD公司进行技术合作，将在集成电路芯片领域开展相关的研发工作。

（三）创新战略

曙光公司不断优化渠道管理能力，加大对渠道合作伙伴的支持力度，加大公司渠道网络的延伸力度，与经销商形成良好的长期业务合作关系，为经销商提供更多的产品销售支持，提高公司产品的市场覆盖率。公司实施的"Open&Invest"（合作、共赢）国际战略已初见成效，在俄罗斯等地开设办事机构，开展业务运营工作。2016年2月，曙光公司联合30多家企业成立了"中国智慧城市产业联合体"，以打造智慧城市完整产业链。

第四节　华为技术有限公司

一、总体发展情况

2016年，华为公司销售收入达到5200亿元人民币，同比增长32%，高于2015年的3950亿元。海外业务收入占比超过60%。消费者业务增长迅速，2016年智能手机销量达到1.39亿部。企业业务方面，华为服务器在全球范围内的出货量已经在2016年Q3超过浪潮，成为世界第四。Gartner报告指出，2016年第三季度全球服务器营收同比下降5.8%，出货量下降2.6%，华为的出货量却有所提升。

二、企业发展策略

(一) 市场战略

华为重点开拓两类高密度服务器产品市场，一类是超融合基础设施 FusionCube 系列，强调部署简单、快速，维护方便；另一类是面向大规模云数据中心的低能耗、高计算密度服务器，主要以刀片式和高密度服务器为主。已形成了一套面向私有云、公有云、运营商转型的广泛产业线，包括超融合、重构云基础设施 FusionCube，创新、加速计算的 FusionServer，引领 SSD 走向 NVMe 时代的 TaiShan，支撑关键业务从封闭到开放的 KunLun。

(二) 创新战略

近年来，华为的大力投入使得智能手机和服务器业务获得快速发展。一方面，云计算、大数据、移动和社交网络的兴起，使市场需求快速增长，对华为服务器扩大业务提供了绝佳的机会；另一方面，近年来，华为也持续地加强了对研发的投入，拥有集服务器研发、生产、交付于一体的全球研发网络，因而得到用户的青睐。此外，华为开始在关乎国计民生的重要行业中崭露头角，加大其高端产品的销售力度，其高端高配服务器在电信、金融、政府、电力等行业的渗透率不断提升，促进了营业额的快速攀升。在高密度服务器领域，华为通过持续创新不断刷新高密度、高扩展、绿色节能在业界高密度服务器领域的纪录。在行业细分市场上，华为服务器几乎已经覆盖各行各业，目前互联网、电信、电力、银行、公安、政府和教育等重点行业占据着大头。随着金融行业对 IT 技术的需求不断增加，银行市场也成为华为服务器一个重点关注的市场。

在智能手机领域，华为不断加大研发投入，持续加大创新力度，自主研制麒麟系列芯片和操作系统，并搭载在 Mate 和 P 系列的中高端手机上，获得了巨大成功。目前，华为巩固其全球手机行业第三的位置，占据公司总销售接近三分之一。得益于网络设备制造商的 20 多年经验，华为已经拥有了强大的全球销售网络以及强大的研发能力。

(三) 产品战略

智能手机方面。2016 年，华为发布了新旗舰智能手机 Mate 9。配置方面，

Mate 9 搭载华为最新旗舰处理器麒麟 960，内置 6GB 内存，后置徕卡双镜头，支持超级快充。服务器方面。华为在 2016 年主打的服务器是基于 x86 架构的 32 路开放架构小型机 KunLun，于 3 月发布。产品主要特点有两个：NC 芯片支持 32 个处理器互联以及 RAS 2.0。前者可以提高计算量，增加性能。

第二十五章　通信设备行业重点企业

2016年，国内通信设备企业进一步发展壮大，在智能手机业务带动下，华为营收继续保持高速增长态势，研发投入超过苹果、思科等国外巨头企业；中兴通讯遭到美国商务部调查，并再次遭到美国"337调查"，面临着市场、技术专利乃至政治层面的多重挑战；烽火通信坚持自主创新，推出的光纤产品再次刷新了光传输世界纪录；OPPO智能手机业务实现飞速发展，成为中国智能手机市场第一、全球出货量第四的手机品牌；锐捷网络坚持和贯彻"爆品"战略，推出了面向轨道交通行业的"车载移动系列AP解决方案"、教育行业的"轻量级智分+解决方案"、医疗行业的"5G零漫游解决方案"等明星产品。

第一节　华为技术有限公司

一、发展情况

2016年，华为实现销售收入约5200亿元人民币，同比增长32%。华为在过去10年间的研发投入达到约380亿美元。在2016年全球研发投入排名前十的企业中，华为名列第九，约92亿美元，已超过苹果、思科等国外巨头企业。

华为在欧洲市场智能手机销量表现良好。据凯度移动通信消费者指数（Kantar Worldpanel ComTech）数据，2016年第三季度在欧洲市场最大的五个国家（英国、德国、法国、意大利和西班牙），华为以7.4%的同比增长，12.5%的市场份额，与三星、苹果位居第一阵营。其中在意大利的市场份额达到 27.3%，较上年同期增长 15.2%，已超过三星的 24.7%，成为意大利市场占有率最高的手机品牌；在西班牙，华为 23.3% 的市场份额也已非常接近三星，仅低于三星 0.9 个百分点；在法国，华为紧追本土品牌 Wiko，从增长速度看，华为可能很快将成为第三大品牌。除了市场份额的增长，华为 400—500 欧元档位的手机在西班牙、意大利、比利时等欧洲国家销量均排名前三。

华为在亚太、拉美、中东及非洲等新兴市场及美国市场表现不一。调研机构 GFK 的报告显示，在属于北非和南太平洋地区中的埃及，华为智能手机市场份额达到了 21.9%，品牌知名度高达 93%；在新西兰，华为智能手机市场份额突破 15%；而在隶属于拉美、中亚等新兴市场的个别国家，华为智能手机销量翻番，比如在智利实现了 200% 的增长，在秘鲁则实现了 134% 的增长。而在国内厂商扎堆进入的新兴手机市场代表之一的印度手机市场，华为的表现不尽如人意。据 IDC 发布的 2016 年第三季度印度手机市场出货量排名统计，三星、联想、小米位列前三，而 OPPO 和 vivo 的份额在不断扩大，与之相比，华为在印度手机市场的占有率徘徊在第十位左右。此外，在美国手机市场的推进却非常缓慢。研究公司 Canalys 称，2016 年第三季度华为在美国手机市场的占有率仅为 0.4%。苹果公司和三星电子在美国市场的占有率分别为 39% 和 23%。

二、发展策略

注重国际化品牌推广。华为 P9 获得欧洲影音协会 EISA（European Imaging and Sound Association）颁发的"2016—2017 年度欧洲最佳消费者智能手机大奖"，这是华为手机继之前的 P6、P7、P8 之后，连续第四年获得此殊荣，表明了华为品牌影响力的迅速提升。全球知名调研机构 IPSOS 的数据显示，华为全球品牌知名度从 2012 年的 25% 上升到了 2015 年的 76%，有超过 3/4 的消费者知道华为手机。华为品牌全球净推荐值上升至 47，位列全球前三甲。2016 年，华为以 186.52 亿美元的品牌价值再次入选 Brand Z 全球最具价值品牌榜百强，排名从 2015 年的第 70 位提升至第 50 位；而在 Interbrand 全球最具价值品牌 100 强则从第 88 名前进到第 72 名。

注重产品创新。华为产品本身的创新及由此带来的超越对手的体验才是其以不变应万变的核心竞争力。例如针对手机摄像体验越来越重要，相较竞争厂商实现出众拍摄能力越来越难，更高像素的摄像头并不意味着更好照片质量的当下，华为 P9 通过与专业摄影领域的标志性品牌徕卡合作，利用徕卡双摄像头设计把手机摄影提升到全新的水准，以及 Mate9 独具特色的首款基于全新 Android7.0 自家 EMUI 5.0 系统让用户感受永不卡顿的体验，均再次征明了华为这种产品创新的核心竞争力。

第二节　中兴通讯股份有限公司

一、发展情况

中兴通讯位居全球四大通信设备商、全球 ICT 企业 50 强之列，2016 年研发投入达 130 多亿元，居 A 股上市公司首位。2016 年 2 月，在巴塞罗那移动通信展上，中兴通讯 Pre5G Massive MIMO 斩获通信"奥斯卡"双料大奖——"最佳移动技术突破奖"及"CTO 选择奖"。在 LTE 领域，中兴通讯打造 4G 精品网，助推国内三大运营商 VoLTE 网络建设，率先完成全国现网 First Call。由中兴通讯承建的 4G 网络，在多个国家第三方组织的网络性能测评中，夺得"冠军"网络称号。出色的市场表现，使得中兴通讯 LTE 产品入选 Gartner2016 年"魔力象限领导者"。在骨干网领域，中兴通讯 400G 核心路由器 T8000 在中国联通 IP 骨干网集采中获得头名，确立了自己的市场地位，成为了运营商大 T 值得信赖的产品。在有线承载领域，中兴通讯发力大视频，创新性地提出了三步网络演进策略，并采用 SDN/NFV 虚拟化技术以及网络重构方案解决大视频运维困境，有效降低运营商投资以及运维成本。此外，在智慧城市领域，中兴通讯 2016 年硕果累累，智慧城市 2.0 样板"银川模式"受到高度认可，并提出了智慧城市 3.0，在沈阳首先开展应用。在终端领域，殷一民回归执掌终端事业部，手机业务前景值得期待。同时，2016 年中兴通讯也遭到美国商务部调查，再次遭到美国"337 调查"，面临着市场、技术专利乃至政治层面的多重挑战。

二、发展策略

为未来积极布局。中兴通讯在 2016 年最具深远意义的举措，是提出了 M – ICT2.0 战略，界定了公司面向未来的五大战略方向：虚拟（Virtuality）、开放（Openness）、智能（Intelligence）、云化（Cloudification）和万物互联（Internet of Everything），概括为"VOICE"，构成了中兴通讯面向数字化转型的核心要素。值得一提的是，M – ICT 战略正是中兴研究人员在 2014 年首先提出和推动的，M – ICT2.0 可以说与公司战略一脉相承。围绕这一战略，中兴通讯已经在多个关键领域进行了布局，并通过大量的研发投入和产业合作深挖护城河。

持续推进知识产权战略。从 2007 年开始，中兴通讯就开始探索如何进一步有效盘活企业知识产权资产，充分利用知识产权的竞争属性及资产属性，以获取直接或者间接经营收入的方式，取得了一系列的进展和效果，主要体现在标准嵌入、运营收益、交叉许可三个方面。2016 年 9 月，中兴通讯与爱立信、高通等企业一起，发起成立"Avanci 专利授权平台"，旨在使物联网公司能够更容易在其连接设备中嵌入蜂窝技术，并侧重针对互联汽车及智能电表的 2G/3G/4G 蜂窝技术授权。中兴通讯是 5 家发起人中唯一的一家中国企业。截至 2016 年 6 月 30 日，中兴通讯全球专利申请量超过 6.8 万件，其中超过 90% 为发明专利；已获得授权专利超过 2.5 万件，欧美终端专利授权 2000 件；PCT 申请量连续六年位居全球前三。2016 年，中兴通讯再次取得"337 调查"胜诉，面对严苛的"337 调查"已经取得五连胜。

第三节　烽火通信科技有限公司

一、发展情况

烽火通信是我国主要的信息通信领域产品和综合解决方案提供商之一，业务覆盖光纤通信、数据通信、无线通信与智能化应用四大领域，是目前全球唯一集光电器件、光纤光缆、光通信系统和网络于一体的高新技术企业集团。烽火通信财报显示，2016 年共实现营收 173.61 亿元，同比增长 28.7%；净利润 7.6 亿元，同比增长 15.61%。2016 年 8 月，烽火通信再次刷新了光传输世界纪录，达到每秒 400T。一根头发丝粗细的光纤，可容纳全球 48 亿人同时在线通话。这是 3 年来烽火通信第五次成功冲击世界纪录，烽火因"光"而诞生的创新活力再次呈现。

二、发展策略

坚持"光通信专家"战略定位。烽火通信选择"专注光通信，做光通信专家"的发展方向，坚持走自主创新之路，投入大量资源进行技术与流程创新，每年将收入的 10% 用于研究和开发企业独有的核心技术，即使在国际金融危机到来时也没有减少。

积极开拓海洋通信领域。烽火通信以发展海洋经济、海洋研究和维护国家安全为己任，致力于海洋网络通信全面解决方案和总包业务，面向包括海底光中继器在内的海洋通信全套系统，开发完全自主知识产权核心产品。同时，努力借助国内企业积累 10 多年的制造交付经验，联合国内同行一起加速推动海洋网络本土化发展，力争与国际巨头一起共同促进海洋通信建设。

第四节　广东欧珀移动通信有限公司

一、发展情况

广东欧珀移动通信有限公司（简称"OPPO"），成立于 2004 年，是一家全球性的智能终端制造商和移动互联网服务提供商，致力于为客户提供先进和精致的智能手机、高端影音设备和移动互联网产品与服务。OPPO 业务从 MP3、MP4、蓝光高清影音逐步进入手机和移动互联网等领域，如今 OPPO 正致力于打造专业化的智能手机与移动互联网公司。根据 IDC、IHS Research 多家市场研究机构的数据，2016 年三季度 OPPO 成为中国智能手机市场第一、全球出货量第四的手机品牌。

二、发展策略

注重营销宣传。OPPO 在宣传营销方面不遗余力，其广告不但在现实中的商场、公交站等人群密集的地方随处可见，而且在网络中的影视节目、弹窗等广告位上也不乏它的身影。另外，"充电五分钟，通话两小时"这样的宣传，也被人们所熟知，这种营销上的成功可以说是目前国内大部分手机厂所难以比拟的。

注重渠道建设。与大多数手机企业从 2015 年开始重金投入渠道建设不同，OPPO 在 2008 年就启动了手机代理商制度，截至 2016 年 10 月，OPPO 在国内共计 570 家客户服务中心以及 20 多万的销售网点，助力 OPPO 成就了今天的地位。值得重视的是，OPPO 选择代理商并不是把对方规模大小放在首位，而是考察是否跟 OPPO 价值观相通。这种双方之间对于理念的认同，使得 OPPO 与渠道代理商之间建立了牢固的信任关系和长期稳定的利润来源，也是今天很多手机品牌花费重金却很难撬动的渠道"防火墙"。

第五节　锐捷网络股份有限公司

一、发展情况

锐捷网络股份有限公司是中国数据通信解决方案知名品牌，主要业务是为互联网、运营商、政府、金融、能源、制造、教育、医疗卫生、文化体育、交通等行业用户构建端到端的解决方案。锐捷网络拥有 40 个分支机构，营销及服务网络覆盖亚洲、欧洲、北美洲和南美洲，现有员工 4000 余名，其中 2000 余名研发人员分布在福州、北京、上海、成都和天津五大研发中心。作为中国数据通信领域唯一跻身国家首批"创新型企业"行列的优秀代表，锐捷网络每年将 15% 的销售收入投入研发，其中 30% 的研发经费投入高端技术的预研。多年来，锐捷网络在自主研发的创新之路上稳健前行，引领和推动中国前沿网络技术的发展。

二、发展策略

坚持和贯彻"爆品"战略。扎根行业"场景"、挖掘客户"痛点"、攻克业界"难题"、匠造极致"爆品"是锐捷网络能够成为"全场景无线实力派"的成功链条。根据 IDC 数据统计，锐捷网络已经成为中国企业级无线市场的实际领导者，在高教、服务、传媒、交通、零售、制造、医疗、金融这八个份额最大的行业市场中，锐捷占据了四个"第一"，其余行业也都获得了令人称羡的突破。帮助用户解决"别人解决不了的一级痛点"正是其中的"秘诀"。几款帮助锐捷无线赢得"全场景实力派"美誉的明星产品，像轨道交通行业的"车载移动系列 AP 解决方案"、教育行业的"轻量级智分＋解决方案"、医疗行业的"5G 零漫游解决方案"等，都是在这一理念下产生的，并最终在用户的实际应用中取得良好效果。

第二十六章　数字视听设备行业重点企业

　　2016 年，我国数字视听企业在国际上的影响力逐渐扩大，在全球十大液晶电视品牌中中国占据 5 家。从 2016 年重点企业发展情况看，在技术创新上，企业的自主创新能力不断提升，新技术和产品推陈出新，国产电视芯片、国内第一台自主知识产权的 OLED 电视、量子点电视、4K 激光电视、人工智能电视、增强现实电视、互联网电视等创新产品亮点纷呈；在国际市场开拓方面，彩电企业积极布局"一带一路"沿线国家，已在印尼、越南、巴基斯坦、捷克、波兰、德国、阿联酋等"一带一路"沿线国家成立分公司、贸易公司或办事处，加速本地化经营，满足国际客户的细分需求；在产业生态建设上，企业均开始布局"制作＋内容＋服务"的生态体系，形成硬件和内容、服务相融合的新形态。

第一节　TCL 集团股份有限公司

一、总体发展情况

　　2016 年，TCL 集团实现营业收入 1065 亿元，同比增长 1.81%；净利润 21.4 亿元，同比下降 33.82%；归属于上市公司股东的净利润 16 亿元，同比下降 37.59%。TCL 集团的"双＋"战略转型取得了较大进展，主要产品销售持续增长，可运营终端及活跃用户数快速提升。2015 年多媒体电子终端销量超过 2000 万台，全球排名第三位；互联网应用及服务事业本部的用户数量快速增长，TV＋智能网络电视平台的累计激活用户超过 1700 万，移动互联网应用平台累计激活用户数超过 5500 万，海外移动互联网业务取得突破。得益于公司在北美、南美、欧洲、新兴市场等与多家当地家电企业合作，以及奥运会等体育赛事拉动需求，2016 年 TCL 多媒体海外市场电视机销售量同比增长30.2%。其中，华星光电的运营效率、产能利用率继续保持业内领先水平，2016 年投片量282.5 万片，同比增长47%，实现销售收入152.67 亿元，同比增长20.1%，净利润13.31 亿元，同比下降25.67%，2017 年一季度启动柔性 AM–OLED 项目建设。TCL 连续九年入选由美国国际数据集团（IDG）主办的"全球消费电子品牌50 强"及"中国消费电子品牌10 强"，公司推出的量子点电视机荣获 CES"年度全球显示技术创新奖"。

二、企业发展战略

2016 年，TCL 集团持续推进"智能＋互联网"战略转型及建立"产品＋服务"商业模式的"双＋"转型战略，提升各产业的工业能力、技术能力、品牌及全球化能力和互联网应用服务能力。同时，继续以创新驱动发展，力争在智能技术和半导体显示技术领域取得突破，建立产品和技术的竞争优势。

TCL 集团通过投资和战略合作，持续布局半导体显示、芯片设计及智能制造领域，并深度整合线上线下渠道、物流及服务业务体系，以构建打通全球领先科技与先进制造及全网服务体系的产业生态。TCL 集团正积极推动旗下半导体显示业务的重组，并联合深圳市经信委和三星显示共同投资全球最高的 11 代液晶面板生产线。TCL 集团为旗下物流业务平台速必达引入战略投资者希杰大韩通运，拟结合后者领先的解决方案和物流体系，将速必达打造为国内领先的社会化家电物流服务平台。为加速外延式布局，TCL 集团与紫光集团、长江引导基金和湖北科投分别组建了两只目标百亿规模的产业并购基金，聚焦于 TMT、"工业 4.0""中国制造 2025"等行业的直接投资和并购；与伟星新材、浙大网新等上市公司共同成立产业基金，投资新能源、新材料、医疗健康、高端装备、文化创意等行业，协同构建产业生态优势。2016 年，在产品端，TCL 多媒体电子推出了高端品牌 XESS 创逸 X1、X2 系列电视产品，采用量子点显示材料，在中国市场的 4K 电视占品牌销量的比重上升至34.4%。TCL 多媒体电子与乐视、腾讯等互联网生态合作伙伴共同在创新产品研发、优质内容共享、垂直服务领域的用户联合运营等多个领域开展深度合作，并取得了实质性进展。

第二节　青岛海信电器股份有限公司

一、总体发展情况

2016 年，海信公司实现营业收入 318.32 亿元，同比增长 5.44%；实现归属于上市公司股东的净利润 17.59 亿元，同比增长 18.14%。海信公司通过坚持发展自主创新技术，大力推广 ULED 超画质液晶电视、激光电视和高端互联网电视，引领技术和产品升级。2016 年，海信发布了全球首款 DLP 超短焦 4K 激光电视；2017 年 1 月，在美国国际消费电子展（CES）上推出全球首款双色 4K 激光电视。海信在激光电视显示技术领域完成从高清到 4K 再到双色 4K 技术的覆盖。2016 年，受激光电视销售拉动，海信在 85 英寸及以上超大屏市场销售额占有率达到 50.03%，成为中国超大屏电视的首选产品。2016 年，海信互联网电视全球激活用户数达到 2343 万，其中国内日活用户数突破 900 万。根据中怡康的数据，2016 年，海信公司以 17.6% 的零售额份额连续 13 年占据国内市场份额第一。根据 IHS 全球彩电出货数据，2016 年，海信电视出货量全球第三，同时，海信智能电视、4K 电视、曲面电视等高端产品也位居全球第三，成为全球高端电视三强品牌。

二、企业发展战略

2016 年，海信公司坚持"技术立企，稳健经营"的战略，持续推出多款 ULED 液晶电视新产品，上市销售 4K 激光电视，发布高端互联网电视子品牌"VIDAA"，开展体育营销活动，市场占有率和盈利能力持续提高。在 ULED 方面，海信公司推进 ULED 技术提升，推出了 ULED 超画质电视。截至目前，海信公司申请两百余项相关技术专利。海信自主技术创新产品 ULED 超画质电视，确立了"高动态显示""高色域""高清晰""高运动流畅"的彩电画质升级方向，其峰值亮度、对比度、色彩表现等核心画质指标达到行业领先水平。截至目前，海信激光显示方向申请发明专利 320 项，其中已经授权 74 项。在互联网电视方面，海信公司围绕视频、教育、游戏、购物等核心业务持续提升用户运营服务，为海信互联网电视用户提供视频应用"聚好看"、游戏应用"聚好玩"、教育应用"聚好学"、购物应用"聚享购"、应用商店"聚好用"等互联网电视核心应用。海信公司立足自主创新，2016 年，海信自主研发的 Hi - View Pro 画质引擎芯片全面应用到 ULED 超画质电视上，是中国第一个自主研发的超高清画质引擎芯片。

第三节　康佳集团股份有限公司

一、总体发展情况

2016 年，康佳公司共实现营业总收入 203 亿元，同比增长 10.35%；实现归属于上市公司股东的净利润 9567.3 万元，同比增长 107.61%。康佳公司的主要业务有彩电业务、手机业务和白电业务，其中彩电业务主要分为内销彩电业务、外销彩电业务和互联网业务。2016 年度，康佳公司积极整合资源，统筹提升主营业务的研发、制造和供应链能力，并根据市场情况，同步积极调整产品布局与营销策略，彩电业务盈利能力有所改善。康佳公司外销彩电业务以 B2B 为主，B2C 为辅开展业务，营销范围遍布亚太、中东、中南美以及东欧等多个区域市场，通过巩固现有客户、狠抓空白市场开拓和调整营销策略，在成本快速上升的情况下，整机出货同比增长达 30%。康佳公司互联网业务以智能电视终端为基础，主要开展三方面的业务：首先是与其他互联网公司合作，通过为用户提供包括视频、教育、音乐、医疗、游戏等内容服务获得收益；其次是在分析用户行为数据的基础上提供部分公益性、互动性服务，增强用户黏性、传播品牌，增加硬件销售机会；最后是逐步打造千万级用户平台，通过广告和分发应用获得收益。

二、企业发展战略

2016 年，康佳公司开始由过去单一的硬件终端的发展模式，正式向"硬件＋软件""终端＋用户"的发展模式升级、转型。康佳公司除了卖产品之外，还开展了软件方面的服务以及用户方面的运营。康佳公司继续推进向互联网转型的战略，根据智能电视行业现状，逐步为用户提供专业化的、优质的互联网内容服务，着力打造了广告、支付、用户运营和数据挖掘四大系统，通过为用户提供专业化的、优质的互联网内容服务，智能电视运营收益取得实质性突破。同时，公司通过资源整合，积极寻求在智能化产品、云计算和网络化技术应用及应用软件等方面获得实质性的突破，不断加强技术创新的力度和厚度，以提升公司的整体竞争优势。

第四节　四川长虹电器股份有限公司

一、总体发展情况

2016 年，四川长虹电器股份有限公司实现营业收入 671.75 亿元，较上年同期增长 3.59％；实现利润总额 14.42 亿元，归属于上市公司股东的净利润为 5.55 亿元。长虹核心主业产品竞争能力和盈利能力增强，彩电 55 英寸及以上尺寸、4K 电视销量同比增长 87.5％和 113.4％。长虹在智能科技领域取得诸多突破，2016 年 7 月，长虹推出全球首款人工智能电视，长虹智能电视、智能冰箱、智能空调产品等海外市场占有率稳步提升。2016 年，长虹海外业务收入实现 19.73 亿美元，同比增长 3％。

二、企业发展战略

一是推进渠道变革与销售转型。依托长虹多品类产品的协同优势，不断强化苏宁、国美、区域性连锁、基础渠道等线下战略渠道及天猫、京东线上战略渠道的业务拓展与协同。

二是推动制造转型，提升工业能力。进一步强化模块化设计与制造能力，完成电视、冰柜新品试制；开展智能制造生产模式研究，建立了电视智能制造标杆线；加快了关键岗位智能装备及自动化系统的开发应用。

三是创新商业模式，推动成熟产业"再接新枝"。多媒体板块加快了用户运营业务的孵化与推进，积极开展"同步院线、开机广告"等互联网增值业务；白电板块积极推动"智能、深冷、健康家电"等业务加快发展，完备了"地能热冷一体机"等产品系列。

四是推动 IT 产业服务转型。优化产品结构，一方面削减低毛利产品，同时拓展云服务、存储、智能家居、影音娱乐等领域的分销业务；加强与业务伙伴在汽车电子、位置服务等领域的商业合作；大力发展有自主特色的大数据融合平台解决方案。

五是潜心打造"增长新引擎"。定位于物联网社区 O2O 服务平台的点点帮公司，在极短时间内取得了较好的市场开拓与用户圈集的成绩，点点帮 APP 激活用户数突破 30 万，获得了市场基金、机构的热情关注；着眼于互联网医疗电子业务的智慧健康公司，在极短时间内与所在地的众多医疗资源建立了线上、线下的双重业务合作关系；此外，公司在供应链服务、金融服务、新能源汽车电源、新能源材料等领域的项目正在加快推进。

六是实施了平台化分类改革与价值转型。重新优化了各类平台定位，对内坚持"业务驱动、支持发展"原则，对外秉持"参与竞争，实现盈利"原则，实施平台分类改革，推进数字营销平台、采购平台、技术平台、资金平台、投资平台的经营转型。

第五节　创维数字股份有限公司

一、总体发展情况

2016 年，创维数字的营业收入为 59.27 亿元，同比增长 8.19%；净利润为 5.27 亿元，同比增长 7.3%；归属于上市公司股东的净利润为 4.86 亿元，同比增长 6.67%。创维数字主营业务为数字电视智能终端及软件系统与平台的研究、开发、生产、销售、运营与服务，主要面向国内广电运营商、通信运营商及全球海外运营商，以及国内 B2C 与海外欧洲 B2B2C 的零售市场。

2016 年，创维数字利用海外并购获得的品牌及渠道优势，配合双品牌战略的实施，以及美兹 OLED 在柏林 IFA 电子展上获得五大奖项，奠定了"Skyworth"及"Metz"在欧洲的品牌地位；其次，数字机顶盒也于海外打造多元化的市场、销售渠道和服务平台，并逐步建立和完善全球化的供应链、制造及服务体系，令彩电及数字机顶盒于海外市场的营业额创历史新高。2016 年，创维数字在全球存储等原材料供给趋紧、价格上涨等外部环境下，保持了多业务的持续增长。

二、企业发展战略

在彩电方面，大力打造高端品牌。创维数字聚焦于中国大陆彩电市场大屏幕及超高清电子产品，不断加强高端品牌的实力与地位，集中推广高毛利及平均售价较高的智能产品，令 4K 智能电视机于中国大陆市场的销售量占比大幅升至 42.1%，同比则上升 69.6%。

在机顶盒方面，创维数字国内市场多元化发展，海外深化全球化战略布局。2016 年 7 月，创维以第一中标人获得中国电信 2016 年 IPTV 智能机顶盒集中采购项目约 23% 的份额，巩固了集团于行业中的地位，与广电运营商合作开发的"医疗健康 + 电视视频"应用程式业务在 2016 年开始大规模投入，并覆盖不同地区的医院；与腾讯合作打造 MiniStation 微游戏机，进军客厅娱乐。数字机顶盒于海外市场采取全球化战略布局，落实了南非、印度、泰国等地国际化和本地化的团队，并逐步建立和完善全球化供应链、生产及服务体系，实现海外和本地资源配置。上半年，印度、南非等地区的订单交付大幅增长，加上法国等市场将所有的数字电视广播转换为 MPEG4 以及高清格式，导致需求大幅增加。下半年，德国等市场 DVB－T 向 T2 HEVC 的整体转换启动，对海外市场的销售将产生积极的影响。

2016 年，创维数字深化双品牌运营战略，在欧洲实行"Skyworth + Metz"的双品牌战略，加快扩张的步伐，进入法国、比利时、意大利等 11 个欧洲国家的市场，海外业务量增长迅速。随着市场开拓的深入，以及 OLED 高端产品的进一步推广，创维数字在欧洲的业务会保持高速增长的势头。在东南亚市场，创维数字收购了东芝的印尼工厂，加快集团在东南亚市场的战略布局，未来将以印尼为据点辐射整个东南亚市场、统一供应链，并因地制宜尝试多种运营模式积极扩大市场份额，让集团在国际化道路上再上新的台阶。创维数字在以 OEM、ODM 等方式实现海外销售外的同时积极成立海外分公司、办事处，大力宣传及推广集团的自有品牌，令自有品牌于海外市场的知名度及美誉度持续上升。

第六节　乐视网信息技术（北京）股份有限公司

一、总体发展情况

2016 年，乐视营收收入为 219.1 亿元，同比增长 68.64%；营业利润约为 −3.37 亿元，同比降低 586%；归属于上市公司股东的净利润为 5.55 亿元，同比减少 3.19%；每股收益 0.29 元，同比减少 6.45%。乐视构建了互联网及云、内容、大屏三大子生态，实现年营收超 200 亿元，市值超过 600 亿元。因前期乐视超级电视主要以高配置、高性能、极致体验、颠覆价格快速获取用户的原因，以及公司快速发展带来的管理费用、销售费用等上升，使得公司营业利润同比降低。从 2013 年 7 月 3 日上市至 2016 年 10 月底，乐视超级电视累计销售已近 900 万台，成为中国智能电视第一品牌，在市场增速、用户价值、科技实力方面全行业第一。乐视超级电视开创了长期的用户运营模式，依靠互联网运营能力来服务用户，并在运营过程实现商业价值和盈利。

二、企业发展战略

乐视通过"三大颠覆"和"两大领先"，即颠覆的商业模式、盈利模式、营销模式和领先的研发模式、产品价值，打造"平台＋内容＋终端＋应用"的生态体系，在产品形态、用户行为、经营模式、市场格局等方面，打造超级电视成为智能电视第一品牌，将传统电视行业从夕阳产业变成朝阳产业。乐视开启"大屏生态服务运营商"模式，针对用户精耕细作持续打造创新的生态服务，通过生态运营打造全新的大屏互联网生活方式，培养用户在超级电视上的付费习惯，充分释放用户价值，持续引领行业发展趋势。在游戏迷眼中，超级电视＋家庭场景就是游戏厅；在购物用户眼中，超级电视＋家庭场景就是精品 Shopping Mall；在影视迷眼中，超级电视＋家庭场景就是超级剧院。

乐视在超级电视端打造了场景入口广告、超级轮播频道、智能桌面广告、传统 OTT 广告、生态创新合作等营销资源，激活超级电视营销价值。场景入口广告主要包括开机广告、屏保广告、关机广告三大类别，具有用户可识别、100% 触达、曝光可控制的特点。超级轮播频道类似传统电视台，包括贴片广告、视频框、频道合作、智能推荐等广告形式，不同之处是，运营更加灵活，同时还可以看到实时数据。智能桌面广告具有高曝光、精准推荐、原生化特点，广告形式包括桌面推广位、品牌元素植入、乐见桌面智能信息流，其中智能桌面信息流实现了广告与内容的完美融合，让广告千人千面。生态创新合作已吸引了包括梅赛德斯 – 奔驰、宝马、英菲尼迪、迪奥等 200 多个品牌，超级电视已成为行业最具营销价值的平台。

第二十七章　集成电路行业重点企业

2016 年，我国集成电路企业继续保持快速发展态势，创新能力持续增强、经营管理水平显著提升。中芯国际连续宣布新厂投资计划，并连续 18 个季度实现盈利，走向良性的发展道路；江苏长电科技主营业务收入实现翻番；中微半导体正在开发从 65nm 到 5nm 的第三代等离子刻蚀设备。据统计，2016—2017 年，全球各大厂商新建晶圆厂至少有 19 座，其中有 10 多座都将在中国大陆建设，表明我国集成电路产业正迎来产能建设高峰期，晶圆厂的建设将极大拉动和支撑我国集成电路产业链全面发展。

第一节　龙芯中科技术有限公司

一、发展历程

中科院计算所从 2001 年开始研制龙芯系列处理器，经过十多年的积累与发展，于 2010 年由中国科学院和北京市政府共同牵头出资，正式成立龙芯中科技术有限公司，将龙芯处理器的研发成果产业化。龙芯中科公司主营业务为龙芯系列 CPU 设计、生产、销售和服务。主要产品包括面向行业应用的专用小 CPU，面向工控和终端类应用的中 CPU，以及面向桌面 PC 与服务器类应用的大 CPU。为满足市场需求，龙芯中科设有安全应用事业部、通用事业部、嵌入式事业部和广州子公司。在国家安全、电脑及服务器、工控及物联网等领域与合作伙伴展开广泛的市场合作。

表 27 – 1　龙芯中科公司发展历程

发展阶段	主要标志	重点事件
积累期	2001 年，在计算所开始研制龙芯 CPU	科学院、863、973、NSFC、核高基重大专项等支持；经过九年的技术积累，达到世界先进水平。
创业期	2010 年，龙芯团队转型成立公司	与市场结合，形成大、中、小三大系列 CPU 产品；形成了安全应用、通用计算机、嵌入式应用三大市场方向（三个事业部）。
发展期	2014 年，龙芯中科步入高速发展期	在多个领域产品通过产业链到达最终消费者；下游客户中基于龙芯 CPU 的软硬件研发人员达到上万人；2014 年、2015 年连续两年销售收入增长 50% 以上，2015 年销售收入破亿元。

资料来源：公司官网，赛迪智库，2017 年 2 月。

二、业务情况

龙芯中科经过多年的发展，不断推出新产品，公司运营逐渐走上正轨。公司宣布 2015 年销售收入继续保持 50% 以上的增长率水平，总收入首次突破 1 亿元大关，并实现盈利，完成重要的跨越。其中，在安全应用领域，其销售收入已经连续两年保持 50% 的高速增长。在通用应用领域，2015 年的销售收入更是翻了一番还多。在嵌入式应用领域，销售收入连续两年保持成倍增长。

三、技术水平

龙芯主要有三个产品系列，包括面向桌面 PC/服务器类应用的龙芯 3 号大 CPU 系列、面向工控和终端类应用的龙芯 2 号中 CPU 系列和面向特定应用定制的龙芯 1 号小 CPU 系列。龙芯的芯片产品主要面向三大应用领域，包括安全应用、嵌入式应用和通用应用。安全应用方面，控制类系统已呈面上铺开趋势，2015 年销售 2 万多片，信息化类系统处于千片规模试点阶段。嵌入式应用方面，在电力、石油、交通、金融、电信等工业互联网领域，2015 年销售 2 万多片；在防火墙、交换机、加密终端等网络设备领域，2015 年销售近万片；在 JY – SOC、BM – SOC 等 IP 授权，数字电视 SOC、机顶盒 SOC 等领域，2015 年销售 200 多万片。通用应用方面，两类政府主导信息化试点，包括党政办公、保密电脑，2015 年销售 1 万多片；两类单一应用，包括存储服务器、高校实验平台，产品正在逐步进入。

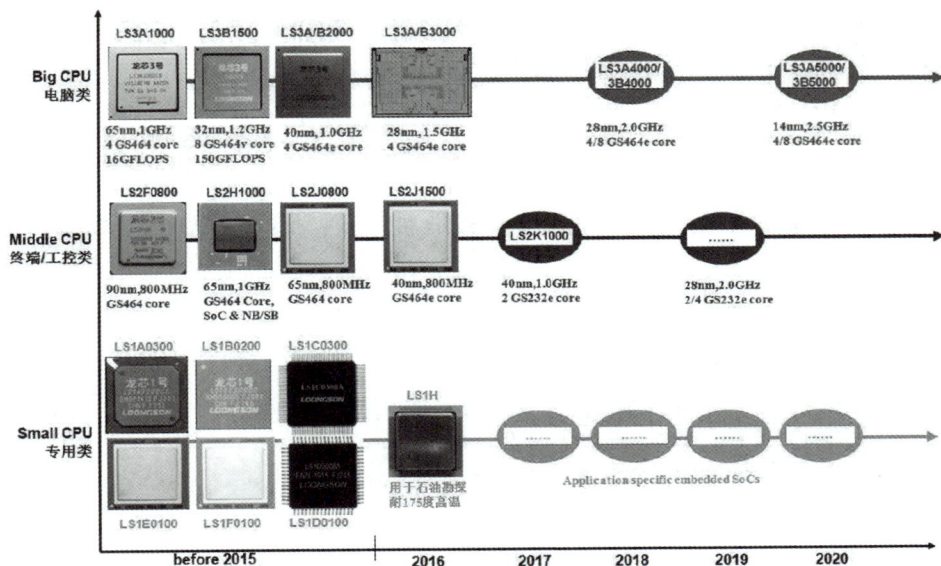

图 27 - 1　龙芯中科 CPU 产品系列路线图

资料来源：公司官网，2017 年 2 月。

四、发展策略

龙芯中科作为国产 CPU 的代表企业，定位坚持面向国家信息化建设的需求，面向国际信息技术前沿，以安全可控为主题，以产业发展为主线，以体系建设为目标，坚持自主创新，掌握计算机软硬件的核心技术，为国家安全及国防安全的战略需求提供自主、安全、可靠的处理器，为信息产业及工业信息化的创新发展提供高性能、低成本、低功耗的处理器。

（一）继续自主研发三大 CPU 系列产品

龙芯将继续加强对三大 CPU 系列产品的研发和生产，包括高端系列、低端系列和专用系列。高端系列主要为龙芯 3 号系列，主要对标英特尔酷睿/至强系列。采用 CPU + 桥片两片方案，实现 4—8 核 CPU，支持多路直连，兼顾桌面 PC 和服务器。同时加强对 3D GPU 技术的研发投入，采用自主研发和企业合作的方式。低端系列主要为龙芯 2 号系列，主要对标英特尔阿童木系列。采用单品 SoC 方案，实现双核架构，集成 SATA、USB、GMAC、GPU、音视频等接口，实现低电压低功耗。专用系列主要为龙芯 1 号系列，根据具体需求进行定制。龙芯 1D 流量表为专用芯片，龙芯 1E/1F 为航天专用，龙芯 1H 为军事专用，每 1—2 年定制一款专用芯片，避免国内恶性竞争。

（二）加快完善处理器产业生态建设

龙芯继续加强完善基础软件平台，打造面向工业互联网的操作系统平台。通过与国内主要嵌入式操作系统完成适配，在面向显控/指控的图形显示形成特色，完善"人机交互"和"机机交互"API，形成面向工业互联网的系统平台。同时，对主要 API（Java、JS、QT、GIS、数学库等）进行深度优化，维护龙芯社区版支持国内操作系统及整机企业，形成规范适用、统一标准的通用操作系统平台。

（三）分步建立自主软硬件体系

一是在 2020 年以前，满足固定应用。正在结合办公系统、指挥系统等复杂的固定应用开展适配优化工作，这些应用涉及 OS、数据库、中间件、浏览器、办公软件、Flash、GIS 等，虽然复杂，但有边界，希望经过 1—2 年努力，自主软硬件可满足与国家安全及国民经济安全相关的固定应用。二是在 2020 年以后，满足开放市场应用。希望通过自主软硬件在固定应用市场站住脚跟，整个市场占有率超过 5%，吸引大量的软件和应用主动加入自主软硬件生态系统，在开放市场形成自主的生态。

第二节　中芯国际

中芯国际集成电路制造有限公司（以下简称"中芯国际"），是中国大陆地区规模最大、技术最先进的集成电路晶圆代工企业。公司总部位于上海，向全球客户提供 0.35μm 到 28nm 晶圆代工与技术服务。公司在美国、欧洲、日本和中国台湾地区设立营销办事处，提供客户服务，在香港设立了代表处，现有员工 10007 名，近一半员工拥有学士及以上学历，其中博士约 100 名，硕士约 1500 名，4 人入选国家或上海的"千人计划"。

图 27 - 2　中芯国际全球布局

资料来源：中芯国际官网，2017 年 2 月。

一、发展历程

中芯国际创办于 2000 年，其在上海建设的首条生产线于 2002 年投产，同年在北京建设生产线，2004 年收购摩托罗拉在天津的生产线，2006 年建设武汉新芯的 12 英寸生产线，并代为管理。2009 年，中芯国际与台积电的"窃取商业机密案"败诉，其创始人张汝京被迫离开中芯国际，由王宁国担任总裁兼 CEO，中芯国际进入"后张汝京"时代。但 2011 年中芯国际陷入人事纷争，总裁王宁国和财务总监均离开中芯国际，张文义和邱慈云分别担任中芯国际董事长和 CEO。目前中芯国际其在上海建有三座可提供 0.35μm 到 90nm 的制程技术服务的 8 英寸芯片厂，一座提供 0.35μm 到 45/40nm 的制程技术服务的 12 英寸芯片厂（S2）。在北京有两座先进的 12 英寸芯片厂，可提供 0.13μm 到 28nm 的制程技术服务。天津有一座 8 英寸芯片厂可生产从 0.35μm 至 0.13μm 的芯片。深圳建有一座 8 英寸芯片厂，月产能为 1.3 万片，产品主要应用方向为图像感测器、逻辑电路和电源管理电路等消费及通信电子领域。

表 27 - 2　中芯国际不同产线产能情况

工厂	产能（片/月）
上海 8 英寸厂	96000
上海 12 英寸厂	31500
北京 12 英寸厂	81000
北京 12 英寸先进制程厂	50000
天津 8 英寸厂	39000
深圳 8 英寸厂	13000
总产能	310500

资料来源：公司网站，2017 年 1 月。

二、业务情况

中芯国际是中国大陆最大，全球排名第五的集成电路代工企业，中芯国际现有 3 座 12 寸晶圆厂，4 座 8 寸晶圆厂，合计约当于 8 寸设计产能为 486 千片/月。从制程节点上来看，中芯国际可提供 0.35μm—40nm 工艺代工，在 2014 年实现 28nm 量产，但 40nm 以上成熟工艺仍为公司主要业务，基于 45nm 以上的成熟工艺产能为 362 千片/月，占总产能比重为 75%。从应用产品来看，包括逻辑电路、混合信号/CMOS 射频电路、高压电路、系统级芯片、闪存内存、EEPROM、影像传感器，以及硅上液晶微显示技术，通信类产品占半壁江山，第二位是消费类产品。从客户构成来看，一半以上客户来自中国大陆地区，公司前十大客户，5 家来自中国，3 家来自美国，2 家来自欧洲。

在 2011 年至 2016 年期间，中芯国际的产能利用率一直维持较高水平，远高于行业产能利用率，其中 2015 年期间公司满产运行。2016 年，中芯国际连续宣布扩产计划，将在上海开工新建一条 12 英寸生产线，制程为 14 纳米及以下，月产能 7 万片，总投资高达 675 亿元；将天津的 8 英寸生产线，产能由 4.5 万片/月扩大至 15 万片/月，成为全球单体最大的 8 英寸生产线；在深圳新建一条 12 英寸生产线，预期目标产能达到每月 4 万片。长期产能利用率高位的运行状态加上持续扩产的计划，将进一步提升中芯国际的盈利水平。

根据 2016 年第四季度财报，2016 年的销售额增至 29.2 亿美元，较 2015 年大幅增加 31%，市占率提升 1 个百分点至 6%。2011 年以来，中芯国际营收从 12.2 亿美元大幅增长至 2016 年的 29.21 亿美元，年复合增长率达到 19%，表现出强劲的增长趋势。

目前中芯国际的产线布局集中在中国大陆地区，在上海建有一座 300mm 晶圆厂和一座 200mm 晶圆厂；在北京建有一座 300mm 晶圆厂和一座控股的 300mm 先进制程晶圆厂；在天津和深圳各建有一座 200mm 晶圆厂；在江阴有一座控股的 300mm 凸块加工合资厂；在意大利有一座控股的 200mm 晶圆厂。

表 27 - 3　中芯国际产能情况

Fab	技术节点	产能（千片/月）	设计产能（千片/月）
上海 12 英寸厂	45nm 及以下	20	20
北京 12 英寸厂	55—90nm, 0.13μm	37	50
北京 12 英寸 JV 厂	45nm 及以下	15	35
上海 8 英寸厂	0.11—0.35μm	106	106
天津 8 英寸厂	0.13—0.35μm	45	45
深圳 8 英寸厂	0.15—0.35μm	26	50
意大利 8 英寸 LFoundry	90nm—0.18μm	40	50

资料来源：赛迪智库整理，2016 年 12 月。

三、技术水平

目前中芯能提供 0.35um 到 28nm 的晶圆代工与技术服务，除了高端全面的制程能力之外，中芯也能为客户提供全方位 turnkey 的晶圆代工解决方案：从光罩制造、IP 研发及后段辅助设计服务到外包服务（包含凸块服务、晶圆片探测，以及最终的封装、终测等）。

完整的代工制造平台。从工艺技术角度看，中芯国际引入了 8 代工艺技术，分别是 28nm、40nm、65/55nm 先进逻辑技术；90nm、0.13/0.11μm、0.18μm、0.25μm、0.35μm 成熟逻辑技术以及非挥发性存储器、模拟/电源管理、LCD 驱动 IC、CMOS 微电子机械系统等产品线。特别是在 28nm 工艺上，中芯国际现在仍是中国大陆唯一能够为客户提供 28nm 制程服务的纯晶圆代工厂。此外，对于更先进的 14nm 工艺制程，中芯国际也一直在持续开发。2016 年，中芯国际的主要收入来源仍是 0.15/0.18μm 工艺，销售额已占其总销售额的 43.7%。中芯国际的 28nm 技术采用业界主流技术，包含传统的多晶硅

（PolySiON）和后闸极的高介电常数金属闸极（HKMG）制程。中芯国际28nm 技术于 2013 年第四季度推出，现已成功进入多项目晶圆（MPW）阶段，可依照客户需求提供 28 纳米 PolySiON 和 HKMG 制程服务。目前中芯国际在28nm 上的产能为 1.7 万片/月，其中北京厂产能为 1 万片/月，上海厂产能为7000 片/月，主要客户有高通等。但从营收角度来看，2016 年 28nm 工艺营收占总体营收的比重仅为 0.3%，体量还非常小。中芯国际也在继续布局下一代制程，14nm 的前期开发工作也已经全面展开，预计在 2018 年投入风险性试产。

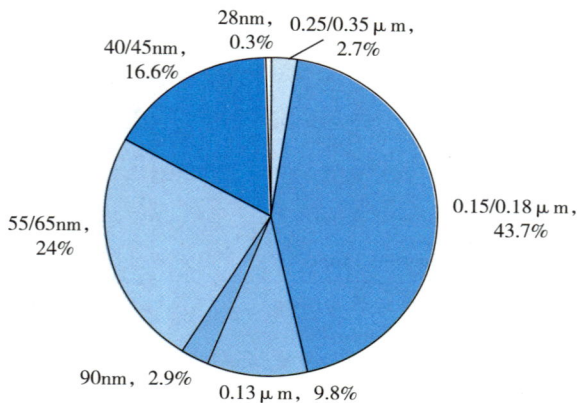

图 27-3 中芯国际不同制程的产能占比

资料来源：赛迪智库整理，2017 年 4 月。

存储器代工业务不断取得突破。2014 年，中芯国际成功开发出 38nm NAND Flash 工艺制程，可为客户代工 NAND 产品，这也是中国大陆首家实现 NAND 工艺代工的企业。同时，中芯国际与华大电子合作，开发基于 55nm 工艺的智能卡芯片，该芯片采用中芯国际 55 纳米低功耗（LL）嵌入式闪存（eFlash）平台，具有尺寸小、功耗低、性能高的特点。2016 年 3 月，中芯国际宣布与阻变式存储器（RRAM）技术领导者 Crossbar 达成合作，就非易失性RRAM 开发与制造达成战略合作协议，将采用中芯国际的 40nm CMOS 试产ReRAM 芯片。2017 年 1 月，中芯国际正式出样 40nm 工艺的 ReRAM 芯片，这种芯片比 NAND 芯片性能更强，密度比 DRAM 内存高 40 倍，读取速度快100 倍，写入速度快 1000 倍，耐久度高 1000 倍，单芯片即可实现 TB 级存储，还具备结构简单、易于制造等优点。同时中芯国际更先进的 28nm 工艺 ReRAM 芯片也计划将在 2017 年上半年问世。

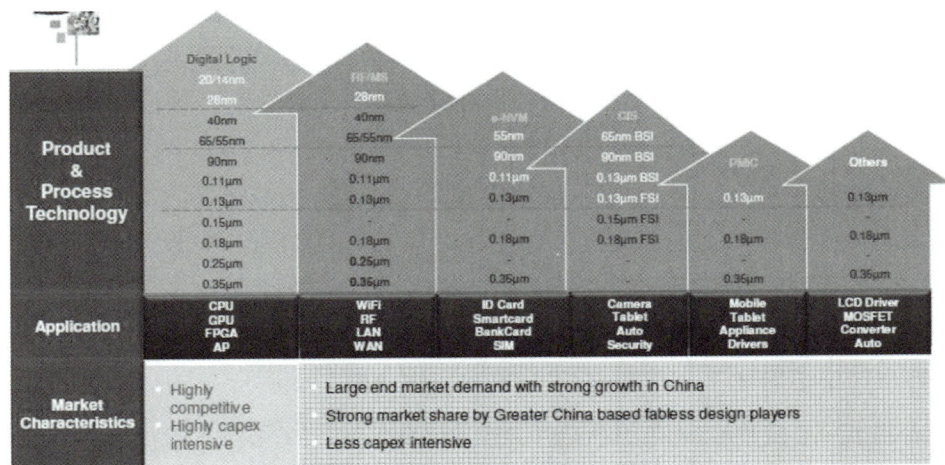

图 27 - 4　中芯国际各种工艺及产品情况

资料来源：中芯国际。

中芯国际也成功开发出 55nm 的蓝牙射频 IP，可为物联网、手机及平板市场提供优质的 IP 解决方案。

四、发展策略

坚持国际化运作。国际化发展战略一方面可以让中芯国际突破瓦尔森协议的限制，在引进先进技术、设备方面受限制较小，另一方面有助于降低融资成本，国际资本市场的融资成本相对于国内为低，此外，公司在管理、生产、研发方面也走国际化路线，在全球范围引进既熟悉行业又有管理经验的人才，为他们发挥才能提供了一个宽松的环境。目前中芯国际国有股本已占 40% 以上，并于 2014 年又得到国家集成电路基金的大力支持，受益于集成电路大环境和中芯国际这几年的持续盈利，中芯国际估价已上升 80% 以上，为其引进国际战略资金提供了便利，使其能够继续走国际化发展道路。

以盈利为中心。集成电路代工业是依靠投资拉动的，特别是中芯国际目前所追求的先进工业代工策略，需要持续投资以形成规模经济效应，但在投资前几年会由于大规模投入而带来亏损，如折旧增加等。在张文义执掌中芯国际后，转变经营思路，坚持以利润为中心，以技术路线和合理规模为两个支撑点。在技术路线的选择上，中芯国际采取两条腿走路，先进工艺和成熟工艺并举。截至目前，中芯国际已经连续8个季度实现盈利。虽然实现了盈利，但从长远来看，中芯国际工艺节点与国际先进工艺代工企业相比差距较大，而缺乏技术的先进性要持续盈利相对较难。

注重中国大陆市场。我国IC设计业已进入了65—40nm世界主流技术领域，且呈现出40nm、65nm、90nm及以上多代、多重技术并存的局面，我国IC设计企业发展对本土芯片代工企业起到极大支撑作用。中芯国际主要客户来自中国大陆和美国，其他是欧亚地区客户等。中国大陆客户成长非常快，2016年第四季度营收占比从2009年第一季度的17%上升至45%，大陆客户为中芯国际实现盈利奠定了坚持基础，中芯国际守住中国大陆，也是守卫自己。我国一直强调集成电路产业应自主可控地发展，而代工业的自主可控发展必将为装备等自主可控发展提供可靠的保障。中芯国际作为我国代工业的龙头，其产业链竞争力的提升为其巩固国内市场创造了更多有利条件。

积极拓展业务领域。与长电科技合资12英寸Bumping、为客户提供一站式解决方案。为向下游封装环节拓展，完善服务体系，中芯国际与长电科技（JCET）合资12英寸Bumping制程（8寸bumping in-house），打造中国大陆第一条28nm 12英寸完整产业链，为客户提供一站式服务。合资项目（中芯长电）位于江苏江阴，设计产能50K WPM，2015年底可以安装10K WPM的产能，预计2018年达产。未来双方在3D WLP领域进一步加强合作。中芯国际也与日本凸版印刷株式会社成立合资公司，建设国内首条12英寸芯载彩色滤光片和微镜生产线已建成投产，结合中芯国际12英寸CMOS图像传感器（CIS）晶圆生产线，将形成一条完整的12英寸CIS产业链。

坚持投入，继续扩大生产规模。2016年，中芯国际采用了大举扩张的发展策略，中芯国际投资额度由以往的每年5亿—10亿美元，扩大到2016年的25亿美元，投资布局主要集中在国内。10月13日，中芯启动了上海新12英寸晶圆产线；10月17日，中芯国际启动了天津8英寸晶圆产能扩充项目；该生产线预计2017年末竣工，并在2018年正式投产，项目总投资675亿元人民币。这也是中芯国际的第一条14纳米生产线；11月3日，宣布启动深圳12

英寸晶圆生产线专案，中芯深圳将在现有厂区已建好的厂房内启动新的产线建设，这将是中国华南地区第一条 12 英寸晶圆生产线。11 月 19 日，中芯国际宁波公司正式成立，未来将建 3 座晶圆厂。同时，中芯国际也完成了海外扩张项目，于 6 月收购意大利 LFoundry 约 70% 股权，该公司拥有一座 8 英寸晶圆厂，月产能 4 万片，这是中芯国际首度的海外并购案，主要目的是布局汽车电子市场。

第三节　长电科技

一、发展历程

江苏长电科技股份有限公司（简称"长电科技"）成立于 1972 年，经过几十年的发展，目前已成为中国规模最庞大、技术最先进、品种最齐全、服务最完整的封装测试企业，是中国集成电路封装测试产业链技术创新联盟理事长单位。长电科技拥有我国第一家高密度集成电路国家工程实验室以及国家级企业技术中心和博士后科研工作站，曾荣获中国电子百强企业、中国半导体十大领军企业、国家重点高新技术企业等称号。其产品涵盖通信、计算机、汽车电子、消费电子等应用领域。

近年来，长电科技在整体收入和利润保持上升态势的同时，其业务结构随技术创新不断升级，该公司十年营业收入的年复合增长率达到 19%，只有 2009 年受国际金融危机影响营收稍有下降。其封装测试收入连年上升，规模远高于其他国内厂商，2013 年成为中国大陆最大、全球第六的封装测试大厂。2014 年与国家集成电路产业投资基金、中芯国际联手成功收购全球第四大封装厂星科金朋，获取 SiP、FoWLP 等一系列先进封装技术，卡位未来五年先进封装，有望跻身世界前三。2016 年接受中芯国际 26 亿元入股，使其成为第一大股东。

表 27－4 长电科技发展历程的重点事件

时间	重点事件
1972 年	江阴晶体管厂成立
1986 年	建立分立器件自动化生产线
1989 年	建成集成电路自动化生产线
1995 年	与飞利浦合资成立集成电路芯片封装加工厂
2000 年	整体改制为江苏长电科技股份有限公司
2002 年	新顺微电子公司成立
2003 年	长电科技在上海证券交易所正式上市
2003 年	与新加坡 APS 合资成立 "江阴长电先进封装有限公司"
2003 年	长电科技霞客厂区（C2 厂）建成投产
2006 年	博士后科研工作站、国家企业技术中心成立
2007 年	长电科技新城东厂区（C3 厂）正式投入使用
2007 年	长电科技 SiP 厂正式成立
2008 年	高密度集成电路封装技术国家工程实验室正式成立
2009 年	"芯潮" 品牌的高密度高容量存储类产品上市
2009 年	温家宝视察长电科技
2009 年	收购新加坡 APS 公司
2009 年	集成电路封装测试产业链技术创新战略联盟成立，长电科技担任首届理事长单位
2010 年	MIS 封装材料厂建成投产
2011 年	与东芝公司合资成立江阴新晟电子有限公司
2014 年	与国家集成电路产业基金协作收购星科金朋
2016 年	中芯国际成为第一大股东

资料来源：长电科技官网，赛迪智库整理，2017 年 4 月。

二、业务情况

2016 年，长电科技主营业务收入实现翻番，主要原因为长电科技在年内基本完成对星科金朋的后续整合工作，并合并了财务报表。此外，由于星科金朋韩国公司有多年的韩国生产、研发等运营经验，长电国际在韩国设立的全资子公司 JCET 与星科金朋配合投资了高阶 SiP 产品封装测试项目，并于 2016 年第三季度实现了量产。但由于星科金朋一直处于亏损状态，导致归属上市公司股东净利润下降超过 5 成。

三、技术水平

近年来，在引进、消化吸收国外先进封装技术的基础上，经过多年的技术沉积与持续研发，长电科技已基本掌握了 SiP 射频封装、硅穿孔（TSV）封装、高密度 FC－BGA 封装测试、圆片级三维再布线封装工艺、铜凸点互联、多圈阵列四边无引脚封装测试（MIS／MIS－PP）、封装体三维立体堆叠封装、50μm 以下超薄芯片三维堆叠封装以及 MEMS 等九大核心封装技术，具备了参与国际竞争的实力。长电科技的 SiP、TSV、WL－CSP 三大封装技术已经达到世界先进水平，尤其是在 SiP 和 WLP 领域的技术水平已得到部分国际大客户的认可，未来有望在手机芯片领域全面铺开。2016 年，两项技术已实现量产供货，全年贡献营收约 3.5 亿美元。此外，在整合星科金朋后，长电科技在 eWLB 良率超过台积电集成 Fan－out 工艺，具备相当强的竞争优势，产能已被高通订购一空。

四、发展策略

长电科技始终坚持内生外延兼顾的发展策略。首先在内生方面，高端产能已进入回收期，未来将持续放量，传统封装测试业务逐步实现扭亏为盈，业绩拐点明显显现；其次在外延方面，预计通过一系列措施如机制优化、扁平管理、债务剥离和导入客户等，尽快扭转星科金朋微亏损局面。通过提升效率，集中资源，以及全球战略等驱动将集团优质资产注入上市公司。此外，长电科技下一步将继续培育自主知识产权的核心竞争力，在公司的十年发展规划中，公司计划承接 280 亿—300 亿元的产业基金，在 2018 年和 2023 年完成 100 亿—150 亿元和 400 亿元的收入目标并进入全球封装测试行业前三位。

第四节　中微半导体设备有限公司

一、发展历程

2004 年 8 月，中微半导体研发及运营中心正式落户上海浦东张江高科技园区，创始团队共 17 人，意在打造为半导体及其他高科技领域服务的微加工设备公司。公司创立之初，恰逢半导体芯片工艺从铝导线向铜导线转变的时期，以往的金属刻蚀方法逐渐过时，因此公司最初计划投入介质刻蚀和薄膜设备的研发，但后来考虑到薄膜设备的投资回报率不高，便开始集中精力研发等离子介质刻蚀机产品。2007 年，公司的 65nm—28nm 工艺的双反应台多腔介质刻蚀机产品 Primo D – RIE（去耦合反应离子刻蚀）系列产品正式推向客户测试。该系列产品是中微半导体迄今为止最成功的产品之一，由于设备刻蚀效果好，产出能力比竞争对手的系统高出 35% 左右，而使用成本低35%，获得了众多客户的青睐。此后中微半导体又推出了适用于 28nm—15nm工艺的双反应台多腔介质刻蚀机 Primo AD – RIE，适用于 20nm—10nm 工艺的单反应台多腔介质刻蚀机 Primo SSC AD – RIE，以及适用于 28nm—15nm 工艺的双反应台刻蚀除胶一体机产品 Primo iDEA 等四个系列的等离子刻蚀机产品。

中微半导体发展至今共经历了五轮融资。创业之初，公司获得了国外资本的第一轮、第二轮风投，取得了较好的成绩。在此后的第三次融资中，国内的风险资本逐渐成为投资的主力，其中就包括了上海创投和浦东科投的投资。上海创投和国开金融完成了公司的第四次融资。公司的第五次融资是在当前国家大力推进集成电路产业发展的背景下进行的。国家集成电路产业投资基金将中微列为第一批支持的对象，初期投资 4.8 亿元。至此，中微半导体获得的总投资达到 3.5 亿美元，其中国内投资占 40% 以上，国际投资占35% 以下，其余 20% 多为员工持股。2015 年 12 月，中微半导体携手国家集成电路产业投资基金和苏州聚源东方投资基金中心共计投资 2.7 亿元支持沈阳拓荆科技有限公司的化学气相沉积设备研发应用。

二、业务情况

从 2012 年到 2015 年，中微半导体的在线刻蚀机累计反应台数量以每年大于 30% 的速度增长，刻蚀机及 MOCVD 设备已在 34 条先进生产线中使用，合计包含 409 个反应台，其在线累计反应器数量三年间也达到了 40% 的年均增长率。中微拥有来自十多个国家的 100 多位半导体设备专家，成立至今的 10 年间已经将业务拓展到全球 6 个国家/地区的 25 个客户。

当前中微正在开发从 65nm 到 5nm 的第三代等离子刻蚀设备，第二厂房的二期建设完成后，公司将达到每年 400—500 台设备的生产能力。中微现在的设备主要用于 45nm、40nm 和 28nm 及以下的工艺制程，其中 28nm 及以下制程可实现硅片加工每月 30 万片以上，MEMS 和 CIS 加工超过 8 万片/月。台湾代工企业已使用中微设备生产了 1200 多万片硅片，并且核准了几套刻蚀设备应用于 10nm 产线的研发。在中微的设备还在韩国厂商已经量产的存储器生产线中用于 16nm 接触孔刻蚀。

图 27 - 5　2012—2015 年中微半导体销售收入及增长情况

资料来源：赛迪智库整理，2016 年 11 月。

中微半导体近几年保持着每年 30%—40% 高速成长，2015 年销售额达到 6857 万美元，预计未来仍会继续保持高速增长，逐步成为国际半导体设备领域的领先企业。值得指出的是，中微的 MEMS 刻蚀技术已达到国际先进水平，今后在 MEMS、TSV、功率器件刻蚀等领域将有巨大的市场机会。

三、技术水平

中微半导体自成立以来共申请了 940 项专利，其中有 408 项海外专利，并多次获得国家和上海知识产权局的奖励。中微半导体自 2007 年至今受到美国设备巨头 5 年侵犯商业秘密和专利权缠诉，并终获"一撤诉四连胜"。

当前，中微已经从单一的半导体前端设备公司逐渐发展成为了拥有多元产品的微观加工设备公司。其半导体芯片加工技术已推广到更多的应用领域，包括硅衬底的后端封测产业和以 MOCVD 为关键设备的 LED 产业。就应用进展而言，中微半导体的芯片介质刻蚀设备已经打入国际市场，并完成了 2500 多万片 65nm 到 16nm 的硅片的任务。硅通孔刻蚀设备已打入国内市场，其 8 英寸和 12 英寸设备的国内市场占有率超过 50%。MOCVD 设备成功打入国内市场，已有 13 台设备付运客户。

2016 年，中微半导体设备有限的反应台交付量已突破 400 台；单反应台等离子体刻蚀设备成功进入韩国厂商存储器生产线；双反应台介质刻蚀除胶一体机研制成功，成为业界首个将光刻胶除胶反应腔和双反应台介质等离子体刻蚀整合在同一平台的设备。现在，中微半导体正在进行 5nm 的刻蚀设备研发，同时，中微的 Prismo 系列 MOCVD 设备凭借技术优势也受到市场的好评。

四、发展策略

中微专注于刻蚀和薄膜两个核心领域，始终贯彻最大限度地利用拥有的产品资源缩减开支，减小产品开发成本，追求国产设备产业化。中国极具活力的供应链大大提高了中微的运营效率，通过全体员工的努力，公司在提高技术水平和生产效率方面取得了重大突破，并且赢得了业内顶尖芯片制造商和其他技术创新企业的信任，发展成为新型的高端微加工设备公司。

在中微的管理理念中，首先就是解决好投资商、客户、政府、顾问、管理团队、雇员和供应商七大利益集团的关系。第一，领军团队是前提；第二是解决投资商的资金，包括早期、中期投资以及后期上市的问题；第三是客户是否接受；第四是能否获得供应厂商的支持；第五是各地区政府的支持也至关重要，特别是在国外技术垄断的情况下，一定要获得政府扶持；第六，雇员是核心问题，他们是公司价值的创造者与实践者；最后还有各种顾问，包括法律顾问、财务顾问、审计公司等等的协作支持。这七个利益集团同等重要，中微半导体秉承全面协同发展的理念处理各方关系，谋求进一步发展。

第二十八章 新型显示行业重点企业

我国新型显示企业近年来取得跨越发展，在产业规模、创新能力、经营水平、知识产权等方面不断进步，全球市场竞争力稳步提高，国际话语权显著增强。2016年，我国面板企业多个产品出货量全球第一，重大工程进展顺利，产线爬坡速度不断打破原有纪录，企业对工艺和技术的掌控能力进一步提升。在创新能力上，通过强化自主创新，多款显示产品实现全球首发，大尺寸、超高分辨率的技术储备居全球领先水平。在经营水平上，骨干企业根据市场变化积极调整产品结构，紧跟客户需求，企业经营抗风险能力明显增强，造血功能逐渐完善。在知识产权方面，企业积极参与国际、国内、行业和团体标准的制定，加快专利布局，提升国内面板企业在高分辨、窄边框、柔性、AMOLED等高端面板的竞争实力。

第一节 京东方科技集团股份有限公司

一、总体发展情况

京东方科技集团股份有限公司（BOE）创立于1993年4月，是一家物联网技术、产品与服务提供商。核心事业包括显示器件、智慧系统和健康服务。产品主要应用于手机、平板电脑、笔记本电脑、显示器、电视、车载、数字信息显示、健康医疗、金融应用、可穿戴设备等领域。2016年，BOE实现营收689亿元，同比增长42%。2016年，BOE新增专利申请量7570件，其中发明专利超80%，累计可使用专利数量超过5万件。根据美国商业专利数据显示，BOE进入2016年度美国专利授权量TOP40，年增长率超200%。截至

2016 年四季度，BOE 全球市场占有率持续提升，智能手机液晶显示屏、平板电脑显示屏、笔记本电脑显示屏市占率全球第一，显示器显示屏提升至全球第二，电视液晶显示屏保持全球第三。

目前，BOE 拥有 11 条半导体显示生产线（其中 4 条在建），包括北京第 5 代和第 8.5 代 TFT－LCD 生产线、成都第 4.5 代 TFT－LCD 生产线、合肥第 6 代 TFT－LCD 生产线和第 8.5 代 TFT－LCD 生产线、鄂尔多斯第 5.5 代 LTPS/AMOLED 生产线，以及重庆第 8.5 代 TFT－LCD 生产线等 7 条运营生产线，还有在建中的合肥第 10.5 代 TFT－LCD 生产线、成都第 6 代柔性 AMOLED 生产线、福州第 8.5 代 TFT－LCD 生产线以及绵阳第 6 代柔性 AMOLED 生产线。BOE 在内蒙古鄂尔多斯、重庆、河北固安、江苏苏州、福建厦门等地也拥有多个制造基地，营销和服务体系覆盖欧、美、亚等全球主要地区。

2016 年，京东方营收 688.08 亿元，增长 41.51%，净利润 18.02 亿元，增长 10.12%。具备了长期盈利能力。京东方产品结构随市场需求及时调整，不断加大高分辨率、窄边框、TDDI（触控与显示驱动器集成）等产品出货量，全球竞争力持续提升。2017 年 1 月，京东方大尺寸和中小尺寸面板市占率均位列全球第一。随着福州 8.5 代线 2017 年 2 月上旬投产，新产能逐步释放，以及客户和新应用领域的不断拓展，京东方产品的市场份额有望进一步提升。

二、企业发展策略

（一）推进 DSH 事业战略，强化自主创新

京东方坚定推进落实 DSH 事业战略，做强做大显示器件（D）事业，快速布局智慧系统（S）事业和健康服务（H）事业领域，夯实并提升全球竞争力。生产线方面，京东方成都 6 代柔性 AMOLED 生产线、福州 8.5 代 TFT－LCD 生产线、合肥 10.5 代 TFT－LCD 生产线正式封顶，为实现做强做大显示器件事业和促进转型升级，提供产能和技术上的保障。技术方面，京东方坚持创新驱动价值创造，通过不断的技术与产品创新，实现创新制胜。2016 年上半年专利申请量突破 4000 件，同比增长 25%。TDDI、SLOC、LTPS

AMOLED 等新技术实现产品化和量产突破。

（二）重视战略客户，推进转型升级

京东方坚持"深度合作、协同开发、价值共创"方针，与包括三星、LG、海信、康佳、联想、戴尔、惠普等在内的国内外知名客户保持了长期、可持续的合作，深耕细分市场，实现各细分市场占有率稳步提升。IHS 数据显示，2016 年上半年，京东方智能手机 LCD 显示屏、平板电脑显示屏市占率保持全球第一，笔记本电脑市占率位居全球第四，显示器、电视业务全球第二。随着转型升级的推进，京东方产品和服务品质进一步改善，企业品牌形象进一步提升。2016 年上半年，央视新闻多次宣传京东方创新性品牌形象，参展美国 SID、供应商大会等国内外重大品牌活动的组织实施也大大提升了公司认知度和美誉度。

第二节　深圳市华星光电技术有限公司

一、总体发展情况

深圳市华星光电技术有限公司（简称"华星光电"）是 2009 年 11 月 16 日成立的国家级高新技术企业，总部坐落于深圳市光明新区高新技术产业园区。凭借高经营效率和 TCL 品牌出海口，华星光电在全球平板显示领域保持了一定的竞争优势。

目前，华星光电共有 3 条液晶面板生产线，产品全线覆盖大尺寸电视面板和中小尺寸移动终端面板。深圳第 8.5 代液晶面板 t1 项目动工于 2010 年 3 月，项目总投资 245 亿元，是深圳市建市以来单笔投资额最大的工业项目，2012 年 9 月达到月产 10 万张基板的满载产能，产品综合良品率达到 95%。目前单月产能突破 15 万片玻璃基板，超设计能力 50%。

在一期项目运营持续向好情况下，华星光电于 2013 年 11 月启动生产高端显示产品的二期 8.5 代 TFT – LCD（含氧化物半导体及 AMOLED）生产线建设项目，即 t2 项目。项目总投资 244 亿元，采用了 Cu 制程、COA、MMG、

Curved、RGBW、IGZO、OLED 等国际先进显示技术。二期项目在增加产能规模的同时，大大增强华星技术实力，以生产高附加值的产品，满足高端客户定制化需求。t3：第 6 代 LTPS（OXIDE）·LCD/AMOLED 显示面板生产线。继一、二期项目布局大尺寸液晶面板后，在移动互联网引领下，华星光电开始布局中小尺寸显示。2014 年 4 月，华星光电在武汉投资 160 亿元建设第 6 代 LTPS（OXIDE）·LCD/AMOLED 显示面板生产线。目前项目进入量产爬坡阶段，良率在 75% 左右。

2016 年 9 月，华星光电深圳 11 代线项目整合式签约，该项目总投资 538 亿元，注册资本 215 亿元，银行贷款 323 亿元。设计产能 14 万片。注册资本中，深圳市重大产业发展一期基金有限公司为深圳市经贸信息委指定的投资主体，出资 80 亿元，深圳华星光电认购 114 亿元，三星显示株式会社 21 亿元。2016 年 11 月 30 日开工，预计 2019 年一季度建成投产。

2016 年，华星光电 8.5 代液晶玻璃基板投片量 282 万片，同比增长 47%。t1、t2 项目满产满销，产能稼动率和产品综合良率继续保持较高水平，t3 项目产能爬坡顺利。受液晶面板价格回暖、成本控制，以及大尺寸产品占比提升等因素影响，华星光电的盈利保持了较好水平。

二、企业发展策略

（一）LCD 和 OLED 并行发展，增强盈利能力

华星光电在显示领域采取差异化战略，大尺寸上向超大尺寸发展，小尺寸向柔性方向发展，力图在 OLED 和 LCD 至少并行五年的时间内提高盈利能力，加快投入下一代生产线。LCD 方面，华星光电将 32 英寸和 55 英寸面板作为主流产品，以降低产品成本、提高产品附加值和提升产品性能为三大追求，着力增强企业盈利能力。OLED 方面，华星光电不断加大 OLED 研发力度，加强与国内外 OLED 企业合作，并在武汉投建第 6 代 LTPS 生产线，努力推进 OLED 产业发展。

（二）四步走战略继续落实，提升经营效率

华星光电确立了四步走的战略，即从效率领先到产品领先，再到技术领先和生态领先。和上市公司公开数据对比显示，近年来华星光电营业利润率

一直排名首位。华星光电立足前瞻性技术积累、产品创新程度，力图在技术领域建立后发优势，在保持效率领先的基础上力争产品领先。

第三节 南京中电熊猫液晶显示科技有限公司

一、总体发展情况

2007 年 5 月 15 日，中国电子信息产业集团有限公司（以下简称"中国电子"）与江苏省、南京市联合投资成立了中电熊猫信息产业集团有限公司（以下简称"中电熊猫"），重组熊猫电子等南京七家原部属企业。中电熊猫现有注册资本 34.48 亿元，其中，中国电子占 70%。

中电熊猫旗下有南京中电熊猫液晶显示科技有限公司、南京熊猫电子股份有限公司、南京熊猫汉达科技有限公司等 20 多家专业公司，其中上市公司两家；主要有液晶显示、电子装备、电子元器件和现代服务业四大核心产业；拥有 4 个国家级研发中心、5 个博士后工作站、6 个国家级计量检测中心及实验室、14 个省级研究中心、2 个省级计量检测中心、10 个市级研究中心。

公司以液晶面板技术为核心，以终端显示产品为龙头，建设世界一流液晶面板生产线。已建成第 6 代液晶面板生产线、第 8.5 代超高清液晶面板生产线，2016 年 9 月，成都中电熊猫显示科技有限公司 8.6 代 TFT－LCD 项目打桩开建，项目建设地点位于天府新区空港高技术产业功能区电子信息产业园，建设规模为月投入第 8.6 代 120K 张玻璃基板（2290mm × 2620mm），主要建设内容包括建设阵列（Array）、彩色滤光片（CF）、成盒（Cell）、模组（LCM）生产线，以及配套动力设施和净化厂房。主要产品为大尺寸高分辨率（4K × 2K、8K × 4K）IGZO 电视面板，未来兼容生产以 IGZO 为背板的 OLED 电视面板。代表产品包括 50 英寸、58 英寸、68 英寸超高清 TFT－LCD 电视面板（OpenCell）和 32 英寸显示器。

二、企业发展策略

（一）打造液晶工厂智能制造系统，实现智慧生产

南京熊猫平板公司建设的一条8.5代线工厂以资源管理系统为核心平台，集成计算机品质管理、自动仓储管理等一系列的生产经营管理系统，实现液晶面板全制程数字化生产。管理系统、ERP系统是以其管理经验和信息技术相融合，使企业运营和信息化系统紧密配合，各个环节无缝连接，形成物流、信息流、商流和资金流合一。

（二）强化主要城市网购业务，开拓海外业务

受京东、天猫等网购渠道迅速发展影响，苏宁、国美等连锁渠道受到了很大的冲击。熊猫电子力争抓住网络渠道蓬勃发展的机会，全面强化网购业务，增加在国内一、二线城市的液晶电视销量；同时通过"走出去，引进来"的营销努力，积极拓展南美、东欧、非洲、东南亚等地区拥有实力和规模的优质代理商，全力提升新兴市场地区国家的业务增量，并将与更多拥有海外市场基础的出口贸易伙伴进行合作，做到互补双赢。

第四节　天马微电子股份有限公司

一、总体发展情况

天马微电子股份有限公司成立于1983年，专注于移动智能终端消费类显示市场和专业类显示市场，产品主要应用于智能手机、平板电脑、智能穿戴、车载显示、医疗显示、工业控制、航空显示和智能家居等众多领域。2016年，公司中小尺寸模组出货量居全球领先，在高端医疗、航空娱乐、航海、VOIP等领域市场份额排名全球第一，公司拥有LTPS‒TFT、AMOLED、柔性显示、Oxide‒TFT、3D显示、透明显示以及IN‒CELL/ON‒CELL一体式触控等新兴显示技术。设有TFT‒LCD关键材料及技术国家工程实验室、国家级企业

技术中心、博士后流动工作站。近年来，公司产线规模不断壮大，现经营管理 3 条 4.5 代 a－Si、1 条 5 代 a－Si、1 条 5.5 代 LTPS、1 条 5.5 代 AMOLED、1 条 6 代 LTPS、1 条 6 代 LTPS AMOLED 等产线。其中，厦门 5.5 代 LTPS 产线为中国第一条，并率先实现满产满销；上海 5.5 代 AMOLED 产线已量产交付；厦门 6 代 LTPS 产线在中国大陆率先点亮并量产交付，2016 年，出货量超过 500 万片；武汉 6 代 LTPS AMOLED 产线正在建设中，预计将于 2017 年上半年点亮。

天马以智能手机、平板电脑、智能穿戴等为代表的移动智能终端市场和以车载、医疗、POS、HMI 等为代表的专业显示市场，并开始进入智能家居、充电桩、无人机、AR/VR 等新兴市场，2016 年，天马实现营业收入 107.36 亿元，同比下降 2%，扣税后净利润 5.69 亿元，同比增长 2.58%。在移动智能终端市场，公司持续优化产品结构，中高端及高附加值产品占比不断提高；在专业显示市场，公司加快进行全球一体化整合，持续加大 a－Si 产线对专业显示业务的支持力度。

二、企业发展策略

（一）坚持产品和技术领先战略，加强技术研究与应用

天马已自主掌握诸多国际先进、国内领先的行业前沿及量产技术，如 LTPS、AMOLED、触控一体化技术（On－cell、In－cell）、柔性显示、Force-Touch、Oxide、3D 显示、透明显示等，同时积极推进柔性显示技术的布局，基于 AMOLED 技术的柔性项目开发平台已经完成，为柔性技术量产奠定基础。2016 年，公司在核心技术领域专利申请数量及质量得到进一步提升。此外，公司自主研发的 LTPS10.4 英寸 8k、4k 平板显示屏，分辨率高达 7680×4320，像素精度 847PPI，刷新全球平板显示屏幕的最高 PPI 纪录，荣获 "CITE2016 创新产品与应用金奖" 和 "GoldenDisplayAwards2016 杰出产品奖" 等多项大奖；公司 5.46 英寸柔性 AMOLED 显示屏获得 "CITE2016 创新产品与应用奖"。

（二）坚持品牌战略，聚焦价值客户

天马坚持中高端产品策略，聚焦价值客户，稳定并扩大现有市场占有率，

在专业显示市场，天马已建立比较优势和竞争壁垒，重点关注车载、轨道交通、航空、航海等快速成长市场，巩固工控、医疗、航空等领域的优势，同时开拓智能家居、充电桩、无人机、AR/VR 等新兴市场，主动把握下游应用市场的发展趋势，积极投入资源不断提升全球市场份额。2016 年上半年，公司车载业务快速增长，航空、航海等领域持续领先，新兴市场成功开拓，现已基本实现全球主流客户全覆盖，并成为诸多客户的核心供应商。

第五节　维信诺科技有限公司

一、总体发展情况

维信诺的前身是 1996 年成立的清华大学 OLED 项目组，因对 OLED 技术将在新型显示产业发挥重要作用的前瞻性判断，于 2001 年成立企业以加快技术产业化进程。目前维信诺已成长为拥有 2500 名员工，集研发、生产、销售于一体的 OLED 行业领军企业，维信诺 PMOLED、AMOLED 产品广泛应用于消费类电子、工控仪表、金融通信等领域，连续多年占据全球 PMOLED 市场占有率首位，同时是全球为数不多具备 AMOLED 量产能力的企业之一。

2016 年 10 月，维信诺计划总投资近 300 亿元的固安云谷第 6 代 AMOLED 项目在固安高新区正式开工，设计投片能力为 3 万片/月，基板尺寸 1500mm ×1850mm，主要生产中小尺寸柔性 AMOLED 显示器，可满足近 7000 万部智能手机屏幕需求。该项目有望成为代表我国参与国际新型显示产业竞争的重大项目，对于推动国内 OLED 产业打破国外在该领域的垄断地位和实现我国在新型显示产业领域的"弯道超车"有着重大意义。

至 2016 年，维信诺共申请专利 2200 余件，并基于自身卓越的技术实力及对 OLED 产业的深刻理解，参与了 OLED 国际标准的制定工作，负责制定或修订了 4 项 OLED 国际标准，主导制定了 5 项 OLED 国家标准和 3 项 OLED 行业标准。维信诺现建有中国大陆第一条 PMOLED 大规模生产线和中国大陆第一条专业 5.5 代 AMOLED 大规模量产线。从 2012 年至今，维信诺 PMOLED

产品出货量稳居全球首位，产品遍及全球多个国家和地区；2015 年，维信诺 AMOLED 产品实现量产，为推动中国 OLED 技术向更广阔的应用空间发展发挥了重要作用。依托已有的技术优势，维信诺在柔性 OLED 技术等代表产业未来主流趋势的技术前沿地带积极布局，率先推出可以完全卷曲的柔性 AMOLED 显示屏，并成为 2 项柔性显示国际标准的制定者，柔性显示技术水平位居国际前列。

二、企业发展策略

（一）将持续创新作为发展核心竞争力

维信诺认为未来全球 OLED 产业竞争的焦点还是在技术上，企业只有强化自主创新意识，通过掌握核心技术才能推动产业发展。在企业的发展过程，维信诺公司从打造跨学科的研发队伍、通过校企合作的方式实现技术突破和加大自主创新成果的保护力度等多个方面推动企业技术创新。2016 年，维信诺主导制定的国际标准《IEC 62341 - 6 - 1：2009 有机发光二极管显示器光学和光电参数测试方法》通过了中关村科技园区管理委员会、中关村社会组织联合会和中关村标准创新服务中心组织的评审，成功入选"2015 年度中关村十大创新标准"。

（二）将产品领先作为市场发展策略

作为 OLED 显示产业的领军者，维信诺在 PMOLED 领域早已取得不俗成绩。自 2012 年至今，维信诺 PMOLED 产品始终保持全球出货量第一地位，出口到日、韩、欧洲等 30 多个国家，国内市场众多知名品牌智能手环、手机均采用维信诺 PMOLED 显示屏。2015 年以来维信诺 AMOLED 显示屏打破国际垄断，在促进终端厂商实现产品新升级中将发挥巨大作用，为下游厂商赢得了更大的发展空间。2016 年，维信诺研发成功全球首款 3 毫米弯曲半径下 180° 对折柔性 AMOLED，实现全球首发。

第二十九章　太阳能光伏行业重点企业

我国光伏企业在国际上具有绝对领先优势，尤其是在产业化大规模生产技术方面。2016 年，全球前十大多晶硅、硅片、电池片、组件企业中，我国分别占据 6 席、9 席、7 席和 8 席。从 2016 年重点企业发展情况看，在产能扩张上，企业已不再进行大规模的产能盲目性扩张，而是根据市场情况保持审慎的扩张战略；在技术创新上，在国内领跑者项目带动下，企业技术创新步伐逐步加快，技术创新成果亮点纷呈，PERC、HIT、黑硅、金刚线切割等早已研发出来的高效产品工艺和技术在 2016 年开始加速导入生产，一些新工艺、新技术、新产品也不断涌现；在市场开拓上，出口国家更趋多元化，对东南亚等新兴市场的开拓力度不断加强；在产业链延伸上，在国内光伏市场的快速拉动下，企业均开始布局下游光伏电站的开发、建设与运营，在拉动自身组件销售的同时提高收益水平。

第一节　常州天合光能有限公司

一、总体发展情况

2016 年全年出货量在 6.3GW 到 6.55GW 之间，截至 2016 年 9 月 30 日，天合光能硅锭产能为 2.3GW，硅片产能为 1.8GW，太阳能电池产能为 5GW，组件产能为 6GW。已经联网运营的下游太阳能项目累计数量达 1.3028GW，其中包括中国市场内的 1.2676GW、美国市场上的 4.2MW 和欧洲市场上的 31MW。中国市场的 1.2676GW 项目中包括 1.0171GW 公共事业规模项目和 250.5MW 的 DG 项目。

表 29 – 1 2016 年 Q1—Q3 天合光能生产经营数据

	组件出货量（MW）		净收入（亿美元）	净利润（万美元）	净利润率
	内部	外部			
2016Q1	52.9	1370.4	8.17	2660	3.3%
2016Q2	39.3	1619.0	9.62	4030	4.2%
2016Q3	20.6	1340.6	7.41	2710	3.7%

资料来源：企业财报，赛迪智库整理，2017 年 3 月。

2016 年保持审慎的扩张战略，仅在电池和组件环节产能有所提升，并继续扩大海外工厂产能以供应欧美市场。目前，天合光能在荷兰、泰国和马来西亚建有海外工厂。

表 29 – 2 2013—2016 年天合光能产能增长情况

年份	硅锭	硅片	电池	组件
2013 年（GW）	1.4	1.4	2.5	2.8
2014 年（GW）	2.2	1.7	3	4
2015 年（GW）	2.3	1.8	3.5	5
2016 年（GW）	2.3	1.8	5	6

资料来源：企业财报，赛迪智库整理，2016 年 3 月。

二、企业发展策略

（一）创新战略

在产品创新上，天合光能发布了 Trinatracker 高可靠智慧型跟踪系统，通过 UL2703 和 UL3703 标准测试并获得认证。发布了 Trinapeak 智能优化等最新研发的领先光伏技术、产品及解决方案。推出了 TrinaBEST 第二代居民能源存储解决方案。在 2016 年第四季度全面推广和量产五栅线电池技术，将组件功率提升 2W。

在技术创新上，该公司多次刷新世界纪录。其研发的 $156 \times 156mm^2$ N 型单晶硅 IBC 电池的光电转换效率达到 23.5%。面积为 243.23 平方厘米高效 P 型单晶 PERC 太阳电池光电转换效率达到 22.61%，量产 P 型单晶 PERC 电池的平均效率已达 21.1%，P 型多晶 PERC 电池（$156 \times 156mm^2$）平均转换效率达 20.16%，P 型多晶 DP（Double Print）二次印刷电池（156×156mm²）平均转换效率达 18.7%。120 片（156mm×78mm）Honey Plus 高效 P 型多晶硅太阳电池组件孔径效率达 19.86%。

在营销创新上，天合光能于 2016 年 3 月 11 日在崇明开设了上海首家太阳能发电体验店，为崇明岛居民提供便捷的分布式光伏屋顶咨询设计和安装服务。

（二）市场战略

积极向下游系统集成布局。截至 2016 年三季度，天合光能累计实现并网光伏项目 1302.8MW，其中电站项目 1052.3MW（国内 1017.1MW，海外 35.2MW，全部集中在欧美），分布式项目 250.5MW。

大力开拓新兴市场。2016 年，对东南亚国家的出货占比快速增长，尤其是印度。2016 年第三季度对印出货量已达 376.6MW，对印累计出货量达到 1.5GW。

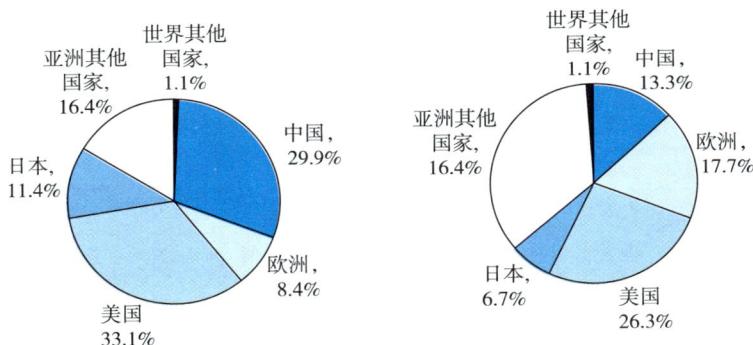

图 29-1　2015 年及 2016 年 Q3 组件出货区域（左为 2015 年，右为 2016Q3）

资料来源：企业财报，赛迪智库整理，2017 年 3 月。

私有化进程加快。2016 年 8 月，天合光能与 Fortune Solar 和 Red Vibumum 达成合并协议，并于 12 月获得股东批准。天合光能将成为 Fortune 的子公司，并预计将于 2017 年第一季度完成该交易并正式从纽约证券交易所退市。

（三）投资合作

继续扩大现有规模。其位于安徽合肥的 600MW 组件厂已于 2016 年 2 月投产。2016 年 12 月，总投资 7.5 亿元的天合光能盐城三期 500MW 光伏电池项目正式开工，计划 2017 年四季度竣工投产。

实施"走出去"战略。2016年2月24日，全资子公司天合光能荷兰完成对位于荷兰 Heerlen 的200MW光伏电池厂 Solland Solar 全部资产的收购。2016年5月，在越南投建1GW电池制造项目，其中一期700MW于2016年11月下旬满产。

签署委托加工协议。2016年3月，与日本 NPC 签订光伏组件委托加工协议。根据协议，在2016年4月至2018年12月期间，天合光能委托 NPC 年产（OEM＝贴牌生产）130MW光伏组件，向日本的住宅市场销售。

第二节　英利绿色能源控股有限公司

一、总体发展情况

2016年，英利组件出货量为2.17GW，同比下降11.4%。

表29-3　2016年Q1—Q4英利生产经营数据

	组件出货量（MW）		净收入（亿美元）	净利润（万美元）
	内部	外部		
2016Q1	2.3	505.8	3.65	1230
2016Q2	50.9	611.1	3.8	1080
2016Q3	0	365.3	2.19	−5030
2016Q4	0	635.1	2.94	−26710

资料来源：企业财报，赛迪智库整理，2017年5月。

2016年英利未宣布任何产能扩张计划。

二、企业发展策略

（一）创新战略

在产品创新上，公司正式量产 TwinMAX 60 片高效双玻组件产品（包括标准系列和双面发电系列）以及 TwinMAX 72 片高效双玻组件产品（标准系列），其电池转换效率达20.5%，组件平均转换效率超过17%。

在技术进步上，英利 N 型单晶"熊猫"电池通过应用离子注入等技术，电池转换效率升至 21.2%。公司计划在 2017 年初，在普通 P 型多晶电池生产线上完成金刚线切 + 黑硅技术的升级，转换效率有望提高到 19% 左右，成本将减少约 0.2 元/瓦。

在标准制订上，由英利牵头制订的《双面太阳能组件的电参数测试方法》已成功在 SEMI 立项。由英利牵头起草的中国第一个《光伏电池行业清洁生产评价指标体系》已由国家发展改革委、环保部、工信部联合发布。

（二）市场战略

新兴市场开拓力度加大。2016 年，由于中国市场"6·30"政策造成的抢装效应，对国内出货量增大，对欧、美出货比例继续下滑。

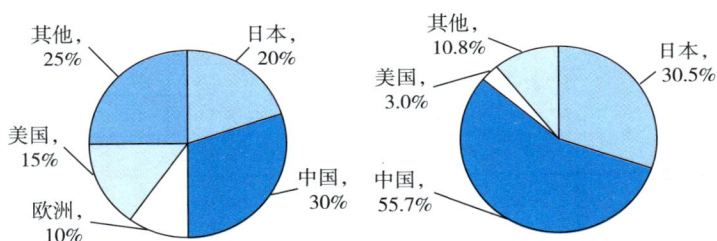

图 29 - 2　2015 年及 2016 年 Q3 组件出货区域（左为 2015 年，右为 2016 年 Q3）

资料来源：企业财报，赛迪智库整理，2017 年 3 月。

（三）兼并重组

由于债务问题，英利集团于 2016 年初正式启动债务重组。保定天威英利新能源有限公司（以下简称"天威英利"）5 月 12 日发布公告称，发行总额 14 亿元的 2011 年度第一期中期票据应于 5 月 12 日到期兑付，但由于连续亏损，公司无法按期兑付 14 亿元本金和 8610 万元利息，该只债券宣告违约。来自多个大型银行的债券持有人对英利继续给予了"喘息期"。据悉，85.27% 债券持有人同意有条件延期兑付，即在兑付全部利息及 1/3 本金，同时英利能源（中国）有限公司为第一期中期票据"11 威利 MTN1"项下其余全部债务提供连带保证的情况下，该债券剩余本金兑付可以延长至 2017 年 3 月 31 日。

（四）贸易保护

与Solyndra达成反垄断诉讼和解。英利2016年4月6日宣布，公司已与美国Solyndra公司达成协议，就其在北加州地方法院针对公司提起的反垄断和不公平贸易行为诉讼进行和解。根据和解协议，公司将向Solyndra支付750万美元和解费用，随后针对英利绿色能源的诉讼将被撤销。同时，Solyndra今后将不会再针对英利绿色能源及其关联公司发起类似诉讼和指控。在2016—2018年三年中，如果英利绿色能源或其关联公司在美国和加拿大的年度组件销量达到或者超过800MW，公司需要额外向Solyndra一次性支付1000万美元。

第三节　保利协鑫能源控股有限公司

一、总体发展情况

保利协鑫2016年业务收入达到197.78亿元，与2015年基本持平，其中光伏材料业务192.7亿元，光伏电站业务5.08亿元。2016年多晶硅产量达到6.93万吨，同比减少6.7%，其中外销量9951吨，同比减少44.8%，占总产量的14.3%。多晶硅平均售价15美元/千克，同比下降3.8%；硅片产量17.33GW，同比提高15.8%，销量17.52GW，同比提高15.4%，硅片平均售价0.164美元/瓦，同比下降12.8%。

协鑫新能源2016年新增光伏装机容量1870MW，同比增长82.4%。累计光伏装机容量达到3516MW，其中大型地面电站、农光互补、渔光互补、分布式项目分别占据64%、21%、12%和3%。总电力销售量2784百万千瓦时，同比上升220%。光伏能源业务收入飙升226%至人民币22.46亿元。从区域布局上，光伏电站遍布中国22个省份，约一半总装机容量集中于陕西、内蒙古、河南、江苏及安徽等地，并且超过80%位处于西北以外的二、三类资源区。2016年，协鑫新能源获得了360MW领跑者项目和250MW光伏扶贫指标，分别位列全国第三位和第一位。在新增的装机容量中，自行开发项目比例大幅上升，从 2015 年的 18% 大幅增至 2016 年的 48%。通过增加自行开发项目比例，整体开发成本降低，2016 年新增电站建设成本为 7.2 元/瓦，同比下降 16%

协鑫集成 2016 年完成组件出货量 3.9GW，同比增长 130.1%；营业收入 120.3 亿元，同比增长 91.4%；净利润 −2691.2 万元，同比下降 104.2%。

二、企业发展策略

（一）创新战略

在技术进步上，协鑫集成研发储备 PERC 及异质结等电池技术，实现金刚组件、半片组件、超大组件及双玻组件推广。

在管理创新上，协鑫新能源在宁夏中卫投运了首个"区域运营中心"，对区域内 6 座光伏电站实行远程统一运维。协鑫新能源的"区域运营中心"以 150—200 公里为管理半径，容量达到 500MW—1GW。2017 年协鑫新能源还将在全国新设 6 个"区域运营中心"，并在 2018 年底覆盖全国。

在金融创新上，一是利用互联网渠道融资。协鑫集成于 2016 年 5 月发布了互联网金融产品国鑫所，自上线以来，历时 130 天，实现了交易额突破人民币 10 亿元。二是大力借助融资租赁筹措资金。协鑫新能源先后与北银金融、芯鑫融资租赁、中国金融、信达金融租赁签订了融资租赁协议。截至 2016 年 6 月 30 日，协鑫新能源通过数项财务租赁及售后回租安排，共筹措资金 19 亿元，并主要用于采购光伏电站项目设备。三是成立投资基金。2016 年 4 月，协鑫新能源与中国东方资产管理公司合伙成立投资基金，成功筹措资金 13 亿元，用于投资协鑫新能源的光伏发电项目。四是创新其他融资模式。2016 年 7 月，协鑫新能源公布申请在上海证券交易所发行为期 3 年的非公开定息债券，本金额最高为 20 亿元。

（二）市场战略

发力分布式发电业务。为顺应国内分布式光伏市场发展趋势，协鑫新能源专门设立分布式事业部，并推出"鑫屋顶"业务，通过合同能源管理、屋顶租赁以及合资共营等三大模式，进行分布式屋顶电站开发建设。协鑫集成也于 2016 年 5 月发布了"鑫阳光"分布式智能监控云平台。

积极布局储能业务。协鑫集成自主研发的"E – KwBe"储能产品目前在澳大利亚、南非等多个国家和地区已经陆续出货安装，当前出售出货量已超过3000套，其工商业储能产品开发已完成，正在进行样机测试及产线建设，预计2017年4月正式量产并向全球市场销售。

（三）投资合作

继续扩大产能。2016年5月，协鑫集成旗下徐州鑫宇光伏科技一期500MW PERC多晶太阳能电池项目投产，8月，400MW单晶双面电池建成投产。2016年9月，协鑫集成募集资金31.5亿元布局光伏电池项目，主要包括1600MW高效差异化光伏电池项目、250MW超高效异质结光伏电池项目和500MWh储能电池项目。

通过投资合作进入海外市场。2016年1月，协鑫集成与印度Essel集团和印度安得拉邦政府签署了一份谅解备忘录，三方共同出资110亿美元（约合747.86亿元人民币）在当地建立太阳能组件制造工厂及综合智慧能源城镇。2016年底，协鑫集成宣布与越南电池科技有限公司（以下简称"越南电池"）进行产能合作，快速打造600MW海外太阳能电池产能。其中，协鑫集成享有330MW设备产能，其中PERC设备的产能只由协鑫集成使用。此外，协鑫集成提供硅片委托越南电池代工为电池片。越南电池享有的270MW产能部分，协鑫集成享有优先代工权利。

加强兼并重组。为聚焦光伏业务，协鑫新能源出售了旗下印刷线路板业务。保利协鑫1.5亿美元收购SunEdison旗下太阳能相关资产，其中包括流化床反应器（FBR）多晶硅业务。2016年上半年，协鑫集成以969万澳元（约合4749万元人民币）收购了澳大利亚从事光伏系统业务的OSW公司51%股权，布局海外市场。

第四节　阿特斯阳光电力集团

一、总体发展情况

2016年光伏组件出货量达到5.2GW，同比增长17%。净收入达到28.5

亿美元，同比下降 17.9%。

表 29-4   2016 年 Q1—Q4 阿特斯生产经营数据

	组件出货量（MW）		净收入（亿美元）	系统和解决方案业务所占比重	净利润（万美元）
	内部	外部			
2016Q1	24.8	1147.2	7.21	6.3%	2260
2016Q2	18.7	1271.3	8.06	8.5%	4040
2016Q3	16.3	1144.7	6.57	10.4%	1560
2016Q4	31	1581	6.68	6.6%	-1330

＊组件出货量统计的为记为收入的组件出货量

资料来源：企业财报，赛迪智库整理，2017 年 5 月。

公司硅片产能升至 1GW，其中 600MW 采用金刚线切工艺。公司预计至 2017 年 4 月，硅片产能将达到 1.3GW，并且全部采用金刚线切工艺。电池产能有所减少，主要是由于位于东南亚的 850MW 电池厂未能如其投产。此外，阿特斯位于阜宁的工厂在 2016 年 6 月遭受龙卷风极端天气影响而受到一定程度破坏。到 2016 年底，阜宁工厂 5 条产线中的两条恢复生产，其余产线将于 2017 年上半年恢复运营。

表 29-5   2013—2016 年阿特斯产能增长情况

年份	硅片	电池	组件
2014 年（GW）	260	1500	3000
2015 年（GW）	400	2700	4330
2016 年（GW）	1000	2440	5800

资料来源：企业财报，赛迪智库整理，2017 年 3 月。

二、企业发展策略

（一）创新战略

至 2016 年底，黑硅电池转换效率已超过 19%，单晶 PERC 电池转换效率接近 21%，60 片组件功率达到 290W。

在成本控制上，组件生产成本已降至 0.35 美元/W。

表 29 - 6 2013—2016Q3 年阿特斯各环节成本控制数据

年份	多晶硅/硅片环节（美元/瓦）	电池环节（美元/瓦）	组件环节（美元/瓦）	总成本（美元/瓦）
2013 年	0.22	0.14	0.17	0.53
2014 年	0.21	0.13	0.16	0.5
2015 年 Q3	0.18	0.1	0.14	0.42
2016 年 Q3	0.16	0.07	0.12	0.35

资料来源：赛迪智库，2016 年 3 月。

（二）市场战略

已成功转型为国内较大的下游光伏系统集成商。至 2016 年 9 月底，持有运营的光伏电站装机量达到 948MW，已建设并网的光伏电站规模为 2545.6MW。

表 29 -7 截至 2016 年 9 月底阿特斯持有光伏电站情况（单位：MW）

美国	加拿大	日本	英国	中国	其他	合计
483	100	22	120	218	5	948

资料来源：赛迪智库，2017 年 3 月。

对欧出货比例增大。

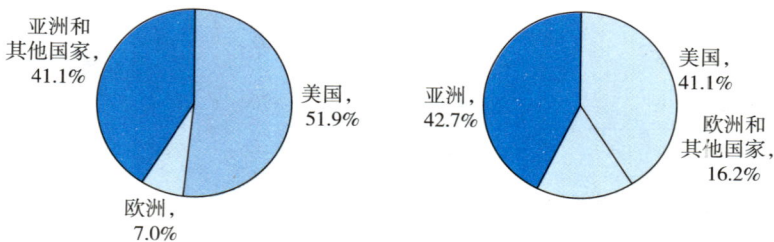

图 29 - 3 2015Q4 及 2016Q3 年阿特斯组件出货区域（左为 2015 年 Q4，右为 2016 年 Q3）

资料来源：赛迪智库，2017 年 3 月。

（三）投资合作

2016 年 2 月，开始在原有洛阳基地上建设硅片 1GW、电池 1GW、组件 1.1GW 的全产业链光伏产品生产基地。

2016 年 10 月，总投资 40 亿元在包头开工建设 3GW 硅片和 600MW 组件项目。分三期建设，一期建设 2GW 多晶金刚线切片和 200MW 组件生产线，二期建设 2GW 多晶铸锭和 200MW 组件生产线，三期建设 1GW 铸锭、金刚线切片和 200MW 组件生产线。

2016 年 12 月，与美国 Flex Energy 合资在巴西建设的 400MW 组件厂投产。

第三十章　电子材料、元器件及仪器设备行业重点企业

整体来看，我国电子材料、元器件及专用设备行业缺乏足够大的领军企业，且较为分散，与国外企业相比差距较为突出。2016 年，电子材料、元器件及专用设备行业以上市企业为代表的骨干企业充分发挥资本市场作用，继续加快布局步伐，通过兼并重组、扩大投资等多种方式，不断拓展新业务领域和扩大生产规模，加大研发投入力度，增长速度非常明显。其中，仅在电子元件领域，据不完全统计，2016 年上市公司完成并购重组案达 31 件，交易金额达到 220 亿元。

第一节　北京当升材料科技股份有限公司

一、总体发展情况

北京当升材料科技股份有限公司（简称"当升科技"）成立于 2001 年，是专业从事锂离子电池正极材料研发、生产与销售的高新技术企业，主要产品包括钴酸锂、锰酸锂、多元材料等锂离子电池正极材料，以及四氧化三钴、多元材料前驱体等前驱体材料，产品应用领域涵盖小型锂电和动力锂电领域。当升科技已经发展成为国内锂离子电池正极材料的龙头企业之一，于 2010 年 4 月成功登陆创业板，是国内唯一一家锂电正极材料上市公司。

在我国新能源汽车持续快速发展带动下，2016 年我国锂离子电池产量迅猛增长，带动正极材料市场尤其是动力型正极材料供不应求，当升科技在积极推出新的动力型正极材料产品的同时努力扩大动力型正极材料产能，经营

各项指标较 2015 年显著增长。2016 年，当升科技实现营业收入 13.3 亿元，同比增长 55.1%，其中锂离子电池材料业务实现营业收入 11.8 亿元，同比增长 49.6%；实现净利润 0.99 亿元，同比增长 647.6%。截至 2016 年 12 月 31 日，当升科技的总资产达到 21.6 亿元，比上年同期增加 24.3%，其中净资产为 13.4 亿元，比上年同期增长 8%。

二、企业发展战略

未来三年，当升科技将立足于锂离子电池行业，深入推进产业链整合，持续做强做大锂电材料业务，跻身行业全球前三名；拓展自动模切设备业务，加快核心技术开发，进入智能装备领域，跻身世界先进行列，实现两大业务领域的同步发展。2017 年扎实推进以下几项工作：

（一）快速推出战略新品，积极开展前瞻性研发

当升科技将充分发挥在高镍多元材料方面的技术先发优势，加快动力新产品的开发速度，集中精力推出能量密度更高、性能更加优异的动力 NCM811、NCA 材料。同时，将积极推进现有多元材料、钴酸锂等产品的工艺优化和性能升级，进一步提升现有产品的市场竞争力。2017 年，将重点加强创新平台建设，大力推进与科研院所的合作，联合业内专家学者，着眼行业未来发展趋势，围绕固态锂电等技术方向开展前瞻性开发。

（二）巩固现有市场领先优势，提前布局未来新兴市场

当升科技将加快在小型锂电、动力锂电和储能锂电三大领域全面布局。小型锂电方面，将加快产品的优化改进和性能升级，保持小型锂电市场的领先优势。动力锂电方面，将继续领跑动力锂电市场，依托动力 NCM622 和 NCM523 产品的技术和市场优势，加大国内外客户的开发力度，实现销量持续快速增长。同时，继续推进"材料—电池—车企"三位一体的合作开发模式，进入高端车企供应链。储能锂电方面，抢先完成储能高端市场的布局，牢固占据行业优势地位。

（三）加快江苏当升工程建设，推动原有产能优化升级

当升科技将加快完成江苏当升二期工程第二阶段建设，建成年产 4000 吨

高镍多元材料生产线，缓解目前在高镍多元材料产能方面的瓶颈。同时，完成江苏当升部分产能的工艺升级，进一步提升江苏当升在动力锂电正极材料方面的总产能。2017年，将启动江苏当升三期工程的规划、设计及相关工作，为完成下一代高镍多元材料的布局，继续保持在动力市场的领先优势奠定基础。

第二节 有研新材料股份有限公司

一、总体发展情况

有研半导体材料股份有限公司（简称"有研硅股"）成立于1999年，其前身是半导体材料国家工程研究中心，同年在上海证券交易所挂牌上市，2014年变更为有研新材料股份有限公司（简称"有研新材"）。有研硅股是国内半导体材料行业的主导企业，多次承担"九五""十五"硅材料研究重大课题，完成了2项国家产业化工程，实现了我国硅单晶行业的九个"第一"。2014年在合并有研稀土、有研亿金和有研光电后更名为有研新材，从原来的单一从事半导体硅材料的企业，发展成为集半导体材料、稀土材料、光电材料、高纯/超高纯金属材料、生物医用材料等多个重要领域于一身的新材料企业。

2016年，面对复杂和低迷的国内外经济形势，有研新材积极开拓市场，加强成本管理，开展降本增效活动严控企业开支，加大新产品新技术研发的投入力度，实现了"十三五"开局良好发展。2016年，有研新材实现营业收入38.1亿元，同比增长47.1%，实现净利润0.5亿元，同比增长52.2%。其中高纯/超高纯金属材料实现营业收入8.8亿元，同比增长58%，稀土材料实现营业收入10.4亿元，同比增长43.6%。截至2016年12月31日，有研新材的总资产达到32.4亿元，同比增长4.7%。其中净资产为28.1亿元，同比增长2.0%。

二、企业发展战略

有研新材未来将重点围绕硅基半导体材料、化合物半导体材料、微电子与光电子工艺制程配套材料、稀土金属及合金、稀土磁功能与发光功能材料、光纤配套材料、红外光学材料等，充分利用自身技术优势和行业地位，加强与关联企业合作，高速推进在建项目的落地实施，努力将有研新材建设成为国内领先、国际一流的微电子与光电子材料、稀土冶金与功能材料的科技创新和产业基地。2017 年重点开展以下工作：

（一）进一步优化产业结构，提升公司的盈利能力

有研新材将综合考虑现有业务的分布情况和未来发展方向，对现有业务进行调整，在各产业板块上形成功能完备的领域布局。主动作为抢抓市场，牢固树立市场意识，开展好增品种、提品质、创品牌工作，增加市场份额。加强与优秀企业对标，健全成本管控体系和目标考核体系，通过改进流程、技术革新等手段降低成本费用，大力压降"两金"规模，提高资金使用效率，确保资金安全。

（二）加强研发创新，提升公司核心竞争力

有研新材将要加大科研争项力度，加强协同创新，努力突破和掌握一批关键技术，在实施"中国制造 2025"、工业强基、智能制造和绿色制造工程中切实发挥作用。加大力度推进新型节能绿色环保稀土冶炼分离技术在行业内推广应用，进一步提升公司在行业内影响力。重点推进公司大尺寸靶材、高性能稀土荧光粉、稀土永磁材料、低位错锗单晶等的研发和重点客户评价工作。

（三）充分整合资源，推动外延发展

有研新材将要充分发挥上市公司融资平台的作用，推进内部资源整合，盘活闲置资源，实现资源协同、高效发展。调整并购基金，通过基金撬动社会资本，围绕有研新材的发展定位，推进纵横双向整合，实现规模效应，寻求最佳时机进行战略布局，真正实现市场化资本运作。组建全资投资公司，提升资本运作团队的专业化水平，提高投资并购的执行效率。

第三节 广东生益科技股份有限公司

一、总体发展情况

广东生益科技股份有限公司（以下简称"生益科技"）成立于1985年，是我国最大的覆铜板生产企业。1998年在上海证券交易所上市，是目前国内唯一一家覆铜板上市公司。主要产品有各类覆铜板和多层板用系列半固化片。生益科技技术力量雄厚，是东莞市唯一一家拥有国家级企业研究开发中心的企业，产品质量始终保持国际领先水平。

2016年生益科技实现营业收入85.4亿元，同比增长12.2%，实现净利润7.5亿元，同比增长37.5%。2016年生益科技生产各类覆铜板7309.9万平方米，比上年增长15.8%；生产黏结片9567.9万米，比上年增长16.1%；销售各类覆铜板7476.1万平方米，比上年增长16.2%；销售粘结片9547.3万米，比上年增长16.6%；生产印制电路板862.9万平方英尺，比上年增长16.9%；销售印制电路板850.9万平方英尺，比上年增长16.9%。截至2016年12月31日，生益科技的总资产达到95.3亿元，其中净资产为50.5亿元。

二、企业发展战略

生益科技未来战略仍将利用自身优势坚持做大做强覆铜板主业为主，继续强化公司在多品种、交货、质量、价格、技术等综合竞争优势，针对不同竞争对手，通过差异化竞争赢得竞争优势。

（一）确立新的技术纲要

经多年的实践、认识、再实践、再认识的不断循环，2017年，生益科技将进一步确定新的技术路线图并依此明确技术平台、产品平台、工程化的三大技术着力点及相互关系，在依托过去若干年的成功实践基础上，确立了实施的基本结构、组织、方法等。

（二）推进管理体制改革

紧紧围绕"创造价值"这一主轴，继续推动"自上而下"的管理体制改革，利用 ERP 上线运作全面推广信息化管理模式。全面完成了公司岗位任职资格评定及薪酬制度改革，完善人力资源管理制度和结构。加快推动全面预算管理，通过预算管理杠杆的引导，市场、生产、供应等各环节均主动协调和互相支持，使集团资源实现有效调配。实现法务管理和内部控制实施常态化，进一步规范公司运营。

（三）优化资产结构

为了做大做强主业，生益科技将进一步通过资产重组，推动子公司改制上市，优化资产结构，促使非主营业务资产的发挥更大经济效益，实现多元化发展。在继续做大做强主业的同时，将积极研究关注与主业技术或业务相关的产业项目，以及新兴产业、高新技术项目的投资机会，以保证可持续的长远发展。

第四节 上海飞乐音响股份有限公司

一、总体发展情况

上海飞乐音响股份有限公司（以下简称"飞乐音响"）成立于 1984 年，是我国第一家股份制上市公司。最早从事音响生产，后不断调整产业结构，已经成为集绿色照明、IC 卡、电子部件、计算机系统集成与软件开发于一体的多元化公司。2014 年，飞乐音响通过发行股票及支付现金方式收购申安集团 100% 股权，打通并延伸了 LED 照明灯具至应用端照明工程市场的产业链条，实现强强联合。经过深度融合后的飞乐音响，拥有遍布全国近 80 万平方米的十大研发生产基地和一个国家级技术中心，并由近一个世纪以来家喻户晓的中外驰名商标"亚牌"统领，使之成为全国照明行业企业布局最广、实力最强的民族品牌龙头企业。

2016 年我国 LED 照明市场需求持续快速增长，飞乐音响在致力于调整自身产业结构的同时，积极抓住市场机遇，实现了快速发展。2016年飞乐音响实现营业收入71.6亿元，同比增长41.5%，其中LED产品业务实现收入18.8亿元，同比增长566.6%；实现净利润3.5亿元，同比下滑6.7%。截至2016年12月31日，飞乐音响的总资产达到118.4亿元，其中净资产为35.8亿元，分别比上年增长41.5%和10.0%，主要是完成了对喜万年集团经整合的80%股权收购所致。

二、企业发展战略

飞乐音响正致力于从传统照明制造型企业向提供整体照明解决方案的现代服务型企业转型，通过产品和服务的融合，力争在未来成为国内乃至国际最具影响力的照明解决方案服务商，以照明工程整体解决方案为核心，通过以照明项目的总分包为切入，积极培育和固化平台型"深度运营"业务能力，以智慧路灯网积极介入智慧城市的建设和运营，致力于成为中国第一、世界一流的智慧照明巨头。

（一）完善体制机制

飞乐音响将推动新的战略规划、战略举措落地，牵头普华永道跟进、评估实施效果，并根据经营管理经验、共同提炼总结"飞乐管理模式"。同时，将根据外部市场环境及自身生产特点、岗位配置及员工构成情况，设计出能够驱动战略发展、与项目业绩挂钩捆绑性的考核，强调公司、团队和个人的绩效激励体系方案。

（二）提升运营效率

飞乐音响将建立全覆盖的用友ERP系统，规范和统一企业的工作和管理流程，进一步节约成本和提高效率；深化喜万年投后重组整合，合理布局，降低运营成本及管理费用，加强应收账款的管理，加快企业资金周转，提高企业资金的使用效率。同时，将通过资产证券化、抵押贷款、让售、债务重组等方式进行应收账款的融资，迅速解决资金需求等问题，有效地规避应收账款导致的呆账、坏账风险，加快资金的运转速度。

（三）强化核心产品竞争力

飞乐音响将重点研发Zigbee、BLE等控制+智能模块，集成了传感、通信、计算控制单元、定位等功能，并在此平台上开发智能照明产品系列，努力实现可见光通信在室内照明控制及通信定位应用等预研项目中取得初步进展，完成面向道路、园区、隧道主要三种场景的智能路灯开发；完成三种传感器以上的硬件解决方案；完成4G及5G微基站一体化解决方案。

第五节　横店集团东磁股份有限公司

一、总体发展情况

横店集团东磁股份有限公司（以下简称"横店东磁"）于1999年成立，主要从事磁性电子元件的研发、生产和销售，后扩展至光伏以及其他领域，2006年在深圳证券交易所上市。横店东磁目前是全球最大的永磁铁氧体生产企业，也是我国最大的软磁铁氧体生产企业之一。"东磁"牌磁性材料为"中国名牌"产品及"国家免检产品"。

2016年得益于磁性材料市场需求稳步增长和太阳能市场持续向好，横店东磁延续良好发展势头，营业收入和净利润实现双增长。全年营业收入达到47.1亿元，同比增长19%，实现净利润4.4亿元，同比增长36.5%。其中，永磁铁氧体业务实现收入13.4亿元，软磁铁氧体业务实现收入6.7亿元，光伏产品业务实现收入20.8亿元。截至2016年底，横店东磁的总资产达到58.3亿元，净资产为39.6亿元，分别比上年增长13.4%和12.1%。

二、企业发展战略

2017年，横店东磁将继续围绕磁性材料、太阳能光伏、新能源电池"三驾马车"式的产业布局砥砺前行，在管理上重点抓"技术创新""精益管理""客户战略""聚焦产品""自动化、无人化"这五项基础管理工作，按照"做强磁性、发展战略、适当投资"思路，预计2017年完成销售收入约53.3亿元，实现净利润4.6亿元。

（一）持续推动永磁产品升级

"做强磁性"始终是东磁的立业之基、发展之本，"做强磁性"的硬指标是大于行业的增长率。永磁事业部在积极响应国家提出的智能制造战略、推进工厂无人化技术改造项目基础上，不断提升9材系列产品比重，实现12材系列产品批量上市，逐步推动永磁产品升级换代。生产上80%的磁瓦实现一次磨削，磁瓦成品率提升3%。

（二）不断完善软磁产品链条

软磁事业部将致力于提高市场占有率，聚焦高端客户，加大欧洲市场重点客户开发力度，加大终端客户的开发力度，积极配合客户前期开发，重点关注无线充电产品等新技术的发展；推进锰锌新材料定型量产，加快开发分布式气隙产品、镍锌和合金类小产品，大力拓展磁粉芯、镍锌市场，扩建合金磁粉芯生产线、铁氧体磁片分厂、合金制粉厂，持续优化产品结构。

（三）积极拓展光伏新市场

经营上强化差异化战略，争取结构性、局部性机会，增量产能达产满产、存量产能优化升级；国内市场重点瞄准领跑者项目和分布式的单晶机会，欧洲、日本取得新增长，印度成为新亮点。生产上现有产能继续优化、电池良品率争取再提升0.1%，提升电池转换率，单晶达到20.4%，多晶达到18.6%，量产PERC单晶21.1%转换效率及双玻组件。

第六节　长飞光纤光缆股份有限公司

一、总体发展情况

长飞光纤光缆股份有限公司（简称"长飞股份"）创建于1988年5月，原名为长飞光纤光缆有限公司，2013年12月完成股份制改造，正式更名为长飞光纤光缆股份有限公司。长飞股份由中国电信集团公司、荷兰德拉克通信科技公司、武汉长江通信集团股份有限公司共同投资。总部位于武汉市东湖高新技术开发区关山二路四号，是目前我国产品规格最齐备、生产技术最先进、生产规模最大的光纤光缆产品以及制造装备的研发和生产基地之一。长飞股份主要生产和销售通信行业广泛采用的各种标准规格的光纤预制棒、光纤及光缆，也设计及定制客户所需规格的特种光纤及光缆，包括特种集成系统，已经成为全球最大的光纤预制棒供应商、全球第二大光纤及光缆供应商。长飞股份拥有最完备的光纤及光缆产品组合，为全球通信行业及其他行业提供各种光纤光缆产品，包括广播及电视通信网络、公用事业、运输、石油化工及医疗。2014 年 12 月，长飞股份在香港联交所正式上市，成为国内首家也是唯——家在香港上市的专注于光纤预制棒、光纤和光缆等产品的公司。

2016 年，在我国大力实施信息消费以及宽带中国战略带动下，三大运营商继续大力发展 4G 网络以及居民宽带基础设施建设，长飞股份各项营业指标保持快速增长势头。2016 年，长飞股份实现营业总收入 81 亿元，同比增长 20.4%，实现净利润 6.8 亿元，同比增长 21.4%。其中，光纤预制棒及光纤业务实现收入 40.1 亿元，同比增长 6.6%，光缆业务实现收入 35.8 亿元，同比增长 35.6%。截至 2016 年底，长飞股份总资产 81.8 亿元，净资产 44.4 亿元，分别同比增长 7.93% 和 19%。

二、企业发展战略

长飞股份的战略目标是巩固并进一步提升于中国乃至全球市场的领先地位，致力成为研发及制造光纤预制棒、光纤及光缆与提供有关产品市场推广及咨询服务的全球领导者。2017 年，长飞股份将紧密围绕中长期发展战略，推动棒纤缆业务内涵增长，深化实施国际化战略，强化技术创新与智能制造，积极探索多元化发展，提升资本运营，从而促使公司快速发展。

（一）继续加强产业布局

积极推动子公司浙江联飞光纤光缆有限公司投产，将打造为中国华东地区最有影响力的光纤供货商。整合了全球光纤光缆产业链的优势资源，推动湖北潜江长飞科技园投产，努力打造成为全球光纤光缆产业的耀眼明星。将确保国内外新投产项目的稳健运营，扩大供给优势，争取更多市场销量与份额，务实市场领先地位，争取尽早回收项目投资。

（二）强化创新驱动发展

长飞股份将继续强化技术创新与智能制造，搭建集团研发平台，创新产品研发体系，推出更多有市场潜力和竞争优势的产品和解决方案。同时，整合内外部资源，积极推进一系列智能制造项目，构建线缆智能制造方案，扩大生产成本优势。积极发展多元化，在特种产品与器件、材料与应用、咨询服务等方向上，寻求新的进入机会，促进收入和利润持续增长。

（三）深化全球化发展战略

在保持国内市场地位领先的同时，长飞集团深化实施国际化战略，一方面确保长飞缅甸光缆、印度尼西亚光纤和南非光缆的稳健运营，加快建设印度尼西亚光缆项目，并积极寻求其他新兴区域市场的投资机会，完善海外本地化生产布局；另一方面，强化海外销售布局，提升本地化销售服务能力，快速扩大光纤和光缆出口规模。

第七节　歌尔股份有限公司

一、总体发展情况

歌尔股份有限公司（简称"歌尔股份"）成立于1997年，主要从事微型电声元器件和消费类电声产品的研发和制造，主要产品包括微型麦克风、微型扬声器/受话器、蓝牙系列产品和便携式音频产品，广泛应用在移动通信设备及其周边产品、笔记本电脑、个人数码产品和汽车电子等领域，客户涵盖三星、苹果、LG、松下、索尼、谷歌、微软、缤特力、思科等国际顶级厂商。在微型麦克风领域，歌尔市场占有率居世界同行业之首；蓝牙耳机ODM业务和3D眼镜业务量均居世界第一；在微型扬声器/受话器领域，歌尔居国内同行业第二名、国际第三名。歌尔股份业绩一直保持稳定快速增长，2008年在深圳证券交易所成功上市。

2016年，消费电子行业技术创新不断驱动产业发展，以人工智能、大数据、物联网为代表的新技术不断渗透到消费电子产品中，促进传统消费电子产品升级换代，促进新的消费电子产品形态的产生。虚拟现实产品进入大规模消费应用阶段，促进了虚拟现实产业从无到有，蓬勃发展。歌尔股份围绕Hearable、Wearable、Viewable、Robotics 四大战略优化产业链布局，加大技术研发投入，不断提高新产品开发能力，经营指标快速增长。2016 年，歌尔股份实现营业收入 192.9 亿元，比上年同期增长 41.2%，实现净利润 16.5 亿元，同比增长 32%。其中，电声器件业务实现收入 109.4 亿元，同比增长24.1%，电子配件业务实现收入 77.9 亿元，同比增长 20.1%。截至 2016 年12 月 31 日，歌尔股份的总资产达到 229.1 亿元，比上年同期增长 19%，其中净资产为 108.5 亿元，比上年同期增长 15.3%。

二、企业发展战略

2017 年，歌尔股份将以 Hearable、Wearable、Viewable、Robotics 智能硬件为核心，以传感器、零组件和精密制造、智能制造为依托，做强零组件、做大成品，不断提升歌尔在全球消费电子领域影响力。

（一）不断加强技术创新和新产品开发

歌尔股份将推进技术导向公司建设，使公司成为真正的技术驱动型公司，继续加强在传统优势领域的技术研发力度，保持技术领先地位，掌握新产品领域核心技术，使技术创新成为公司利润的来源点。不断加强微型数字麦克风、MEMS 麦克风、微型扬声器/受话器、扬声器模组等产品的升级换代；在消费类电声产品方面，进入大声学研发领域，专注于通过蓝牙、Wi－Fi、Zig-Bee 等无线技术实现无线音箱产品智能化，服务智能家居的普及。

（二）积极探索歌尔 4.0 发展模式

歌尔股份将进一步夯实多年在精密制造领域经验、技术积累，响应国家制造业转型升级号召，探索歌尔 4.0 的发展模式，以高度的柔性自动化生产，满足智能消费电子个性化的产品需求，应用自行开发自动化设备，通过二维码、新型 ERP 系统、MES 系统的使用，实现生产效率的飞跃和生产费用的降低。

（三）持续推进人才引进与培养

伴随着业务规模的迅速扩大，歌尔股份更加注重组织活力的培养，聘请外部管理咨询机构，积极优化组织架构及内部流程，打通人力资源发展通道，实施以股票期权激励计划等员工激励措施，搭建起共赢的利益分享平台。同时，歌尔股份将坚持引进和培养并重的人才发展模式，积极推动高端技术及管理人才引进，扩大与国内外知名高校和高新技术公司的合作；对内，组织广大员工参加以学历教育、职业技能教育为主的在职教育，提高各层级管理技术人员的管理、技能水平。

第八节　北方华创科技集团股份有限公司

一、总体发展情况

北方华创科技集团股份有限公司（简称"北方华创"）的前身北京七星华创电子股份有限公司于2001年成立，2010年在深圳证券交易所上市。七星电子的主营业务为大规模集成电路制造设备及高精密电子元器件，是国内大规模集成电路制造设备领先企业，也是军工电子元器件研发生产的骨干企业。北方华创科技集团股份有限公司是由北京七星华创电子股份有限公司（以下简称"七星电子"）和北京北方微电子基地设备工艺研究中心有限责任公司（以下简称"北方微电子"）于2016年战略重组而成，主要产品为高端电子工艺装备和精密电子元器件。

2016年，北方华创在完成战略重组的同时，紧抓国内集成电路等产业发展的战略机遇，持续提升产品技术研发和规模化生产能力，满足各领域快速增长的市场需求，进一步巩固了在泛半导体等领域的竞争优势。2016年，北方华创实现营业收入16.2亿元，同比增长33%，实现净利润0.93亿元，同比增长46.5%。其中，半导体设备主营业务收入8.1亿元，比上年同期增长56.2%；真空设备主营业务收入0.88亿元，比上年同期下降11.1%；新能源锂电设备主营业务收入0.96亿元，比上年同期增长250.1%；电子元器件主营业务收入6.1亿元，比上年同期增长7.6%。截至2016年底，北方华创的总资产为65.4亿元，其中净资产31.9亿元，分别比2015年增长24.8%

和 50.1%。

二、企业发展战略

北方华创聚焦于高端电子工艺装备（含半导体装备、真空装备、新能源锂电装备）和精密电子元器件业务，致力于在高端电子工艺装备和精密电子元器件领域成为一家国内领先、国际知名企业，为客户提供全面解决方案。

（一）发挥整合优势，增强协同效应，打造"4+1"平台管理模式

北方华创将更大程度地发挥规模效应，共享国内最有影响力的两家半导体装备企业在基础设施、研发体系、供应链、销售渠道、服务体系、知识产权以及人才团队等方面的宝贵资源，降低产品和管理成本，实现 1+1>2 的协同效应。

（二）清晰管理，明确任务，专心打造四大业务领域的龙头地位

半导体装备业务方面，北方华创将进一步实现空间布局整合，陆续完成 MFC、光伏设备及清洗机业务的搬迁及整合，力争在 14nm 原子层沉积（ALD）设备、14nm 栅刻蚀机、14nm CuBS PVD 设备、14nm LPCVD 设备、铜互连清洗机等产品方面实现突破。真空装备业务方面，面向不同应用领域，全面推行矩阵式管理模式。锂电装备业务方面，发挥多年技术优势，在涂布机、浆料搅拌机等极片制造设备产品方面做精、做专。精密电子元器件业务方面，围绕整合后的电阻、电容、晶体器件、混合电路、微波组件等元器件业务，深入探讨统一市场、统一渠道、统一形象策划。

（三）强化人才队伍的国际性，创新人才培养与激励机制

将进一步探讨和完善人才培养规划及薪酬激励机制，以创新的激励机制吸引全球化的高端人才，加大高端人才的引进力度，优化人才结构，保障各项战略目标的顺利发展。

政 策 篇

第三十一章　2016年中国电子信息产业政策环境分析

2016年是"十三五"开局之年，也是供给侧结构性改革元年，面对错综复杂的国内外经济环境，我国电子信息行业认真贯彻落实党中央、国务院决策部署，从发展规划、投融资、税收优惠等多个层面出台相关措施，实现行业整体有序发展。

第一节　电子信息产业总体政策布局

2016年是"十三五"布局规划的开局之年，在国家层面出台了多个电子信息产业相关规划。其中《信息通信行业发展规划（2016—2020年）》为电子信息产业发展指明了方向，在《规划》中明确了电子信息产业"十三五"期间的发展目标，到2020年电子信息制造业主营业务收入达到14.7万亿元，电子信息产业一般贸易出口占行业出口比重达到30%，电子信息百强企业研发经费投入强度达到6.1%，《规划》还通过专栏的形式明确了电子信息产业各个重要环节的发展重点，包括集成电路、基础电子、智能硬件和应用电子、计算机与通信设备、物联网等。此外，国家还出台了《软件和信息技术服务业发展规划（2016—2020年）》和《大数据产业发展规划（2016—2020年）》等发展规划，这些规划中也涉及电子信息产业发展的方方面面。工业和信息化部电子信息司也在多个场合公开解读电子信息制造业"十三五"发展布局，主要涉及以下几方面：

一是突破核心关键基础技术，增强体系化创新能力，夯实产业发展基础。瞄准信息产业关键环节和重点领域，布局建设国家创新中心，建设一批创新企业、产业联盟等，优化创新资源配置。加快落实《国家集成电路产业推进纲要》，重点突破集成电路、传感器等具有全局影响力、带动性强的核心关键环节，打造全产业链协同创新机制。继续实施强基工程，强化核心基础元器件、先进基础工艺、关键电子材料和专用设备等支撑保障能力。瞄准产业发展制高点，选择新型计算、人工智能、生物智能传感等前沿关键技术开展联合攻关，抢占产业发展主导权。强化关键技术协同创新，突破高端存储设备、新一代移动通信设备与系统、智能传感、虚拟现实、新型显示等新技术，强化基础软硬件协调发展，构建先进核心技术体系，实现群体式创新突破，夯实产业发展基础。强化科技创新活动中的知识产权导向，积极推进创新成果的商品化、产业化，建立重点领域专利池，推动知识产权成果标准化。

二是促进产业链融合配套发展，优化产业空间布局，构建现代信息技术产业体系。以新型信息消费需求为导向，着力推动软硬融合、制造与服务融合、网络与产品融合，延伸传统信息技术产业链条，培育产业新增长点。鼓励和引导产业链各环节配套发展和产业链横向整合，增强产业链整体竞争力。跳出跟随发展模式，以骨干企业为引领，以掌握核心技术为基础，探索发展新模式，围绕绿色服务器、智能硬件、智能交通等领域完善产业生态。支持企业间战略合作和兼并重组，在电子信息产业若干重点领域推动形成一批企业规模大、创新能力强、品牌知名度高的龙头企业，培育"专精特新"的"小巨人"企业。结合京津冀协同发展、长江经济带等国家重大区域战略，加快优势产业集群、区域新增长极形成，推进东部、中西部地区产业差异化发展，打造优势互补的一体化发展新格局。把握信息技术融合化的趋势，推动产业发展模式创新，培育新的产业增长点，构建现代信息技术产业体系。

三是推动电子信息与传统领域融合创新，以应用促发展，提升产业支撑国家战略保障能力。落实《中国制造2025》，以智能制造为主攻方向，大力发展工业智能传感器、智能工控系统、工业机器人等核心技术产品和智能装备系统，加快提升生产过程数字化、网络化、智能化能力，推进生产线柔性改造和智能工厂建设，大力推广个性化定制、网络化协同制造、服务型制造等新模式。落实"互联网+"行动指导意见，构建电子信息产品融合创新平台，加强共性标准制（修）订，推动"大众创业、万众创新"，面向家电、医疗、农业、能源、交通、金融等行业典型需求，发展智能家居、智慧医疗等融合性新产品，加强供给侧结构性改革，推动建设面向行业需求的解决方案，促进行业应用快速发展，提升信息消费水平。推进重点行业信息技术应用公共服务平台建设，引导行业协会、企业和研发机构共同组织产用合作联盟，进一步完善产用合作公共服务环境。

四是加快发展信息安全产品，壮大信息安全产业，保障国家网络信息安全。促进安全可控产品与服务的联合技术攻关和产业应用，突破云计算、大数据、工业控制以及其他重要领域信息系统所需关键软硬件产品，加快安全可靠通信设备、计算机、网络设备、工业控制系统等信息技术产品的研发与应用，构建关键软硬件产品和系统的安全性、可靠性仿真模拟测试平台，优化安全可控信息技术产品的推广机制。强化信息安全产品的评估认证工作，建立健全信息安全产品生产企业社会信用体系。加快发展信息安全产业，提高保障国家信息安全的产业支撑能力。

五是优化产业出口结构，加强产业国际化布局，全面提升产业国际话语权。进一步提升一般贸易占比，推动出口产品向高端发展，不断优化电子信息产业出口结构。建立完善统筹协调机制，持续推动电子信息产业"一带一路"、中美合作、中欧合作等国际合作计划实施，结合海外重大项目建设积极推动通信系统、光伏等优势产能"走出去"，加快自主技术标准海外推广应用，扩大国际影响力。积极推动企业"走出去"，鼓励企业通过国际并购和国际研发团队引入获取高新技术，建立健全全球研发、生产和营销体系，加强国际资源利用，提升产业国际化布局和运营能力，扩大自主品牌国际影响力。发挥企业、协会、标准化组织等多方力量，积极参与国际技术合作研发、标准制（修）订，加强专利合作，建立多层次、多渠道沟通交流合作机制，提升产业国际话语权。

第二节　电子信息产业投资部署

2016 年，我国出台了多个涉及电子信息产业的产业投资基金，化解电子信息产业投资不足难题。

集成电路产业投资基金。2014 年，国家发布《国家集成电路产业发展推进纲要》，提出要设立国家产业投资基金，吸引大型企业、金融机构以及社会资金，重点支持集成电路等产业发展，促进工业转型升级。同时，支持设立地方性集成电路产业投资基金，鼓励社会各类风险投资和股权投资基金进入集成电路领域。自此之后，国家集成电路产业投资基金于2014年9月成立，为响应国家号召，各地方政府也相继出台了集成电路产业发展相关政策，而成立产业投资基金正是发展模式首选。目前，我国已经有多个省市明确将集成电路作为地方重点产业发展，包括北京、湖北、江苏、湖南、上海、福建、广东等在内的多个省市也相继成立了金额不等的集成电路产业基金。其中，北京和湖北各成立了300亿元的产业基金，福建和上海分别成立的产业基金金额甚至高达500亿元。2016年，更是有9只产业基金陆续出炉，涉及金额近2000亿元人民币。具体资金信息如表31-1所示。在中央和地方集成电路产业投资基金的支持下，集成电路的融资问题将会得到极大缓解。

表31-1 2016年我国地方集成电路产业投资基金发展情况

名称	目标规模（亿元）	首期规模（亿元）	成立时间	投资领域
陕西省集成电路产业投资基金	300	60	2016.9	集成电路制造、封装、测试、核心装备等产业关键环节的重点项目
辽宁省集成电路产业投资基金	100	20	2016.5	推动辽宁省集成电路产业在建、扩建项目资金需求和建设进度
四川省集成电路与信息安全产业投资基金	120	60	2016.5	扶持壮大四川省优势的集成电路相关产业
上海市集成电路产业基金	500	285	2016.1	主要用于集成电路产业发展，其中制造环节（300亿元）、设计（100亿元）、材料（100亿元）
湖南省国微集成电路创业投资基金	30—50	2.5	2016.3	集成电路设计、集成电路应用、集成电路装备与材料
厦门国资紫光联合发展基金	160		2016.3	IC设计、封测、制造、网络、大数据及产业并购与金融等领域
广东省集成电路产业投资基金	150		2016.6	投向集成电路设计、制造、封测及材料装备等产业链重大和创新项目
深圳市集成电路产业投资基金	50—100		2016.6	投向集成电路产业链各环节

资料来源：公开信息整理。

互联网产业投资基金。2016年1月，国家互联网信息办公室在北京召开发布会，宣布总规模达1000亿元人民币的中国互联网投资基金在北京成立。该投资基金经国务院批准设立，由国家网信办和财政部共同发起，聚焦互联网重点领域，旨在通过市场化方式支援互联网创新发展，为优秀互联网企业助力，为网络强国战略服务。而一些地方政府也在成立地方互联网产业投资基金，其中，信息安全领域将会是互联网产业投资基金支持的重点内容之一，这将极大拓展电子信息产业的融资渠道。

先进制造产业投资基金。2016年7月15日成立，国家发改委、财政部、工信部牵头发起，联合国家开发投资公司、工银瑞信投资管理有限公司等其他投资主体共同出资，首期规模200亿元。以前瞻性、战略性、基础性核心、关键技术突破和产业化为重点，大力发展和投资技术创新、产业升级项目。电子装备、电子原材料、电子元器件等将受惠于该产业投资基金。

国家新兴产业创业投资引导基金。2015年1月14日，国务院总理李克强主持召开国务院常务会议，决定设立国家新兴产业创业投资引导基金，而在2016年规模为400亿元以上的国家新兴产业创业投资引导基金正式成立，并且以该基金为引导，主要投向地方政府出资（包括全额出资和部分出资）的新兴产业创业投资基金、行业龙头企业发起设立并出资的新兴产业创业投资基金，这将极大放大该基金的融资规模。新一代信息产业作为我国战略性新兴产业之一，将受惠于该产业投资基金的支持。

第三节　电子信息产业税收优惠

新型显示行业。为继续推动我国新型显示器件产业的发展，财政部发布了《关于扶持新型显示器件产业发展有关进口税收政策的通知》（2016年62号文），支持产业升级优化，"十三五"期间继续实施新型显示器件以及上游原材料、零部件生产企业进口物资的税收优惠政策。自2016年1月1日至2020年12月31日，新型显示器件（包括薄膜晶体管液晶显示器件、有机发光二极管显示面板）生产企业进口国内不能生产的自用生产性（含研发用）原材料和消耗品，免征进口关税，照章征收进口环节增值税；进口建设净化室所需国内尚无法提供（即国内不能生产或性能不能满足）的配套系统以及维修进口生产设备所需零部件免征进口关税和进口环节增值税。对符合国内产业自主化发展规划的彩色滤光膜、偏光片等属于新型显示器件产业上游的关键原材料、零部件的生产企业进口国内不能生产的自用生产性原材料、消耗品，免征进口关税。

集成电路产业。为进一步贯彻落实集成电路有关政策，财政部于 2016 年发布《关于软件和集成电路产业企业所得税优惠政策有关问题的通知》（2016年 49 号文），进一步明确《关于进一步鼓励软件产业和集成电路产业发展企业所得税政策的通知》（2012 年 27 号文）集成电路产业所享受的财税优惠问题。即集成电路线宽小于 0.8 微米（含）的集成电路生产企业，经认定后，在 2017 年 12 月 31 日前自获利年度起计算优惠期，第一年至第二年免征企业所得税，第三年至第五年按照 25% 的法定税率减半征收企业所得税，并享受至期满为止；集成电路线宽小于 0.25 微米或投资额超过 80 亿元的集成电路生产企业，经认定后，减按 15% 的税率征收企业所得税，其中经营期在 15 年以上的，在 2017 年 12 月 31 日前自获利年度起计算优惠期，第一年至第五年免征企业所得税，第六年至第十年按照 25% 的法定税率减半征收企业所得税，并享受至期满为止。我国境内新办的集成电路设计企业，经认定后，在 2017年 12 月 31 日前自获利年度起计算优惠期，第一年至第二年免征企业所得税，第三年至第五年按照 25% 的法定税率减半征收企业所得税，并享受至期满为止；国家规划布局内的重点软件企业和集成电路设计企业，如当年未享受免税优惠的，可减按 10% 的税率征收企业所得税。享受财税〔2012〕27 号文件规定的税收优惠政策的软件、集成电路企业，每年汇算清缴时应按照《国家税务总局关于发布〈企业所得税优惠政策事项办理办法〉的公告》（国家税务总局公告 2015 年第 76 号）规定向税务机关备案，同时提交《享受企业所得税优惠政策的软件和集成电路企业备案资料明细表》规定的备案资料。为切实加强优惠资格认定取消后的管理工作，在集成电路企业享受优惠政策后，税务部门转请发展改革、工业和信息化部门进行核查。

电子装备首台套保险政策。财政部发布《关于申请首台（套）重大技术装备保费补贴资金等有关事项的通知》（财办建〔2016〕60 号）。该通知中的重大技术装备主要指，一是符合国家工业转型升级要求，且为当前国民经济建设和国家重大工程急需的装备产品；二是节能、节材、环保效果突出，经济效益和社会效益显著；三是首次进入市场推广阶段。由于在首台（套）技术装备产品使用过程中存在一定风险，面临市场初期应用瓶颈。因此建立首台（套）重大技术装备保险补偿机制，加快重大技术装备应用推广。首台（套）重大技术装备保险补偿机制，由保险公司针对重大技术装备特殊风险定制综合险，装备制造企业投保，中央财政适当补贴投保企业保费，对列入《首台（套）重大技术装备推广应用指导目录》的装备产品进行保险补偿。而该《目录》由工信部牵头制定，并根据重大技术装备发展情况适时进行调整。对制造《目录》内装备且投保定制化综合险的企业，中央财政按照不超过3%的费率和年度保费的80%予以补贴。补贴时间按保险期限据实核算，原则上不超过3年。

第三十二章　2016 年中国电子信息产业重点政策解析

2016 年，《信息产业发展指南》《智能硬件产业创新发展专项行动（2016—2018 年）》《智慧健康养老产业发展行动计划（2017—2020 年）》等政策的发布实施，给电子信息产业发展指明了新的方向、提供了新的动力。

第一节　信息产业发展指南

为贯彻落实《中华人民共和国国民经济和社会发展第十三个五年规划纲要》《中国制造 2025》《国家信息化发展战略纲要》《国务院关于积极推进"互联网＋"行动的指导意见》《国务院关于深化制造业与互联网融合发展的指导意见》等政策精神，引导"十三五"时期信息产业持续健康发展，工业和信息化部、国家发展改革委联合制定《信息产业发展指南》（以下简称《指南》），于 2016 年 12 月 30 日发布。

一、政策背景

"十二五"期间，我国电子信息产业保持平稳较快增长，主要产品规模居世界首位。2015 年，我国规模以上电子信息制造业主营业务收入达 11.1 万亿元，电子信息产品进出口总额为 1.3 万亿美元，占全国外贸进出口总额 34.3%，同时电子信息产品对外贸易顺差稳步扩大。彩电、手机、计算机、网络通信设备等主要电子信息产品的产量居全球第一。技术创新能力大幅提升，我国集成电路设计水平达到 16/14nm，已实现 28nm 小批量产。具有自主知识产权的 55nm 相变存储技术产品正式发布。具有自主知识产权的时分同步码分多址长期演进技术（TD-LTE Advanced）成为第四代移动通信（4G）国际主流标准之一，并实现大规模商用。完全自主知识产权的高压大功率IGBT模块通过专家鉴定并投入批量生产。高世代平板显示生产技术取得重大进展，国内首颗AMOLED驱动芯片研制成功。但在发展过程中，也爆发出一些问题。一是基础能力依然薄弱，核心技术对外依存度高。我国的研发投入规模近几年来一直处于世界前列，但是我国部分基础技术、通用技术仍然处于起步发展阶段，与世界强国相比，产业创新能力还有不小的差距。我国关键领域的技术积累依然存在短板，对外依存度高达50%以上。如集成电路领域的中高端FPGA、DSP、高速AD/DA、光器件、高速滤波器等芯片主要依赖进口。二是全球产业格局重大调整，国际贸易规则正在重构。随着世界经济增长显著放缓，全球范围内的贸易保护主义倾向变得日益严重。以美欧为代表的发达国家正在通过自贸协定、诸边协议等路径，全力主导新一代全球经贸规则的制定权，以引领未来国际经济新秩序的走向。三是关键领域缺乏创新，无法主导生态发展。长期以来，我国核心电子信息技术的发展走了一条模仿跟随的道路，绝大部分企业追求"短、平、快"的短期利益，对于前沿技术、颠覆性技术的研发投入明显不足，且成果转化率低，生态建设相对滞后，造成了我国在关键领域原始创新和协同创新能力水平较低，降低了我国在国际上的话语权。产品供给效率与质量不高，与发达国家相比，呈现出"应用强、技术弱、市场厚、利润薄"的倒三角式产业结构。如海思、展讯虽相继推出智能手机芯片，但我国绝大多数手机厂商芯片依然需要从国外采购，云计算和云存储等需要的核心CPU、存储器以及操作系统也基本来自国外。核心专利的缺乏造成"市场厚、利润薄"的结果。

2016年是我国电子信息产业承上启下之年，产业发展面临一些新趋势。一是全球电子信息产业技术创新进入新一轮加速期。云计算、物联网、移动互联网、人工智能等新一代信息技术快速演进，引领产业发展新变革。生态环境的完善与否已经成为国际竞争新高地或制胜利器，单点技术和单一产品的创新正加速向多技术融合互动的系统化、集成化创新转变，我国已经形成的局部技术优势将面临新的挑战。二是"高端回流"和"中低端分流"的双向挤压，使得我国制造业受到严峻挑战。国际金融危机后，各国陆续发布以重振制造业为核心的再工业化战略。同时，受经济增速下降、劳动力成本上升、人民币汇率波动等内因影响，国外厂商在华外资经营压力加大，导致一些跨国资本选择将其中低端制造业向其他新兴发展中国家"分流"。三是电子信息产业成为全球竞争新焦点。当前，全球信息产业进入深度融合、变革创新、开放包容的新阶段，呈现创新融合、智能绿色、开放共享的新特征。信息经济创新融合、智能绿色、开放共享的经济发展新模式加快形成，跨领域、协同化、网络化的国家创新平台正在兴起，智能控制、分布式能源、智能材料、生物芯片等领域的融合创新方兴未艾，工业互联网、能源互联网等新业态加速突破，大规模个性化定制、网络化协同制造、线上线下聚合、共享经济等信息经济新业态新模式不断涌现。

二、政策内容

《指南》立足于对我国电子信息产业发展现状和国际发展趋势的分析，明确了电子信息产业发展的指导思想、基本原则和发展目标、主要任务和保障措施。

《指南》提出了指导思想、基本原则和发展目标。指导思想强调以支撑制造强国和网络强国等重大战略实施为使命，以加快建立具有全球竞争优势、安全可控的信息产业生态体系为主线，坚持追赶补齐与换道超车并举、技术突破与强化应用并重、对外合作与体系创新结合、全面发展与重点推进统筹，着力强化科技创新能力、产业基础能力和安全保障能力，加快重点项目建设和关键环节发展，带动全面提升信息产业发展质量效益和核心竞争力。为促进电子信息产业发展，《指南》提出了"创新引领、融合发展、市场主导、开放合作、安全可控、绿色低碳"的基本原则，明确了我国电子信息产业在"十三五"期间产业规模、产业结构、技术创新、绿色发展等相关目标。即到2020年，具有国际竞争力、安全可控的信息产业生态体系基本建立，在全球价值链中的地位进一步提升。突破一批制约产业发展的关键核心技术和标志性产品，我国主导的国际标准领域不断扩大；产业发展的协调性和协同性明显增强，产业布局进一步优化，形成一批具有全球品牌竞争优势的企业；电子产品能效不断提高，生产过程能源资源消耗进一步降低。

《指南》提出了七个方面的主要任务。一是增强体系化创新能力，围绕产业链体系化部署创新链，针对创新链统筹配置资源链，构建先进的核心技术与产品体系。同时，通过建设高水平创新载体和服务平台，支持关键共性技术研发，强化标准体系建设与知识产权运用，完善产业配套体系。二是构建协同优化的产业结构。夯实关键制造工艺、关键电子基础材料和工艺装备等产业技术，打造协同发展产业链。增强企业创新活力，打造一批国际知名企业和培育一批专精尖企业。优化产业空间布局，推动区域协同发展。三是促进信息技术深度融合应用，积极推进"互联网+"行动，促进制造业、"互联网+"和"双创"紧密结合，加快新一代信息技术更大范围、更深程度融合渗透和创新应用，推动制造业智能化、绿色化、服务化发展。四是建设新一代信息基础设施。加快高速光纤宽带网建设，推动宽带无线接入网络升级演进，提升应急通信保障能力，增强卫星通信网络及应用服务能力，加强下一代互联网应用和未来网络技术创新。五是提升信息通信和无线电行业管理水平，创新互联网行业管理，坚持政策引导和依法管理并举、鼓励支持和规范发展并行，促进互联网持续健康发展，加快开展电信普遍服务试点工作。深入推进网络提速降费，推动简化电信资费结构，提高电信业务性价比，规范企业经营、服务和收费行为。六是强化信息产业安全保障能力。完善网络与信息安全管理制度，建设工业信息安全仿真、测试和验证平台，开展测试评估、安全验证等技术研发，推动安全新技术、新产品试点应用，加强大数据场景下的网络数据保护，提升工业信息安全技术保障能力。七是增强国际化发展能力。结合国家重大战略实施，以信息基础设施建设、终端产品产能合作、重大工程总集成总承包等为牵引，带动产业链上下游企业、先进技术标准、信息网络设备、配套服务等体系化、集群化"走出去"。依托"一带一路"倡议，构建高效跨境信息通道，推动与周边国家信息通信设施互联互通，优化信息网络国际布局。

《指南》提出五个方面的保障措施：一是深化体制机制改革，积极推动电信法、网络安全法等立法。实现跨部门、跨平台的网上并联审批，取消不必要的审批目录和不合理收费。二是完善财税扶持政策。创新财政支持方式，优化财政资金投入，充分利用国家新兴产业创业投资引导基金、先进制造产业投资基金、中小企业发展基金、国家集成电路产业投资基金等政策性基金引导社会资金，支持重大产业化项目发展。三是加大金融支持力度。建立完善多层次资本市场，支持符合条件的信息产业创新创业企业充分利用创业板拓宽融资渠道，推动在全国中小企业股份转让系统挂牌的符合条件的信息产业中小企业向创业板转板。四是大力培养产业人才。包括加强信息产业新兴领域学科专业建设，建立人才实训基地。促进人才双向交流，完善适应信息产业发展要求的人才引进和激励政策等。五是切实加强组织实施。在国家制造强国建设领导小组的领导下，工业和信息化部、国家发展改革委联合牵头，各成员单位分工协作、加强配合，共同推动《指南》落实。

三、政策分析

《指南》紧扣电子信息产业发展重点，对关键领域进行合理规划布局。

在集成电路领域，《指南》突出了发展集成电路产业这一重点，主要包括五个方面：一是坚持需求导向，以重点整机和重大应用需求为导向，增强芯片与整机、应用系统的协同，进一步完善产业生态环境。二是面向云计算、大数据、物联网等新增长点，服务制造强国、网络强国战略，着力提升集成电路设计水平，不断丰富 IP 核和设计工具，突破 CPU、FPGA、DSP、存储器等高端通用芯片，提升芯片应用适配能力。三是把握"后摩尔"时代发展机遇，加快发展高密度封装及三维微组装技术，探索新型材料产业化应用。四是抓重大项目建设，发挥带动作用，引导产业链环节协同发展，加快推动先进逻辑工艺、存储器等生产线建设，持续增强特色工艺制造能力，以生产线建设带动关键装备和材料配套发展。五是贯彻落实《推进纲要》，实施集成电路产业跨越建设工程。

在智能硬件领域，《指南》将在以下几方面进行部署：一是突破一批智能硬件底层软硬件共性关键技术，培育一批行业领先的独角兽企业，布局建设若干技术先进、特色突出、优势互补的高水平创新平台和"双创"基地，形成一批可复制、可推广的高水平应用解决方案，形成智能硬件标准体系及一批关键标准。二是瞄准产业发展制高点，推进核心关键技术突破。组织实施一批重点产业化创新工程，支持关键软硬件 IP 核开发和协同研发平台建设。重点突破低功耗轻量级系统设计、虚拟现实/增强现实、高性能智能感知、高精度运动与姿态控制、低功耗广域智能物联、端云一体化协同等智能硬件核心技术。三是摸清产业发展基础，营造良好产业发展环境。进一步完善部际工作机制，成立智能硬件产业推进工作组及专家组，引导行业、企业及高校、科研院所成立众创空间联合实验室，支持产业聚集区发展底层软硬件公共服务平台，构建创新资源池。深化与地方政府的合作，营造产业发展环境。四是聚焦重点应用领域，推动产业整体发展。重点推动智能车载、智慧健康养老等基础好、潜力大的领域开展相关工作，先行示范，带动智能硬件产业整体发展。在智能可穿戴领域，加强统筹规划，完善虚拟现实产业发展环境，统筹相关资源，组建虚拟现实产业与应用联盟，促进虚拟现实与各领域融合发展，推动虚拟现实产品研发及示范应用。智慧健康养老领域，研究制定促进信息技术支撑智慧健康养老的政策措施，积极推进应用示范，推动智慧健康养老产业发展。五是建立公共服务平台，完善标准检测体系。研究制定智能硬件技术标准及应用规范体系。建立智能硬件标准化和公共服务平台，支持面向标准符合性、软硬件协同、互联互通、用户体验、安全可靠等产品检测服务，规范智能硬件标准检测服务，建立涵盖终端设备、服务、平台以及信息安全的较为完善的标准体系。

在计算机领域，《指南》主要强调要增强高端服务器与存储设备的体系化创新能力。构建和完善高端服务器、存储设备等核心信息技术设备产业体系。加大力度突破高端服务器、存储设备领域的核心处理器、网络芯片、内存芯片、存储管理芯片和重要通信模块等关键技术产品。重点促进安全可靠服务器、海量高可靠性存储设备和高性能安全可靠网络设备等的研发与产业化。提升网络与信息安全保障能力。加快安全可靠计算机研发与应用，加强信息安全技术研究，推进可信计算、数据安全、网络安全等信息安全产品的研发与产业化。加大力量攻克信息安全关键技术并推广应用，支撑提升信息安全的应用水平。加快高性能安全工业控制产品及系统的研发与应用，积极开展工业控制计算机软硬件基础平台和安全性、可靠性技术等研究与产业化。提高产业绿色低碳发展能力。打造绿色计算产业生态，重点支持绿色低碳计算产品，强化芯片、元器件、软件、系统与应用服务适配，开发和完善绿色计算产品标准、规范与检测认证体系，开展绿色计算应用示范。搭建绿色计算产品创新公共服务平台，推进绿色计算共性关键技术创新，丰富应用服务模式，合力推动绿色计算生态良性发展。加快计算领域前沿技术布局。大力发展新架构、新体系等新型计算产品，重点布局适用于云计算、大数据、物联网、人工智能等发展需求的新型计算系统，探索量子计算、神经网络计算等前沿技术与产品的研发与产业化。

在通信设备领域，《指南》将会推动高端网络通信设备研发和产业化。突破高端核心路由器与交换机、高速光传输设备及大容量组网调度光传输设备，提高移动基站关键芯片、网络处理芯片、光通信接口和交换单元的供给能力。推动基于北斗的高精度通信设备研发与产业化。发展下一代网络技术产品。继续大力推进 5G、IPv6、软件定义网络（SDN）和网络功能虚拟化（NFV）等设备的研发和产业化应用，开展新产品的测试验证和应用示范。支持新型智能终端产品与技术的研发创新。重点发展面向下一代移动互联网和信息消费的新型智能手机、平板电脑、车载智能设备以及人工智能等终端产品，提升产品的研发应用能力、产业配套能力和品牌竞争力。开发支持公共网络、专用网络和下一代通信网络协议标准下的北斗导航应用终端和行业移动终端产品。

第二节 《智能硬件产业创新发展专项行动（2016—2018 年）》

为深入贯彻供给侧结构性改革和创新驱动发展战略，提升我国智能硬件共性技术和高端产品的供给能力，根据《国务院关于积极推进"互联网＋"行动的指导意见》和《"互联网＋"人工智能三年行动实施方案》，工业和信息化部、国家发展和改革委员会联合发布了《智能硬件产业创新发展专项行动（2016—2018 年）》。

一、政策背景

"智能硬件"是指具备信息采集、处理和连接能力，并可实现智能感知、交互、大数据服务等功能的新兴互联网终端产品。通过软硬件结合的方式，对传统设备进行改造，进而让其拥有智能化的功能，它是互联网技术和人工智能融合发展的衍生品。

近年来，在新一代信息技术的驱动下，智能硬件产业发展迅速，已初步形成包括智能穿戴设备、虚拟现实、智能服务机器人、智能车载设备等在内的产品形态。工信部发布的信息显示，2015 年全球智能可穿戴设备出货量为7810 万部，虚拟现实产业规模约 15.4 亿元，智能服务机器人市场规模超过 80亿美元，智能车载设备市场规模也在快速增长。我国智能硬件产业与全球同步发展，智能穿戴设备、虚拟现实、智能家居设备等产品出货量规模均已超过千万部，部分产品市场增长快于全球。在智能穿戴设备、智能无人机等领域中已经出现了一批规模、技术具有领先优势的龙头企业。预计至 2018 年我国智能硬件产品和服务的总体市场规模约 5000 亿元，至 2020 年可达到万亿元水平。

同时，在国家"互联网＋"和"大众创业、万众创新"等战略带动下，智能硬件已成为推进"互联网＋"创新创业的主战场。智能硬件具备智能感知、绿色计算、导航定位、大数据等功能特点，将成为移动互联网、物联网与社会生产、生活深度融合支撑点。在技术带动下，虚拟现实、可穿戴设备、工业机器人等智能硬件产品和功能不断创新，快速向生产和生活渗透，创新极其活跃。在生活领域，智能硬件提升传统消费品产业的附加值、延伸产业链，给信息消费带来了新的增长空间，为百姓生活带来智能化和便利化。在生产领域，智能 PLC、智能传感器、工业机器人等生产性智能硬件极大提高了制造环节的智能化水平，促进生产能力的提升。

在智能硬件产业发展过程中，也爆发了一些问题。一是产品创新不足，目前国内智能硬件主要集中在穿戴设备、健康、家居、交通出行等方面，虽然产品数量和种类较多，但同质化现象比较突出，产品功能相对简单。部分产品存在"概念大于实用"现象，难以使用户产生较强的使用黏性。二是核心技术掌握不足，关键元器件对外依赖性仍然较强，致使国内多家企业的产品主要在国外核心元器件基础上进行二次开发和集成创新，如手环、手表等产品中的低功耗 MEMS 传感器、智能服务机器人中的智能控制算法等，原始性创新不够，很多产品只支持数据展示和远程控制功能，智能化水平较低。三是应用能力不足。针对智能硬件开发的专用应用相对较少，部分应用只是简单复制智能手机的已有模式。虽然消费市场上智能硬件产品初步得到规模应用，但交通、医疗、教育、工业等潜力更加巨大的行业市场基本处于未开发状态。四是生态化能力不足。尽管目前大型互联网企业对智能硬件的支持力度不断加大，但整体来看我国智能硬件产业生态仍不繁荣，创新处于自由生长状态，产业链的系统性支持不足。如在产品创意阶段，尚未具备创业创新所需的办公环境、小规模生产能力、敏捷制造服务等体系化的公共服务能力；在产品商业化量产阶段，缺乏标准规范、检验检测、行业数据支持等支撑能力，供应链、渠道、产品质量和安全等问题也比较突出。这些矛盾在行动的具体措施中均须着力解决。

在此背景下，工业和信息化部、国家发展和改革委员会出台了《智能硬件产业创新发展专项行动（2016—2018年)》（以下简称《专项行动》）。

二、政策内容

《专项行动》提出智能硬件发展的主要思路，以贯彻供给侧结构性改革和创新驱动发展战略，以推动终端产品及应用系统智能化为主线，着力强化技术攻关，突破基础软硬件、核心算法与分析预测模型、先进工业设计及关键应用，提高智能硬件创新能力。

《专项行动》提出发展目标，在产业规模方面，到2018年，产业规模超过5000亿元，我国智能硬件全球市场占有率超过30%；在海外技术影响力方面，专利占比超过10%，在一些关键应用领域，如智能工业传感器、智能PLC、智能无人系统等工业级智能硬件产品形成规模示范，带动生产效率提升20%以上，形成一批可复制、可推广的行业应用解决方案，产业便民、惠民成效显现。

《专项行动》提出三项重大任务，一是提升高端智能硬件产品有效供给，包括智能穿戴设备、智能车载设备、智能医疗健康设备、智能服务机器人、工业级智能硬件设备；二是加强智能硬件核心关键技术创新，包括低功耗轻量级底层软硬件技术、虚拟现实/增强现实技术、高性能智能感知技术、高精度运动与姿态控制技术、低功耗广域智能物联技术以及端云一体化协同技术等；三是推动重点领域智能化提升，包括健康养老领域、教育领域、医疗领域、工业领域等。

《专项行动》也提出了四项推进措施，一是加强政策协同引导，利用好各种政策资源支持智能硬件产业发展；二是推动标准检测体系建设，完善产业配套体系；三是发展创业创新平台，支持地方以试验床、创新平台等方式发展智能硬件众创、众包、众筹、众扶平台，智能硬件设计大赛等；四是多渠道、多方位打造产业生态体系等。

三、政策分析

《专项行动》在深入开展调研的基础上，综合业内对不同产品市场规模的研究成果，制定了全球市场占有率超过30%、产业规模超过5000亿元的整体目标，并提出关键技术环节取得明显突破、培育行业领军上市企业、海外专利占比超过10%、建设创新平台等创新目标。根据调研情况，目标以工业级智能硬件示范带动生产效率提升20%以上，并形成一批可复制、可推广的行业应用解决方案。除此之外，《专项行动》提出以标准开发、产品及应用检测、产业供给能力监测三大平台为支撑提高行业公共服务能力。

从《专项行动》的发展重点看，未来国家将会从以下几方面支持智能硬件产业发展，一是支持关键软硬件技术开发。《专项行动》政策建议中也提出将会通过"互联网＋"重大工程、工业转型升级资金及专项建设基金三项国拨资金有效支持技术研发。面向智能硬件领域需求旺盛的低功耗芯片和操作系统等基础技术环节，加大支持力度，支持开展关键芯片和软硬件开发，鼓励龙头企业牵头，推动我国软硬件系统协调发展，打造智能硬件产业生态。二是将会支持智能硬件开展应用示范，建设智能硬件试点示范区。在全国范围内选择若干区域，建设一批智能硬件试点示范区，引导智能硬件产业提升系统集成技术开发能力。三是加强智能硬件标准设计。按照成熟一项、制定一项、推广一项的原则，制定关键技术标准，完善与行业标准、国家标准快速衔接机制。支持面向标准复合型、软硬件协调产品解决服务，开展智能硬件国际标准研究制定工作。四是支持重点领域应用推广。按照人工智能实施方案和智能硬件专项行动中提出的主要应用领域，在交通、健康养老、医疗、教育、工业等重点领域开展智能硬件推广工程。

第三节 《智慧健康养老产业发展行动计划（2017—2020年）》

为贯彻落实《国务院关于积极推进"互联网＋"行动的指导意见》（国发〔2015〕40号）、《国务院办公厅转发卫生计生委等部门关于推进医疗卫生与养老服务相结合指导意见的通知》（国办发〔2015〕84号）、《国务院办公厅关于促进和规范健康医疗大数据应用发展的指导意见》（国办发〔2016〕47号）、《国务院办公厅关于全面放开养老服务市场提升养老服务质量的若干意见》（国办发〔2016〕91号）等文件要求，加快智慧健康养老产业发展，工业和信息化部、民政部、国家卫生计生委制定了《智慧健康养老产业发展行动计划（2017—2020年）》。

一、政策背景

1. 人民群众对健康服务和养老服务需求急剧增长

当前，社会发展进入新阶段，居民健康管理和人口老龄化问题日益突出。健康服务方面，随着我国经济社会快速发展，居民生活环境、生活方式发生巨大变化，慢性病、亚健康等健康问题凸显，特别是具有高消费能力的城市白领健康问题突出。《2016上海白领健康指数白皮书》显示，白领体检异常比例高达94.91%。对此，单纯依靠医疗手段难以应对，需要从单一的病后救治模式向"防—治—养"一体化防治模式转变，更好地满足不断释放的健康保健、慢性病管理等方面需求。养老服务方面，人口老龄化是目前世界各国普遍存在的社会现象，而我国是世界上老龄人口最多的国家。国家统计局数据显示，2015年，我国60岁以上人口升至2.2亿，占总人口比例16.1%；到2025年，老龄人口数量将达到2.96亿，占比达到23%；到2050年，这一比例将超过30%以上，是同期全球老龄化平均速度的两倍。人口老龄化加速、"空巢"老人比例不断上升，使我国老年健康保障服务的需求急剧增加。在此背景下，需要应用新技术、新方式、新手段提高健康服务能力和养老服务能力。

2. 健康养老产业升级需要充分发挥信息技术作用

未来一段时期,我国健康养老产业的市场空间将迅速扩大。据预计,我国仅城市地区居家养老服务的市场容量就将由 2015 年的 1115 万人增长到 2050 年的上亿人。巨量的健康养老服务需求将对服务人员数量、效率和专业能力等提出更高要求,依靠传统方式和传统手段难以应对,迫切需要通过信息技术手段对健康养老产品、服务、模式进行全方位的变革。《中华人民共和国国民经济和社会发展第十三个五年规划纲要》中明确要求,加快健康养老等领域发展,围绕健康养老等领域的瓶颈制约,制定系统性技术解决方案。信息技术与健康养老产业的对接和融合,可以充分发挥医疗、养老、信息技术等领域的各自优势,构建产业间协作体系,提升服务水平、提高服务效率、丰富服务内容,实现健康养老产业的智慧化升级。

3. 智慧健康养老产业将成为我国经济增长新引擎

健康养老产业覆盖面广、涉及众多产品,对经济增长有明显的带动作用。美国著名经济学家皮尔泽认为健康服务将成为继信息技术产业之后的全球"财富第五波",并有望成为全球规模最大的新兴产业。我国的健康服务产业还处于起步阶段,产业规模约占 GDP 比重的 4%—5%,低于美国的 15% 和加拿大、日本的 10%,未来发展空间十分巨大。据国家发改委产业所预测,我国老龄产业规模到 2020 年和 2030 年将分别达到 8 万亿元和 22 万亿元,对 GDP 的拉动作用将分别达到 6 个百分点和 8 个百分点。智慧健康养老产业的发展,一方面能够借力健康养老需求的快速增长实现产业规模的迅速扩大,另一方面能够促进健康养老消费升级,催生出新的市场领域和市场空间,为新常态下我国经济发展提供新引擎。

在此背景下,三部委联合发布了《智慧健康养老产业发展行动计划 (2017—2020 年)》(以下简称《行动计划》)。

二、政策内容

《行动计划》提出了发展的总体思路,充分发挥信息技术对智慧健康养老产业的提质增效支撑作用,丰富产品供给,创新服务模式,坚持政企联动、开放融合，促进现有医疗、健康、养老资源优化配置和使用效率提升，满足家庭和个人多层次、多样化的健康养老服务需求。

《行动计划》提出了"十三五"的发展目标，到 2020 年，将建立 100 个以上智慧健康养老应用示范基地，培育 100 家以上具有示范引领作用的行业领军企业。在产业配套方面，将制定 50 项智慧健康养老产品和服务标准，确保信息安全。

《行动计划》提出了五项重点发展任务，一是要推动关键技术产品研发，突破核心技术瓶颈，以不断丰富产品供给；二是推广智慧健康养老服务，培育智慧健康养老服务新业态，推进智慧健康养老商业模式创新；三是加强公共服务平台建设，建设技术服务平台、信息共享服务平台和创新孵化平台，不断完善产业配套体系；四是建立智慧健康养老标准体系，制定智慧健康养老信息安全标准以及隐私数据管理和使用规范；五是加强智慧健康养老服务网络建设和网络安全保障，确保信息安全。

《行动计划》提出了五项政策措施，一是建立部际协同工作机制，由于健康养老涉及民生等多个领域，需要各部门步骤保持一致；二是强化组织落实，确保《行动计划》能够顺利落实；三是完善多元化资金投入机制，有效吸引社会资本进入健康养老领域；四是培育和规范消费市场，制定智慧健康养老产品及服务推广目录，推动在养老机构、医疗机构等有关政府采购项目建设中优先支持目录内产品；五是开展应用试点示范建设，培育 100 个智慧健康养老示范企业，建设 500 个智慧健康养老示范社区，创建 100 个具有区域特色、产业联动的智慧健康养老示范基地等。

三、政策分析

《行动计划》是信息化技术与民生领域的深度融合，可进一步提升信息技术对健康养老产业的支撑和提质作用，发展智能化、个性化、多样化的智慧健康养老产品和服务，提升智慧健康养老产业创新供给能力，形成商业化、可运营、可推广的应用模式，满足人民群众健康养老服务的迫切需求，培育千亿级规模的新兴市场，推动经济社会快速、健康、稳定发展。

目前我国已经进入老龄化阶段，面临的养老压力较大，这既是挑战，也是机遇，可充分借助信息技术服务于健康养老产业的发展。《行动计划》提出通过建设试点推动健康养老的发展，一方面，可打造一批智慧健康养老小区。推动智慧健康养老服务进入人口密度大、健康养老需求强烈、示范带动作用强的成熟小区，与区域基层医疗机构、专业医疗机构、第三方服务机构等形成合力，着力建设小区"健康小屋"、家庭"健康卫士"等健康养老服务项目，打造具有区域特色、医养结合、产业联动的智慧健康养老示范小区。另一方面，可建设一批智慧健康养老产业园区。依托国家数字家庭产业基地和地方智慧医疗产业基地，打造具有一定国际竞争力的特色智慧健康养老产业制造园区，建设具有较强区域影响力和显著比较优势的特色智慧健康养老服务园区。重点研发面向老年关爱和健康管理生活需求的智能终端产品并实现业务集成应用，加快建立健康养老服务平台。同时《行动计划》也提出将充分发挥工业转型升级资金、专项资金、地方财政资金等财政资金扶持作用，推动各部门资金集约化整合和精准投放，加大对智慧健康养老的扶持力度。探索与国有资本投资公司合作，充分发挥国有资本的引领和放大作用。通过发起设立智慧健康养老产业投资基金等方式，引导社会资本参与智慧健康养老产业发展，与政府资金形成支持合力，解决健康养老的资金投入问题。

热 点 篇

第三十三章　鸿海控股夏普案

由于OLED的独特显示效果，以及智能终端同质化竞争日益激烈，显示器件在智能终端产业链中的地位愈发重要。通过此次并购，鸿海完善了产业布局，夏普有望摆脱亏损，双方竞争力均得到大幅提升。此案将对全球显示产业格局产生重要影响，龙头企业将把整合全球产业资源作为提升企业竞争力的重要途径。

第一节　事件背景

夏普公司连年亏损，被收购的命运在所难免。以自动铅笔起家的夏普公司，至今已有94年的历史，是日本历史最悠久的电器制造企业之一。30年前，夏普将液晶显示器确定为核心业务，凭借先进的技术成为显示行业的标杆性企业，然而，成也萧何，败也萧何，夏普过于倚重液晶产品线，在运营过程中，一味追求技术的先进性，无视市场需求变化和产品结构多样性的要求，导致斥巨资建设的全球首家10代液晶面板生产线库存堆积、开工率低迷，成为拖累夏普的重要因素。夏普也先后通过裁员、降低成本、转换产品结构等方式改善经营状况，但是受液晶行业波动频繁，太阳能业务难有起色的拖累，经营赤字依旧连年增加。2011年以来，连续5个财年亏损额总计高达1.23万亿日元（约合720亿元人民币），在此情况下，自身救赎难以实现，被兼并重组成为夏普的最终出路。

鸿海集团野心勃勃，构筑全产业链势在必行。苹果公司是鸿海的主要客户，占据其销售额的50%以上。随着全球终端市场增长放缓，为实现多元化发展，加大与苹果合作筹码，掌握上游制造话语权成为鸿海集团持续发展的重要保障，鸿海对面板领域最早的投资是群创，通过推动群创与奇美的合并，拥有了全球第三大的面板企业。然而作为苹果最大的代工厂，目前群创每年仅拥有苹果10%左右的面板订单，其余则由韩国企业三星、LGD和日本企业JDI占领，2012年，以收购夏普10代线股权为契机，鸿海集团内部推出"眼球计划"的大规划，目的在于整合包括移动终端和电视面板及触控在内的所有与眼球相关的零部件，以增加在苹果面板领域的话语权。为提升移动显示方面的产能，加强LTPS（低温多晶硅）、IGZO（氧化铟镓锌）以及AMOLED等方面的技术实力，对现有面板布局进行整合，引入先进的技术弥补短板成为鸿海的必然选择。

夏普与鸿海在产业链上具有高度互补性。夏普拥有先进的技术、丰富的专利以及强大的研发队伍。在液晶显示技术方面，夏普拥有扎实的技术能力、丰富的专利储备、强大的研发队伍和生产能力，是基于拓展产能的鸿海提升实力的最佳标的，夏普不仅可以加强鸿海在电视面板的产能，还可以补充中小屏尺寸的产能；此外，夏普拥有LTPS和IGZO等OLED面板所需的关键技术，完全符合鸿海的需求。近来苹果采用OLED面板作为最新产品的显示器件的传言甚嚣尘上，普遍认为苹果产品最迟将于2017年采用OLED面板，鸿海投资夏普后，不仅可以巩固日后对苹果产品的面板供给能力，打击竞争对手三星、LGD，同时也为鸿海提供了进一步向上整合的机会。

第二节　主要内容

鸿海收购夏普案自开始谈判到达成最终协议，耗时长达四年，如此长的时间，不仅说明该收购的难度，同时表明了郭台铭入股夏普的决心。

——SDP堺工厂阶段（2012年3月—2013年3月）。鸿海和夏普达成初步合作协议，郭台铭以个人名义向堺工厂投资660亿日元，占股37.6%，通过对管理高层和员工的人事调整，降低60英寸面板价格，堺工厂产能利用率得到大幅提升，工厂由亏转赢。

——夏普"毁约"阶段（2013年3月—2015年9月）。在近两年半的时间里，鸿海和夏普的谈判始终时断时续，一方面，夏普经过巨亏、股价下滑、掌门人调整等变故，股价发生腰斩，但夏普依然要求鸿海按照之前价格注资，另一方面，鸿海要求更加深入参与夏普公司的运营管理，并希望按照时下股价下调注资金额，双方争执不下，夏普先后引入三星和高通的投资，双方关系一度跌至冰点。

——再次启动收购阶段（2015 年 9 月—2016 年 3 月）。2015 年，夏普再次陷入财务危机，郭台铭及时抛出橄榄枝，其间发生了鸿海与日本产业革新机构（INCJ）对夏普的收购竞争、夏普出于收购价格因素接受鸿海的收购邀约、鸿海认为夏普对财务状况有所隐瞒威胁将中断收购等一波三折的状况，最终在 2016 年 3 月 30 日双方正式宣布结盟。

在鸿海投资夏普的 3888 亿日元资金中，将有 2600 亿日元用于面板研发和扩产，其中 2000 亿日元用于 OLED 面板，600 亿日元用于中型液晶面板技术，布局个人电脑和平板电脑。

第三节　事件评析

此案将对全球显示产业格局产生重要影响。当前，全球显示产业呈现"三国四地"的布局，随着中国大陆显示产业的崛起，对日本和我国台湾地区的挤占效应十分明显，夏普和鸿海分别是日本和我国台湾地区面板企业的代表，它们的合作将会在一定程度上拖延中国大陆赶超中国台湾面板产业的时间。

此案说明显示器件在智能终端产业链中的地位愈发重要。作为全球最大的代工企业，鸿海对完善上游产业链的努力始终没有停止，此次选择显示器件作为突破口，是因为显示器件在智能终端产品中的重要性日益凸显，苹果计划采用 OLED 技术作为下一代手机的显示屏幕，一方面是由于 OLED 的独特显示效果；另一方面则是因为智能终端同质化竞争日益激烈，显示器件在彰显个性、提升产品附加值方面具有重要作用。

此案标示着全球化资源整合是提升企业竞争力的重要途径。夏普曾是日本企业中的佼佼者，而日本公司难以收购是业界的普遍认知，因此，此次收购加倍受到关注。通过并购，鸿海完善了产业布局，夏普有望摆脱亏损，双方竞争力均得到大幅提升，由此可见，在全球化的今天，资本整合对于提升企业竞争力已经必不可少，国家、行业的界限也将逐渐被打破，出于生存需求和市场需要，企业间跨行业、跨地区的并购必将日益增多。

第三十四章　光伏发电项目用地问题亟待解决

随着我国光伏市场由西部向东部发展，光伏发电项目可利用土地资源紧缺、占用土地征税标准不规范等问题开始逐渐浮出水面。对此，应在不突破基本农田、不占用或少占用优质耕地的原则下建设农光、渔光互补项目，协调相关部门出台明确光伏发电土地税收政策，规范耕地占用税及土地使用税收标准，同时以不影响农业种植（林业种植、水产培育）为前提严格监管光伏农业项目。

第一节　事件背景

为推动我国光伏市场持续健康发展，国家出台了一系列政策以应对光伏发电项目弃光限电与补贴拖欠的问题。但随着我国光伏市场由西部向东部发展，光伏发电项目可利用土地资源紧缺、占用土地征税标准不规范、光伏农业项目乱象丛生等问题开始逐渐浮出水面，严重制约了东部地区光伏发电项目的发展，且对光伏市场造成了极坏的负面影响。为规范我国光伏发电市场，完成 2020 年我国光伏发电目标，应尽快解决上述问题。

第二节　主要内容

国家大力支持的农光互补、光伏扶贫、渔光互补等项目不可避免地会涉及占用耕地的问题。特别是在土地资源稀缺的东南部地区，建设用地指标稀缺，基本农田"红线"不能逾越，基本上没有适于光伏电站建设的戈壁、荒漠、荒草地等未利用地，而包括园地、垦造地、养殖水面等看似可供农光互补及渔光互补项目发展的土地均属于农用地。2015 年 9 月，国土资源部、国家发展改革委、科技部、工业和信息化部、住房和城乡建设部、商务部联合印发《关于支持新产业发展促进大众创业万众创新用地的意见》（国土资规〔2015〕5 号），规定光伏、风力发电等项目建设占用农用地的，所有用地部分均应按建设用地管理，若完全按照该政策执行，则部分地区光伏发电项目用地指标根本无法落实，光伏发电市场发展将受到极大限制。

一方面，土地税费调整空间过大。涉及光伏电站占用土地的税种主要包括耕地占用税和土地使用税。前者征税依据主要为 2008 年开始实施的《耕地占用税暂行条例》，其规定征税标准根据地区的不同而不同，但同一符合特定条件的地区征税范围却有着 5 倍的调整空间。如其中规定"人均耕地不超过 1 亩的地区，单位税额为每平方米 10—50 元"。土地使用税同样如此，其依据的税收政策《城镇土地使用税暂行条例》（2007 年正式实施）里，同一地区的征税范围可调整空间甚至达到 20 倍。两份政策文件均未明确光伏电站占用土地的具体税收标准。另一方面，缺乏对光伏电站占用土地面积的具体规定。光伏电站占用土地主要分为两类：一是永久性占地，包括光伏阵列支柱、升压站、逆变器室、办公生活用房、厂区道路等；二是非实际占地，主要指架空的光伏板覆盖土地以及光伏阵列间的土地。《中华人民共和国耕地占用税暂行条例》及实施细则规定，"占用耕地（含林地）从事非农业建设的单位为纳税人，以实际占用的耕地（含林地）面积为计税依据"。但对于光伏电站来说，何为实际占用却没有具体规定。由于以上政策缺位，部分地区在财税资源紧张的情况下，从严从紧诠释税收法规，或要求企业按照税收标准上限缴纳耕地占用税和土地使用税，或要求企业按批准用地全部一次性缴纳耕地占用税，造成光伏发电项目投资成本上升，投资收益大幅下滑甚至亏损，严重影响电站投资及整个光伏发电建设的积极性。

国家自 2014 年开始支持光伏农业的发展，给予相应补贴以及国开行配套的贴息、无息、低息贷款。此外，部分东部地区没有闲置土地进行光伏电站建设，而实施光伏农业项目仍能按照农业用地进行土地管理。因此，受政策驱动以及土地资源限制，国内光伏农业项目建设如火如荼，但在实施过程中，部分项目以光伏农业为名圈地，或仅仅为了套取国家扶贫、农业补贴资金，实际占用土地后并没有恢复耕种，且在施工过程中对土地植被造成影响，土地被破坏程度相当严重，或由于缺乏对适宜农作物与光伏发电结合的科学研究，导致农作物减产，土地降级使用，原本类似基本农田的优质土地，安装光伏设备后基本无法复耕，只能简单种草，土地利用率低下。

第三节　事件评析

一是建议在不突破基本农田、不占用或少占用优质耕地的原则下，支持通过采用土地流转的方式在一般农用地、设施农业用地、园地、坑塘水面、低丘缓坡改造地等建设农光、渔光互补项目。在不突破生态公益林红线，满足当地水土保持的原则下，允许在宜林地、郁闭度低于0.1的疏林地建设林光互补项目。对于上述项目使用土地无须按照建设用地管理。

二是协调财政、税务部门出台明确的光伏发电企业土地税收政策，规范地方光伏发电企业耕地占用税及土地使用税收标准，对耕地占用税征收范围出台具体指导意见和法规解释。建议对不改变土地原貌、不改变土地性质，用于架空安置光伏板的土地，按照原土地性质管理；对升压站、逆变器室、箱变基础、办公生活用房等永久性占地，按建设用地管理。

三是严格监管光伏农业项目，光伏农业项目的建设运营，应以不影响农业种植（林业种植、水产培育）为前提。一是加强同农业相关高校及研究机构合作，探索光伏发电与生态农业相结合的成功模式。二是为农光项目设立农业收入阈值，如光伏电站造成农作物减产，需控制在一定比例内。如果减产超过一定比例，需拆除部分光伏组件。三是设立生态恢复保证金共管账户，电站项目开工前需存入足额保证金，在农田、植被等恢复项目完工并通过主管部门验收后，企业可提出使用生态恢复保证金。

第三十五章 乐视收购酷派案

近年来，国内手机产业竞争格局进入重大调整变革期，各大厂商纷纷调整战略布局，力争抢占未来竞争制高点。2016 年 6 月 17 日，乐视成功收购酷派，标志着以华为、OPPO、小米、vivo、乐视为代表的智能手机产业新格局正在形成，传统手机厂商与互联网厂商兼并重组将成为智能手机行业重要发展趋势。

第一节 事件背景

智能手机传统市场正渐趋饱和，产业发展动力有所减弱。从全球看，智能手机增长显著放缓。据国际数据公司（IDC）统计和预测，2014—2016 年全球手机增速将从 27.8%、10.5% 降至 3.1%。从我国看，移动电话用户饱和造成智能手机产业增速趋缓，2014—2015 年移动电话用户增速从 4.6% 降至 1.5%，虽然 2015 年我国手机出货量仍实现了 20% 的同比增长，但 IDC 预测，2016 年我国手机出货量增速将降至 10% 以下。

受 2014 年 7 月国资委要求运营商未来三年内每年降低 20% 的营销费和终端补贴额度下调的影响，2015 年我国二、三线手机品牌出现倒闭潮，一线手机品牌也出现两极分化。2015 年，我国一线手机品牌出货量与苹果、三星总出货量相当，并囊括全球前十大手机品牌中的七个席次，其中华为、小米和联想以 8.4%、5.6%、5.4% 的市场份额排名第三、第四和第五，但酷派市场份额缩小、跌出前十，营业收入同比下滑 41.09%、资产负债率达 48.1%，与此同时，大可乐、小辣椒等二、三线手机厂商相继倒闭，一部分国内手机配件和代工等产业链企业陷入停产，福昌电子、东莞京驰塑胶等产业链企业宣布破产。

随着手机行业硬件同质化趋势加剧，硬件发展已从"通过不断迭代满足人们便捷、流畅使用"阶段进入性能过剩阶段。传统手机制造行业需要转向网络营销和产品设计，平台端提供云服务、内容端提供海量生活娱乐内容、移动端提供无缝衔接、应用市场提供各类应用程序的生态架构成为未来手机产业发展方向。本案中的乐视是国内移动互联网生态的代表厂商，乐视提出的移动战略包括基于"平台＋内容＋终端＋应用"的垂直整合，通过完全自主研发打造中国首个手机产业生态系统，借助乐视视频"内容连接一切"的战略，乐视通过布局手机、电视、体育、音乐、汽车、互联网金融等七个子生态板块，在生态化反和 IP 全产业链开发上进入加速期。

第二节　主要内容

乐视收购酷派案自 2015 年 6 月 28 日起至 2016 年 6 月 17 日，历时近一年，主要经历以下两个阶段：

初次参股阶段。酷派于 2015 年 6 月 28 日发布公告称乐视将占股 18%，即将在 7 月 20 日成为酷派集团第二大股东。乐视自 2015 年 4 月发布手机以来，官方公布总销售量在 40 万台左右，从市场反应看，这一数字并未给乐视带来利好，初次参股阶段，乐视借酷派集团第二大股东的身份提升了影响力，在没有实际利润和销售量带动的情况下提升了自身市值，但也导致了竞争对手奇虎 360 发难。2015 年 9 月 8 日，奇虎 360 宣布已向酷派发出公告，声称酷派在与奇虎 360 成立合资公司后又引乐视入股，已经违反了双方之前的合同约定，触发了合同中的"不竞争认估及认购期权"，酷派因违约将按合同付给奇虎 360 总计 14.85 亿美元用于购买合资公司股权。

实质收购阶段。2016 年 6 月 17 日，酷派集团宣布公司第一大股东 Data Dreamland 以 10.47 亿港元交易金额出售公司 11% 的股份给第二大股东乐视控股旗下子公司，交易后乐视将持有公司 28.90% 股份，成为公司第一大股东。收购酷派后，乐视超级手机出货量将和三星、华为、小米在同一水平线上；乐视视频将具备更强的实力，有能力与爱奇艺、优酷土豆等角逐视频老大位置；乐视汽车、电视、体育、音乐、互联网金融等未成型新业务也将维持较高估值。

后续发展。乐视成为酷派第一大股东，意味着乐视将成为中国智能手机销量排名前四的公司，以华为、OPPO、小米、乐视组成的新格局正在形成。乐视收购酷派后将共享研发资源，在手机全产业链环节全领域进行优势互补，乐视内容和酷派硬件也会进行全面合作，因此可以预见两家公司在智能手机行业内的地位进一步巩固，从而在同质化严重的智能手机行业内进一步凸显产品生态优势。

第三节　事件评析

乐视并购酷派成效有待于进一步观察。手机已成为乐视现在最为倚重的业务之一，需要提升研发能力和生产经验。酷派在手机应用、通信、双卡双待等多方面拥有超过 5000 件国内专利和超过 500 件海外专利，参与了工信部组织的 5G 研发小组，收购酷派可以使乐视手机的研发实力有质的提升，减免了在海外市场遭遇各大手机巨头的专利诉讼；其次，乐视需要酷派在手机上的生产经验，酷派拥有自己的手机工厂，尤其是东莞松山湖生产基地，年产量达到几千万台，借助酷派强大的生产能力，乐视能够更好地保障产品质量。乐视入股酷派与 2015 年 2 月阿里巴巴以 5.9 亿美元入股魅族的路径如出一辙，无论内容生态还是供应链互补都会更加完善，但乐视把低市值的传统业务装入高市值的互联网概念抬高股价后高位增发买资产注入，在当下资本市场的成效有待于进一步观察。2014 全年乐视网的营业利润 4786.65 万元，2015 年 5 月，乐视董事长兼 CEO 贾跃亭 3 天内通过合法减持就套现 25 亿元，也表明在互联网领域净利润并不是衡量企业价值的唯一标准。

互联网厂商兼并重组传统手机厂商将成为未来手机行业发展趋势。当前手机行业处于变局旋涡中，小米开始下滑，华为和 OPPO 开始崛起，乐视收购酷派股份并晋级第一大股东意在为其"平台 + 内容 + 终端 + 应用"生态模式提供更有效的终端支撑，也将引发手机行业的更新换代。收购酷派标志着乐视借助乐视视频"内容连接一切"布局手机、电视、体育、音乐、互联网金融等子生态板块的战略在生态化反和 IP 全产业链开发上进入加速期。收购酷派后，乐视超级手机出货量将和三星、华为、小米在同一水平线上；乐视视频将具备更强的实力，有能力与爱奇艺、优酷土豆等角逐视频老大位臵；乐视汽车、电视、体育、音乐、汽车、互联网金融等未成型新业务也将维持较高估值。从本案可以看出，由于具有更多垂直产业链，互联网厂商兼并重组传统手机厂商将成为未来手机行业发展趋势。

第三十六章　应着力提升我国电子信息产业重大海外并购质量

近几年，全球电子信息产业进入并购活跃期，我国电子信息产业的海外并购事件也屡见不鲜，并购总额不断增长，大型并购活动频繁出现，并购质量不断提升，优质资产并购成为主流。在此背景下，我国在新兴领域的敏感度尚有待培育和提高，加快新兴领域的重大海外并购应成为我国摆脱被动跟随局面、抢占未来竞争制高点的重要手段。

第一节　事件背景

所谓重大并购，是指涉及金额大、能够显著增强并购发起方的核心竞争力，并对产业格局产生重大影响的并购活动。近几年，全球电子信息产业进入并购活跃期，我国电子信息产业的海外并购事件也屡见不鲜。但与国外相比，我国海外并购的成效尚不明显，对做强产业的促进效果仍不显著，原因之一，就是由我国发起的涉及金额大、能够显著增强自身的核心竞争力并对产业格局产生重大影响的重大并购较少。可见，实现核心技术突破，做强我国电子信息产业，必须多方共同努力，充分利用好重大海外并购这一重要发展途径。

第二节　主要内容

电子信息产业海外并购活跃度不断提升。一是并购总额不断增长，大型并购活动频繁出现，投资银行软件和数据定制服务商 Dealogic 的数据显示，

2015 年，我国以电子信息为主导的科技领域并购交易额达 188 亿美元，同比增长 87%，我国电子信息产业领域出现了数起具有较强影响力的大型并购事件，对提升产业实力起到了积极作用，例如，联想收购摩托罗拉移动和 IBM x86 服务器业务、海尔收购 GE 家电业务、乐视收购 Vizio 等；二是并购质量不断提升，优质资产并购成为主流，我国电子信息产业领域的并购已开始从中低端领域的小型并购向高端领域的大型并购转变，涉及智能手机、服务器、智能电视、智能机器人等多个产业门类，为强化产业链，我国企业发起了数起对海外优质资产的并购尝试，例如，紫光对美国内存芯片制造商镁光科技的收购和对硬盘厂商西部数据的入股，华润微电子对美国仙童半导体的收购等。

我国重大海外并购与国外存在差距。一是缺乏核心技术领域的重大并购，我国尚未在高端通用芯片、基础软件、核心器件等产业链基础领域，以及物联网、人工智能、虚拟现实等前沿领域成功开展重大海外并购，而国外近几年在这些领域已掀起并购热潮；二是缺乏业界影响力强的重大并购，我国电子信息产业领域尚未出现百亿美元级别的重大并购，与国外动辄上百亿美元甚至数百亿美元的巨头间的并购相比，我国电子信息产业海外并购的规模和业界影响力均显不足；三是对优质资产的并购成功率较低，受政治因素、企业实力等因素制约，我国电子信息企业对海外优质资产的多项并购行为未能获得成功，例如，在美国外资投资委员会（CFIUS）以国家安全为由的审查压力下，紫光收购镁光和入股西部数据、华润微电子收购仙童半导体、金沙创投收购飞利浦照明等我国企业发起的重大海外并购均宣告失败。

我国重大海外并购不足的两大主因。一是产业界对重大海外并购的敏感度不够，政府部门、行业机构对关键领域的潜在重大并购缺乏充分了解，未能及时制定并购预案和开展协调沟通工作；重点企业对重大并购重要性的认识不到位，甚少开展相关预研等准备工作，对并购时机的把握能力不强，例如，作为拥有处理器、Unix 服务器、Solaris 操作系统、Java 等核心软硬件技术的美国 SUN 公司，在遭遇经营难题时，市值一度非常具有吸引力，但我国对并购 SUN 缺乏足够的敏感度，最终只能坐看 SUN 公司这一优质资源被甲骨文收购，从而丧失了核心技术领域一次难得的追赶良机；二是企业自身实力和全球影响力不足，我国电子信息产业企业实力普遍较弱，缺乏类似软银那样具有全球影响力、可将 ARM 融入自身生态并维持其发展活力的企业，特别是由于行业发展经验和重大并购经验缺乏，我国企业对并购后的发展难以进行清晰和系统的规划，资源整合能力较弱，很难确保战略理念、管理团队、组织架构、品牌发展等方面的有效衔接，这些都降低了国外企业与我国企业开展重大并购合作的积极性。

第三节　事件评析

核心技术掌握不足是长期制约我国电子信息产业做强的瓶颈。有针对性地并购掌握基础技术、通用技术的海外企业，获取核心技术等战略资源，再通过消化吸收实现再创新，是我国坚持开放与自主相结合，快速形成核心技术能力的重要途径。例如，京东方通过购入韩国现代显示株式会社等企业，掌握 TFT－LCD 核心技术，提升了新型显示领域的技术水平，操作系统、集成电路、关键元器件等领域在核心技术领域有着代际传承性，纯靠自主创新在技术和产业层面很难实现大的突破，为尽快缩小我国与国外的差距，有必要组织开展重大海外并购。

我国电子信息产业长期处于"跟随发展"状态，在国际分工体系中位于中下游，缺乏高端领域的控制权和话语权，与全球先进企业相比竞争力明显偏弱。有针对性地并购具备较大规模、较强实力、位于产业链关键环节的海外企业，能帮助我国企业实现取长补短、强化自身优势，进而促进产业链结构的优化和产业主导权的强化。例如，联想通过收购 IBM 的 PC 业务，成为全球最大的 PC 厂商，在全球 PC 产业中具有了举足轻重的影响力。近期，海尔、美的等企业对 GE 家电、东芝等企业的收购，有望进一步奠定我国在全球家电领域的主导地位。

全球信息技术创新仍然处于迸发期，通信、集成电路等领域出现了颠覆性突破的新苗头，虚拟现实、人工智能、无人驾驶等领域成为产业发展的新热点。为加快技术创新和生态建设，抢占发展先机，国外巨头企业纷纷在新兴领域实施战略并购。例如，软银发起对 ARM 的收购，瞄准的是 ARM 架构芯片在物联网领域的巨大发展潜力；Facebook 发起对 Oculus 的收购，为的是加快布局虚拟现实领域。在此背景下，我国在新兴领域的敏感度尚有待培育和提高，加快新兴领域的重大海外并购应成为我国摆脱被动跟随局面、抢占未来竞争制高点的重要手段。

第三十七章　消除光伏抢装后遗症
亟须完善产业补贴机制

政府下调补贴的初衷是为了引导光伏产业向市场化过渡，促进结构升级，提高可再生能源补贴资金利用率，但由于"抢装潮"提前消耗了市场需求，势必给产业发展带来不可轻视的后遗症，应完善补贴下调机制，出台多样化政策措施；加强行业规范，缓解"弃光限电"问题。

第一节　事件背景

2015年12月，国家发改委发布《关于完善陆上风电光伏发电上网标杆电价政策的通知》，决定调整新建陆上风电和光伏发电上网标杆电价政策，并明确2016年以前备案并纳入规模管理的光伏发电项目，如在2016年6月30日前仍未全部投运的，将执行下调后的标杆电价。为获得较高的标杆电价补贴，各地纷纷在补贴下调大限到来前抢装光伏系统。其结果是，2016年上半年，全国新增装机量20GW，高于2015年全年的15.1GW。

市场规模的急速攀升使光伏企业收入和利润在这半年间大幅上扬，行业呈现红火局面。多晶硅上半年总产量达9.5万吨，同比增长28.4%，企业多数满产；现货价格一路飙升，主要企业毛利率超过20%。电池片产量25GW，同比增长37.4%，代表企业平均产能利用率达83.5%。组件产量约27GW，同比增长37.8%，前十大企业毛利率达15%左右。

第二节 主要内容

政府下调补贴的初衷是为了引导光伏产业向市场化过渡，促进结构升级，提高可再生能源补贴资金利用率。但由于"抢装潮"提前消耗了市场需求，势必给产业发展带来不可轻视的后遗症。

市场急冷导致价格下跌，"弃光限电"冲击企业资金链。"抢装潮"结束后，光伏行业形势急转直下，供大于求导致产品价格快速下降，且上游环节所受冲击更为明显。据 EnergyTrend 数据，高效多晶硅片价格 2016 年 7 月环比下跌 7.7%，8 月跌幅达到 16.2%，目前部分电池片成交价格已低于 0.2 美元/瓦。同时，装机量爆发式增长与电网实际输送能力间的矛盾日益突出，"弃光限电"问题更加严重。国家能源局数据显示，新疆的弃光率已由 2015 年的 26% 增长到 2016 年上半年的 32.4%，西北地区五省份弃光量总和达到 32.8 亿千瓦时。"弃光限电"加剧不但造成资源浪费，也使企业经营困难。本来，无论是上半年抢装光伏系统的建设投入，还是系统建成后持续的运营维护开支，都消耗了企业大量资金。严重的"弃光限电"会影响资金回流，使企业雪上加霜。

需求不旺导致竞争激烈，高端产品发展恐陷入价格战。我国正在推行领跑者项目，为钝化发射极背面接触（PERC）等高效电池技术提供发展空间，推动光伏技术创新与产业升级。由于领跑者项目基本不存在"弃光限电"的问题，在补贴下调后自然成为市场热点。但在全行业光伏产品价格普遍下跌的背景下，企业开始以低价争抢领跑者项目，导致下半年的招投标价格迅速下降。在"抢装潮"结束后不到一个月时间里，最低组件报价由 3.19 元/瓦降至 3.05 元/瓦，平均报价由 3.4 元/瓦左右降至 3.3 元/瓦左右。在 8 月底的项目竞标中，协鑫新能源更是曝出了 0.61 元/千瓦时的超低中标上网电价。产品报价过低，甚至低于高效电池生产成本，违背了领跑者项目推进产业结构升级的初衷，不利于企业和行业的持续发展。

配套政策支持力度不够。分布式光伏仍"叫好不叫座"。分布式光伏项目一般采用"自发自用，余电上网"模式，补贴方式与集中式光伏电站不同，不受此次政策调整影响，并且其具有补贴"现金月结"及装机不受配额限制的优势，从理论上来说盈利能力与发展前景较其他光伏应用形式更好。但此轮"抢装潮"后，业界普遍寄予希望的分布式光伏项目井喷局面并未出现。究其原因，在于配套政策未能跟上，一些制约分布式光伏发展的问题仍未解决。系统质量方面，我国尚未形成完善的项目建设、施工及安全管理规范；商业模式方面，目前主流的合同能源管理模式仍然缺乏征信系统以及融资创新的支持；屋面选择方面，屋顶的产权及使用权问题依然困扰投资者，导致分布式光伏发电推广速度低于预期。

第三节　事件评析

完善补贴下调机制，出台多样化政策措施。一是优化补贴电价结构。将现行资源分区的固定上网标杆电价调整为由当地燃煤机组标杆上网电价（含脱硫、脱硝、除尘）或市场交易价格与定额补贴两部分组成的组合电价，使补贴电价的区域分布更加合理。二是制定合理的、可预期的补贴下调机制。研究制定基于年化装机量（如一季度实际装机量×4即为年化装机量）和产品价格下降速度，且定额补贴部分按月度调整的机制，在控制总量的同时防止"抢装"发生。三是完善政策体系，优化政策结构。出台配额制（绿证制度）、招投标、税收减免、净计量补贴等多样化政策措施，综合施策，促进光伏多样化应用。

加强行业规范，缓解"弃光限电"问题。一是统筹规划光伏应用布局与目标，在具备接入电网和本地消纳条件的地区，结合可利用的土地资源，以及电网通道建设现状及远期规划，合理安排光伏电站布局与"十三五"装机目标。二是发展抽水蓄能、燃气等调节能源，探索促进光伏发电消纳的市场化机制，开展火光发电权交易、辅助服务交易试点及推广。三是充分发挥行业协会作用，推动行业自律管理，加强行业交流与协作，避免低价恶性竞争。四是进一步加强行业管理，深入落实《光伏制造行业规范条件》和《关于进一步优化光伏企业兼并重组市场环境的意见》，完善并落实规范条件退出机制，对光伏制造行业规范公告名单进行动态管理，并推动行业规范与领跑者项目、电站建设、补贴发放、信贷授信、出口退税等的政策联动，增强政策实施效果，淘汰落后产能。发挥市场机制作用引导企业自发开展兼并重组，提升产业集中度。

第三十八章　警惕手机产业洗牌带来的系统风险

随着近几年市场增速放缓，市场竞争越发激烈，产业门槛持续提高，手机产业进入洗牌周期，并由此带来一系列风险，可能引发企业连环倒闭、造成金融运营风险、冲击园区正常发展、导致连锁社会问题。为此，应找准原因，做好预判，提前发力，化解可能带来的问题和挑战，引导推动我国手机产业及信息技术产业持续平稳健康发展。

第一节　事件背景

手机产业曾经连续多年呈现高速发展，是电子信息制造业的支柱领域。在手机发展热潮中，我国先后涌现出数百个手机品牌。随着产业进入成熟期和近几年市场增速放缓，市场竞争越发激烈，产业门槛持续提高，手机产业进入洗牌周期，相当数量的品牌手机企业陷入困局，并由此带来一系列风险。为此，应找准原因，做好预判，提前发力，化解可能带来的问题和挑战，引导推动我国手机产业及信息技术产业持续平稳健康发展。

第二节　主要内容

产业整体增长乏力，市场竞争越发激烈。全球智能手机出货量从 2012 年的 45.1% 下滑到 2015 年的 10.3%。2016 年 1、2 季度，全球智能手机出货量同比增速仅为 0.2% 和 0.3%。同时，国内市场集中度不断提高，2015 年销量前 9 大手机品牌市场份额之和超过 90%，其中前 5 大品牌之和超过 62%。在市场趋于成熟、竞争日益激烈的情况下，单一品牌特别是中小品牌要实现增长将更为困难。

龙头企业加大投入，产业门槛持续提高。中国成为全球手机市场的主战场，国内外龙头企业纷纷加大攻关力度。一方面，国外企业努力圈地。苹果发布了主要面向中国市场的 iPhone SE，三星推出针对中国消费者的 C5 和 C7 机型；另一方面，国内一线企业深耕专利布局和强化特色功能。华为通过自主研发处理器、OPPO 通过快速充电和高端影像技术、vivo 通过拍照与 HiFi 技术，都已建立起一定技术优势，给研发创新实力不强的手机厂商造成更加难以逾越的壁垒。

低价和网售魅力削减，发展模式遭遇挑战。低价和互联网销售曾经是前几年不少手机厂商的竞争法宝，但近来逐渐褪色、失效。一方面，消费者更倾向品质好、功能强、"有面子"的品牌产品，不再接受简单堆砌硬件、同质化严重的低价机；另一方面，网络营销的效果大大削减，线下渠道焕发新活力，严重依赖单一网络渠道的企业面临越来越大的困难。发展模式的转换使得大批核心技术缺失、以往主要靠"噱头"博眼球的手机企业难以适应。

实际上，手机品牌淘汰已成"平常故事"。从龙头格局看，2013 年占据国内手机销量半壁江山的"中华酷联"在 2015 年变为"华米欧维"，只有华为一家坐稳，且小米也在 2016 年一、二季度跌出前五。从品牌数量看，2014 年、2015 年国产手机品牌淘汰数量均在 140 家左右，中小手机品牌成为"重灾区"。预计未来几年，手机产业的洗牌速度还将加快，华为消费者业务 CEO 余承东甚至认为，未来 3—5 年，全球市场仅能存活下来 2—3 家手机厂商，中国市场只能活下来 1—2 家主流手机厂商。

第三节　事件评析

引发企业连环倒闭。手机产业上下游联系紧密，一家企业倒闭往往会波及供应链上下游企业，形成连锁效应。例如，2015 年底，代工企业深圳中天信电子有限公司倒闭，不但影响了多个品牌手机的如期发货，还波及近 300 家供应商。特别是不少手机企业在快速扩张期采用代工赊销模式，能以较低的流动资金维持生产，可一旦遭遇普遍拖欠货款、银行抽贷缩贷、投资方撤资等情况，就更容易倒下，并影响到供应链企业。比如，深圳一年倒下 13 家手机供应商，违约金超 20 亿元，造成多家相关企业资金链断裂。

带来金融运营风险。手机企业作为重资产型企业和地方重点扶持的对象，通常所需贷款金额较大，是金融机构的主要客户。一些新兴金融机构也面向手机产业提供供应链金融服务，手机及配套企业的倒闭，会导致金融机构贷款回收难，形成不良贷款，如果倒闭企业数量过多，且较为集中，甚至会使实力不雄厚的新兴金融机构遭遇发展困难，引发更大范围的金融问题。

冲击园区正常发展。2013—2015 年，我国各地建设了数量众多的智能手机产业园区。这些园区往往聚集了上百乃至上千家手机及相关企业，地方政府也投入了大量资源。在手机品牌加速淘汰过程中，园区集聚效应可能放大企业倒闭的负面影响，造成园区及区域产业发展的整体衰退和地方投入的重大损失。例如，2015 年珠三角地区有 76 家手机企业关门，惠州市规模以上企业的手机产量下降 22.5%，深圳南山区手机总产量下降 12.5%，都对园区发展和地方经济造成不小冲击。

导致连锁社会问题。手机企业倒闭不仅对地方产业经济产生负面影响，还有可能影响社会稳定。2015 年 10 月，作为中兴、华为一级供应商的深圳福昌电子因拖欠供应商 4 亿多元债务倒闭后，约 3800 名员工连续两天在工厂门口拉横幅要求管理层出面支付所欠工资，并到龙岗区政府门口游行示威要求政府介入解决工资拖欠问题，一度扰乱了社会秩序。

第三十九章　IBM 研制出首个人造相变神经元芯片

2016 年 8 月 3 日，IBM 苏黎世研究中心宣布制造出全球首个人造纳米级随机相变神经元芯片，能够在并行计算中实现高效通信。IBM 相变神经元芯片的研发，标志着人类在人工智能领域的研究又向前迈进了一大步。未来，类脑计算有望成为计算技术发展新方向，人工智能技术发展将继续实现新的突破，人工智能技术会逐渐脱离机器语言的限制，减小机器智能与人类智能的差距，真正实现"人脑"通信。

第一节　事件背景

人工智能作为世界尖端技术之一，应用领域越来越广泛。人工智能是用于模拟、延伸和扩展人类智能的科学，通过对人类意识、思维的信息过程进行高效模拟，使机器能够胜任通常需要人类智能才能完成的复杂工作。近年来，在互联网、大数据等新技术的支撑推动下，人工智能实现了飞速发展，逐步应用到社会、文化、科技等领域。人工智能的主要应用形式包括：机器翻译，利用计算机把一种自然语言转变为另一种自然语言，解决自然语言间的理解障碍；智能控制，在无人干预的情况下，实现自主地驱动智能机器来控制特定目标；生物识别，通过具体的细节特征信息对操作或被操作者进行身份鉴定；专家系统，通过领域专家提供知识和经验以及解决问题的方法，模拟人类专家的决策过程，帮助使用者解决需要人类专家处理的复杂问题。

大多数人工智能产品还没有摆脱传统计算机结构的束缚。虽然人工智能领域的研究逐年深入，相关产品和成果越来越多，但绝大多数仿真人类大脑的研究都集中在软件层面，其最终运算仍要由传统计算机转化成计算机语言完成。大多数人工智能的实现仍然摆脱不了传统的计算机技术。例如，IBM早先开发的"深蓝"超级计算机曾经战胜过国际象棋大师卡斯帕罗夫，但它依靠的并非智力或是人脑神经反应，而是通过所存储的象棋数据库，以事先编好的程序，通过每秒数亿次的计算分析两亿种走法，然后选出最理想的走法。这种依靠传统计算机模式实现的人工智能，无法仿效人脑真实的反应，因为人脑的计算方式与传统计算机完全不同。在人脑中，神经元相当于处理器，一个成年人的大脑至少有数百亿个神经元，每个神经元都与其他神经元相连，这是一个极其庞大的分布式计算系统。这种处理器与存储器紧密相连的结构让人脑内的通信速度以及对外部信息的感知能力非常高，即使是高性能计算机也无法完全从底层进行模仿。

第二节　主要内容

研发经过。相变神经元是指一种人工制造的生物神经细胞或具有生物神经细胞结构和功能的电子元件。进行人脑通信时，这种神经元释放的神经传导物质会转变成为一种化学信号并通过突触传递，实现信息的交流。IBM苏黎世研究院一直致力于研究相变存储材料。2016年5月，研究院宣布，其最新研发的相变材料中每个单元都能稳定地存储3比特数据，基于这种相变材料的人工神经元能执行多种计算，而且速度快、能耗低。2016年8月3日，IBM官方宣布，已使用相变材料制造出了能存储和处理数据的随机脉冲神经元芯片，这是世界首个人造神经元芯片。相变神经元在架构上包括输入端、神经薄膜、信号发生器和输出端，其中输入端类似于生物神经元的树突；神经薄膜类似于生物神经元的双分子层；信号发生器类似于生物神经元的神经细胞主体；输出端类似于生物神经元的轴突。神经薄膜是整个神经元产生作用的关键，类似生物神经细胞中的液态薄膜，当能量吸收到一定程度时就会产生信号并向外发射。这些信号经过输出端传导，然后被其他神经元接收，以此循环形成信息处理和通信过程。研究人员还在人工神经元上施加了一系列电子脉冲，使相变材料不断结晶，最终导致神经元"点火"，产生类似于人脑的反应。

不同于以往的人工智能产品，相变神经元芯片并不依靠传统计算机进行通信和计算，而是直接模仿脉冲神经元的行为，将处理器与内存紧密结合在一起，在并行计算中实现高效通信。它的工作方式与人脑神经元与突触之间的协同非常类似，所以可以在更短的时间内完成对大量通信数据的处理，并仿效人脑神经系统对外界事物感知后的反应。

作用和意义。IBM 相变神经元芯片的研发，标志着人类在人工智能领域的研究又向前迈进了一大步。首先，这种相变神经元芯片可以高仿真地模拟人脑神经系统的学习过程，表现出了初步的"认知计算"能力，可用于进一步发展人工智能的高速无监督学习。例如，未来不再需要技术人员向机器人研发系统里事先输入程序和数据，它们可以通过自学来理解简单的规则。其次，利用这种相变神经元芯片可以设计和研制新型计算机，计算机系统和芯片的架构设计效仿脑内的神经网络。未来的计算机不仅会拥有高效的计算能力和海量数据的存储能力，还能进行完全仿效于人脑的"思考"。此外，这种神经元芯片还可以应用在医疗上。比如替换人脑受损的神经细胞，用于治疗人类大脑所受的伤害或者疾病。

第三节　事件评析

一是类脑计算有望成为计算技术发展新方向。相变神经元芯片的成功研发标志着人类在类脑计算领域以及高效节能技术上又向前迈进了重要的一步。一方面，这种神经元芯片与传统材料制成的芯片不同，它的尺寸能小到纳米量级别，IBM 研究报告指出，未来这一材料甚至可以小到 14 纳米。材料的缩减可以大大节省制造和研发成本，这使得它能够在一定程度上替代传统计算机的 CPU、存储器等基本硬件，降低能源的消耗；另一方面，相变神经元芯片可以模仿人脑行为进行更复杂的通信，它的计算和存储过程会比传统计算机更加高效。

二是人工智能技术发展将继续实现新的突破。IBM 相变神经元芯片突破了传统人工智能产品的束缚和限制，不再单单利用静态的程序，或者完全依靠计算机语言来实现智能通信。相变神经元芯片通过与人造突触等纳米计算元件联合，能够利用人工智能算法，仿效人类真实的行为，产生更类似于人脑的反应。在相变神经元芯片等新技术的支撑下，未来的人工智能技术会逐渐脱离机器语言的限制，减小机器智能与人类智能的差距，真正实现"人脑"通信。

第四十章 "神威·太湖之光"登顶
世界超级计算机 500 强

2016 年 6 月 20 日，德国法兰克福 2016 国际超级计算大会公布了最新的世界超级计算机 TOP500 榜单。中国研制的"神威·太湖之光"登上榜首，其峰值性能、持续性能、性能功耗比三项关键指标均居世界第一。"神威·太湖之光"实现了包括处理器在内的全部核心部件的国产化，打破了国外技术封锁，标志着我国超级计算机研制能力已位居世界领先水平，摆脱了超级计算机的关键部件技术长期受制于人的局面。未来，我国应大力构建超算产业生态环境，真正从"超算大国"发展为"超算强国"。

第一节　事件背景

超级计算机是国之重器，应用领域日益广泛。超级计算机是指在一定时间阶段，世界范围内运算速度最快、存储容量最大、功能最强的一类计算机，是一个国家科技发展水平和综合国力的重要标志。超级计算机应用的领域覆盖国家命脉行业和科技前沿领域，主要应用包括：模拟核聚变，对核武器设计、试验、存储进行全系统的数值模拟；预测气候变化，包括短期的天气预报和长期的气候预测，提供极端气象事件的预警；模拟人体器官的工作和对各类药物的反应，为医生治疗和新药物的研发缩短时间；为基础科学研究和重大科学发现提供模拟计算，例如在宇宙起源、脑功能、基因和蛋白质组学、计算物理等方面的应用；为大数据、金融计算、社会计算等的新领域提供高速大数据计算分析。美国在超级计算领域长期处于领先地位，美国政府在过去 20 多年持续实施了多个战略计算的国家计划。2015 年 7 月，美国启动"国家战略计算计划"，目标是到 2025 年前建造世界上速度最快的高性能计算机。2018 年前后，美国将有至少 3 台浮点计算能力达到每秒 10 亿次级别的超级计算机。在芯片研发领域，美国占据着绝对优势，在最新世界超级计算机 500 强中，有 455 台超级计算机使用英特尔处理器，23 台超级计算机使用 IBM 处理器，13 台超级计算机使用 AMD 处理器。在高效能计算机及应用服务环境领域，美国整体处于领先地位。

我国超级计算机的关键部件技术长期受制于人。从 1983 年第一台国产超级计算机"银河一号"诞生以来，处理器多使用的是国外的处理器。直到 2012 年，我国制造出第一台使用国产微处理器的超级计算机"神威·蓝光"。2013 年制造的"天河二号"虽然连续六次位居世界计算机性能第一，但其使用的是英特尔处理器。2015 年 4 月，美国把与超级计算机相关的 4 家中国机构列入限制出口名单，目的就在于通过限售阻碍中国超级计算机的快速发展。这次限购导致我国"天河二号"未能如期完成攻关目标。

第二节　主要内容

事件经过。世界超级计算机 500 强排行榜始于 1993 年，国际 TOP500 组织是发布全球已安装的超级计算机系统排名的权威机构，以超级计算机基准程序 Linpack 测试值为序进行排名，每年发布两次世界超级计算机 500 强排行榜。2002 年，我国生产的超级计算机"深腾 1800"第一次进入 TOP500，排名是第 43 位。在国家 863 计划重点支持下，我国超级计算发展不断取得突破，中国研制的"天河二号"连续六次问鼎世界超级计算机 500 强榜首。在世界超级计算机 500 强榜单上，我国制造超级计算机数量越来越多。2015 年 7 月，中国上榜的超级计算机数量仅有 37 台，到 2015 年 11 月猛增到 109 台，超过欧洲与日本，排名第二。2016 年 6 月，我国上榜的超级计算机数量达到 167 台，第一次超过美国的 165 台位居世界第一。

"神威·太湖之光"是我国自主研发的纯国产机，是全球第一台运行速度超过 10 亿亿次/秒的超级计算机，峰值性能高达 12.54 亿亿次/秒，持续性能达到 9.3 亿亿次/秒，功耗比达到每瓦特 60.51 亿次运算，是目前世界上最绿色节能的超级计算机之一。"神威·太湖之光"的运算速度为采用英特尔处理器的"天河二号"的两倍以上，大约是目前排名第三的美国领先超级计算机系统的 5 倍。不仅"神威·太湖之光"的硬件是国产，操作系统、并行算法等软件系统也是全国产。此外，在中国超级计算机被广为诟病的应用方面，也取得突破。"神威·太湖之光"的应用目前已包括地球系统数值模拟、"天宫"一号返回路径的数值模拟和药物筛选和疾病机理研究等。

后续发展。"神威·太湖之光"的研制成功，是国家长期支持自主科技创新和长期技术积累的成果。"神威·太湖之光"针对高性能计算的特点，采取众核架构，扬体系结构创新之长，避开单颗芯片频率低、功耗高、工艺弱之短。为下一代超算系统的研制开辟了一条新途径，即可以使用众核处理器构建超算系统，为编写应用系统的程序提供了方便。2016 年度的"戈登贝尔奖"提名中，基于"神威·太湖之光"的应用就占了共 6 个提名中的 3 个，分别涉及大气、海洋、材料等 3 个领域。"戈登贝尔奖"被誉为计算机高性能应用领域的诺贝尔奖，这是我国首次在此奖项中获得提名。

第三节　事件评析

基础技术要坚持走自主创新之路。以美国为代表的一些国家长期对中国进行高新技术封锁。对超算芯片、基础软件等涉及国家安全和战略的基础技术，要坚定不移走自主研发的道路。"神威·太湖之光"使用的是我国自主开发的具有自主知识产权的芯片，标志着我国的处理器结束了对国外技术的依赖，真正实现了软硬件系统的完全自主可控。

超算突破要走体系化创新之路。超级计算机系统是一个芯片、PCB 版、算法、软件等高度集成化的系统。现在创新已不是从前的单点创新，而更多的是体系化的创新。"众核"架构就是典型例子，不是单一芯片、工艺、软件创新就能完成的。多个领域和方向的集体突破，集成、体系化的创新成为突破性自主创新的趋势。

超算的产业生态需要大力培育。"神威·太湖之光"的成功，标志着我国超级计算机的研制能力已位居世界领先水平，但在超算应用方面我国与发达国家存在明显差距，相关商业应用软件仍为国外垄断。我国应大力构建集硬件系统、应用软件开发、超算人才培养、用户应用场景于一体的超算产业生态环境，真正从"超算大国"发展为"超算强国"。

展 望 篇

第四十一章　主要研究机构预测性观点综述

全球科技创新仍然在加速创新中，电子信息领域的科技研发、产品创新和模式革新的颠覆性创新日新月异。Gartner、IDC、埃森哲、微软等著名咨询机构和企业普遍认为，智能技术、智能产品将成为未来各行业领域关注的重点，虚拟现实、增强现实、人工智能等技术和产品创新将在2017年迎来创新高潮，将推动生产和生活的全面智能化，这些对于我国把握电子信息产业发展的最新思路和战略性方向具有重要的借鉴意义。

第一节　Gartner：2017年前十大策略性科技趋势

一、人工智能和高级机器学习

人工智能（AI）与先进机器学习（ML）由多种科技与技术所组成，包括深度学习、神经网络、自然语言处理（Natural – Language Processing，NLP）等。这些先进技术超越了传统上以规则作为运算基础的演算法，进而创造出能理解、学习、预测、适应环境甚至自行运作的系统，也是让智能机器显得更"聪明"的原因。弱人工智能（Applied AI）和先进机器学习推动了各式各样智能功能的出现，包括机器人、自驾汽车等实体设备和消费性电子产品，还有虚拟个人助理（Virtual Personal Assistants，VPAs）和智能顾问等各种应用程序和服务。这些功能将成为一种全新型态的智能物件和应用，也能赋予各种网格（Mesh）设备和既有的软件与服务以智能解决方案。

311

二、智能应用

虚拟个人助理等智能应用具备了真人助理的部分功能，让日常工作变得更加轻松与有效率，例如针对电子邮件进行优先级排列与识别出重要内容与互动等。虚拟顾客助理（Virtual Customer Assistants，VCA）等智能应用程序则专门在特定领域内执行任务，例如销售与客服。因此，这些智能应用程序将有可能改变工作的本质及职场结构。未来 10 年内，几乎所有的应用程序、应用及服务都将体现某种程度的人工智能。长期来说这将形成一股趋势，即人工智能与机器学习在应用程序及服务方面的应用范围未来也会持续发展并扩展。

三、智能物体

智能物体（Intelligent Things）指的是不仅能按照固定的程序模型执行任务，还能利用弱人工智能及机器学习做出更进阶的行为，同时以更自然的方式与周遭环境还有人类进行互动等。随着无人机、自驾汽车和智能家电等智能物体的逐渐普及，Gartner 预测智能物体的运作模式将会由现行的独立运作逐渐转向协作模式。

四、虚拟现实和增强现实

虚拟现实与增强现实等沉浸式科技改变了人与人、人与软件系统间的互动方式。到 2021 年前，消费性及商业性的沉浸式内容与应用程序将急剧演进，虚拟现实与增强现实功能将形成一个更加无缝的设备系统，能为使用者管理资讯，使其成为极度个人化且相关性强的应用程序和服务。通过各种移动可穿戴式设备与物联网和充满感测器的环境进行整合，将可让沉浸式应用程序得以超越独立的单人体验模式。

五、数字克隆

数字克隆（Digital Twin）是指某种实体物品或系统的动态软件模式，借由感应器搜集的资料来侦测状态、回应变化、改善操作及增加价值。数字克隆结合了后设资料（Metadata，如分类、组成和结构）、条件或状态（如地点和温度）、事件资料（如时间序列）以及分析（如演算法和规则）。在未来3—5年内，数以亿计的物品都将拥有数码分身。企业将利用数字克隆主动地进行及规划设备维修、设计生产流程、厂房运作、预测设备故障或提升营运效率及辅助产品开发。因此，数字克隆最终将成为一种结合技术人员和传统监测与控制设备（如压力计、压力阀）的代理人。

六、区块链

区块链（Blockchain）是一种分布式账本，里面记载着价值交换（如比特币或其他货币）的交易记录，并以序列方式集中储存于不同区块中。每一区块都借由串联的方式与前一区块连接，并被分散记录储存于点对点（peer－to－peer）网络中，同时透过加密与认证来确保区块链的可信度。区块链与分布式账本的概念正逐渐被接受，因为它有可能彻底改变未来产业的运作模式。尽管目前的热门应用主要围绕在金融服务产业，但仍有很多其他可能的应用领域包括音乐传播、身份验证、产权登记以及供应链。

七、连接模型

目前的对话式界面发展重心仍在于聊天机器人和内建有麦克风的设备，如喇叭、智能手机、平板电脑、个人电脑、汽车等。然而，连接模型（Conversational Systems）所涵盖的设备将越来越多，人们利用这些设备来存取应用程序和资讯，或是与他人、社交、政府及企业互动。这个设备已经超越了传统桌上型电脑和移动设备，涵盖了所有目前可能用于互动的所有终端。随着设备数字化持续演进，连接的模式也将增加，设备间的合作也将更加密切，为创建一个全新、不中断且无处不在的数字化体验环境打下基础。

八、网格应用和服务架构

在网格应用和服务架构（Mesh App and Service Architecture，MASA）中，移动应用程序、网站应用程序、桌上型应用程序以及物联网应用程序都将与一个广大的后台服务网连接，借此创造出使用者所认知的"应用程序"。此架构负责包装服务，并将不同层级的应用程序开发界面（API）从组织界限的限制中解放出来，在服务灵活性与扩充性、服务组合、与服务再利用间取得平衡。网格应用和服务架构使数码网格中的使用者能够针对桌上型电脑、智能手机、汽车等不同目标端点设备获得最佳解决方案，同时确保在这些不同管道间切换时也能享有连续不间断的服务。

九、数字技术平台

数字技术平台（Digital Technology Platforms）成为数字业务的关键推动要素。数码技术平台为企业提供了发展与成为数码企业的基石与关键拼图。Gartner已归纳出数字化企业发展新能力与新商业模式背后的五大要素，即资讯系统、客户体验、资讯搜集和分析、物联网及商业生态体系。每家企业或多或少都会将这五大数码技术平台交互使用，而这些平台提供了发展数字化企业的基石，也是迈向数字化企业的关键要素。

十、适应性网络安全架构

现有的信息安全技术应是物联网平台的安全基础，而对使用者与个体行为的监测则是物联网环境下特别需要被加入的一项关键元素。不过，物联网对许多专业 IT 安全人员来说却是一个全新的领域，很多容易被攻击的新领域也因而出现。因此全新的矫正工具与程序都必须被纳入构建物联网平台的考量之中。

第二节　埃森哲：2017 年技术发展七大趋势

一、自动驾驶汽车将重新定义汽车行业

未来车辆将成为多种设备间连接的移动环境，车载移动互联网的使用范围将大幅增加。自动驾驶汽车将重新定义汽车行业，受到市场环境转变影响

的汽车企业必须面对不断变化的商业模式，带来客户期望的转变。预计 2017 年，随着新一代移动服务的探索，企业将把注意力转向汽车，将自主车辆视为多种设备间连接的移动环境，探索如何整合汽车与智慧家庭。

二、无边界的家庭将会成为现实

未来智能家庭将会满足个性化的需求。随着谷歌的 Google Home、亚马逊的 Echo 相继推出并成为主流，Nest 等支持 Wi – Fi 的家庭控制系统市场稳定增长，2016 年成为数字家庭服务大热的一年。同时，这些智能家居的产业化方式也变得清晰。预计 2017 年之后，企业将跳出"以设备为中心"的战略，将重心转移到提供家庭体验，更好地满足不同个人、不同家庭的需求。这些跨越传统边界，并且高度个性化的无缝体验将增加智慧家庭的价值。

三、人工智能呈指数级迅速发展

未来对机器学习能力的需求会越来越大。2017 年，随着 AI 成为组织机构们设计构想的重要部分，AI 将有望迎来加速发展。为了成功推出更有"感情"的智能产品，对机器学习能力的需求会越来越大，这也将为下一代数据服务的实现铺路。未来，组织机构开发产品和服务的方式会让情感化的智能成为严格的 AI 标准。

四、VR 和 AR 融合的混合现实将主导人机交互模式

2017 年，随着混合现实进入主流，企业也将会从独立的、分隔的增强现实体验转移到聚焦利用并结合所有类型的"现实"，他们会通过单一的、综合的和吸引人的体验平台打造模糊的现实体验。

五、重塑组织内人员的连接

主张以人为中心，建立空间来激发创造性思维。许多机构开始打破常规体系，建立空间来激发创造性思维，内部创新的重要性不言而喻。2017 年，机构将会逐渐意识到要更以人为中心重新建立连接。

六、传统的品牌营销已死

2017 年，品牌的内容将会进一步升级，因为双向交流的消费者变得更多。品牌拥有者将会退让，停止引导对话，为观众留出空间，内容将会变得更加个性化，更加即时，其形式会以短故事和直播视频为主。

七、各领域的机构利用数字技术变得越来越以用户为中心

当商业用数字技术给用户他们想要的，用户为中心的思想和技术互补。2017 年，用户和媒体的质疑将深深影响他们生活的组织机构的行为，迫使网络伦理道德提上法律日程。机构会更紧密地关注不仅仅他们的客户体验和员工体验，还包括他们的社交体验。

第三节　IHS：2017 年全球七大科技预测

一、智能制造的发展，让更多的科技产品成为了现实

公司通过使用物联网来变革产品制作、供应链管理以及产品设计的方式。例如，随着自动化/运营商科技公司竞相为工业市场提供物联网项目，预计他们将在云端发布自己的平台即服务（PaaS）。

二、人工智能更加重要，主要应用于自动驾驶汽车或机器人

目前已有多家公司（亚马逊的 Alexa，苹果的 Siri）的个人 AI 助理已经通过智能手机和其他设备获得了数以亿计的用户访问量。然而，随着手动操作逐渐向 AI 转变，影响更大、意义更深远的改变即将到来，例如在自动驾驶汽车或机器人领域。

三、虚拟现实、增强现实和混合现实世界背后的操作实现技术将得到更充分的发展

经过数年宣传之后，虚拟、增强和混合数字世界背后的操作现实技术在2017年将得到更充分的体现。随着 Facebook、谷歌和微软将其现有技术整合至更详尽的发展战略中，增强现实（AR）和虚拟现实（VR）技术将取得显著的进步。具有4K视频和高动态范围（HDR）成像功能且支持 VR 的新款游戏设备也将成为高品质 VR 内容的传播媒介。

四、通信商将允许企业通过单一连接网关连接到多个云服务提供商

通信服务提供商计划带来新一轮创新，允许企业通过单一连接网关连接到多个云服务提供商。IHS Markit 将其称之为 Meta Cloud。2017年，传统软件即服务（SaaS）供应商以及诸如 IBM、亚马逊，尤其是谷歌通过其 Tensor 芯片将使这些全新服务成为可能。建议更加密切关注更多专业化芯片在未来两年的开发和部署。

五、3D 打印机和消费级无人机等新设备模式革命将会创造大规模市场

消费级无人机产品已快速培育了广大市场，是最典型的产品类型演变案例之一。同时，3D 打印机和打印笔等产品也正在以类似方式快速发展，通过廉价3D打印和智能手机产品打造全新的设备类型和用途，这些新设备模式革命将会在短时间内创造出大规模的市场空间，挖掘出市场潜力。

六、太阳能仍是最主要的可再生能源

太阳能光伏（PV）技术的地位将进一步稳固和加强。2017年，我们将看到太阳能光伏技术的地位将进一步稳固和加强。2016—2017年，全球范围内新增的光伏产能中预计超过四分之一以太阳能电池板形式体现。太阳能增长得益于光伏系统成本的急剧下降，以及各国对于可再生能源发电的政策扶持。

七、低功耗技术将扩展到不易访问的物联网设备

第一批低功耗广域网络（LPWAN）将于 2017 年在全球上线。LPWAN 技术将克服范围限制以及信号强度差等实际困难，以更低成本，更高效率连接那些不易访问的物联网设备。因此，这将为电信运营商支持低比特率应用带来巨大商机。

第四节　NetApp：2017 年全球数据发展九大趋势

一是数据是资本。数据已经从过去的服务于业务运营，转变为现在的数据驱动业务发展。

二是新模式占据主流。新模式对数据的关注要求使用大量可以协同工作的服务，用于解决各种类型的关键问题。

三是云既是催化剂，也是加速器。

四是新技术树立新标准术。未来新技术将进一步减少业务整合和人才流动之间的冲突。

五是更广泛的动态存储和数据管理技术不断发展。未来归档类存储和大规模持久性内存等存储技术将广泛应用。

六是消费型 IT 方兴未艾。用户最大的需求是获得 iPhone 般的精简性和自我管理功能。

七是数据加速推动企业发展。数据将成为推动为知识型消费者打造实时网络服务的主要变革因素。

八是可移动的云服务。随着新型数据服务的推出，移动式云解决方案将日益普及。

九是随时随地放置数据。混合云架构可实现全局数据管理功能。

第五节　微软：2017 年 IT 行业趋势预测

一是智能数据发现将是数据分析与可视化领域的重大技术突破。

二是基于深度学习的计算机视觉技术将继续高速发展。

三是语音和语言处理技术应用将会涉及更多语种。计算社会语言学和语用模型将在创造拥有社会文化意识的人工智能中发挥重大作用。

四是开发出更加公平、可追责且更不容易被操纵的稳健算法将是未来十年算法方面的重大进步之一。

五是搜索和信息检索中的深度学习将盛行。

六是编程生物学终将实现，IT 行业将进入下一个编程革命"生命软件时代"。

七是虚拟现实的未来体验将扩展到视觉外的其他感官。

八是计算机游戏将在人工智能开发中占据主角。

九是在编程语言研究领域即将出现最具革命性的概率编程，开发者将制作可预测现实世界并明确推理数据和计算中不确定性的模型。

十是视觉障碍人士将成为个人代理技术的大规模用户和受益者。

十一是可信硬件将会激发新一类的安全可靠的应用和工具。

十二是系统将可以实现自我重建，即使在没有图形用户界面的情况下也能支持交互。

十三是一系列新的定制硬件加速器将在云中普及，以便提高性能并降低成本，而不再单纯依赖摩尔定律。

第六节　IDC：2017 年中国 IT 市场的十个预测

一是数字化转型经济时代来临。

二是大规模用户参与定制加速企业转型。

三是基于信息的产品与服务大行其道。

四是众筹模式提升企业创新成功率。

五是数字化收入驱动企业增长。

六是三维领导力框架助力 CIO 转型。

七是安全可控与风险管理自适应化。

八是云计算 2.0 加速 ICT 生态变革。

九是人工智能将无处不在。

十是沉浸式接口推动营销升级。

第四十二章 2017 年中国电子信息制造业发展形势展望

2017 年是实施"十三五"规划的攻坚之年，也是《中国制造 2025》全面推进之年。电子信息制造业相关政策陆续出台，给电子信息制造业发展提供了较好的政策指导和行业引导作用。应紧抓中国推进制造强国和网络强国建设的重要机遇，加快推进"互联网＋"制造发展，推动中国电子信息制造业由内而外地创新体系建设，打造基础巩固、体系完善、标准健全、集聚创新的电子信息制造业体系。

第一节 整体运行发展展望

全球政治动荡性明显增加，而 2016 年美国特朗普执政、英国"脱欧"、韩国政局变动、意大利修宪公投等一系列的"黑天鹅"事件效应将持续发挥效应，国际货币基金组织（IMF）于 2017 年 1 月发布的最新《世界经济展望》指出，美国新政府的政策不确定性将成为全球经济面临的主要负面风险。同时，全球经济全面复苏期限未知，全球股市、汇市仍然持续震荡，加之投资贸易增长低迷、大宗商品和金融市场不时动荡、地缘政治风险加大等不确定性因素增多，全球经济复苏路途似乎十分艰难。当前，电子信息制造业的进出口占比仍然超过产业规模七成，外部环境持续恶化将继续对行业产生不可忽视的重要影响。展望 2017 年，中国电子信息制造业营收增速预计将维持在 8％左右，出口增速仍将持续当前趋势，但所面临的内外部发展环境具有很大不确定性。

一、智能硬件多元化发展，虚拟现实与制造业融合具有广阔前景

虚拟现实产品和应用不断丰富，各行业领域应用不断拓展。从产品类别看，虚拟设备家族已经迅速从初期的智能眼镜繁衍至广泛涵盖眼镜类、头盔类、手套类的沉浸式设备和非沉浸设备等系列；从应用领域看，虚拟现实已经从初期的军事、航天训练等特殊应用领域逐渐拓展至设计、制造、检验维修、游戏、影视、直播等广泛应用领域。虚拟现实的发展体现出两个特征：一是虚拟现实正在从消费领域逐渐延伸到制造业的实体领域。随着虚拟现实技术、产品和服务的快速发展，制造业的虚拟现实应用将以更加成熟的姿态，顺应智能制造发展趋势，助力制造业转型升级；二是虚拟现实正从"概念论证"走向"场景挖掘"，虚拟现实设备的发展已经不再单独依赖于舒适灵敏的GPU芯片、高清甚至柔性的显示屏幕，而加入了更复杂的算法和内容平台。我国在制造业领域的虚拟现实技术应用面临新机遇与挑战。从应用基础看，中国在虚拟现实领域已经形成一批科研成果，为在制造业推广应用奠定了基础。北京航空航天大学和一汽公司合作开发的板料成型软件，基本能够模拟车门等复杂覆盖件的冲压成型过程；沈阳铸造研究所开发的电渣熔铸工艺模拟软件已经应用在水轮机组叶片曲面造型中；合肥工业大学开发研制的双刀架数控车加工模拟已应用于马鞍山钢铁车轮轮箍厂；从应用实践看，中国已在航天、航空、汽车等高端制造领域初步应用了虚拟现实技术。中国商飞研发出虚拟现实仿真系统，用于新型民机的预先研究评估和关键技术攻关；一汽、二汽、上汽等汽车公司在运用 UG、CATIA、PRO－E 等三维软件进行产品设计方面已积累多年经验，具备了应用虚拟现实所需的数据基础。从产业基础看，中国制造业规模位居全球第一，规模以上制造企业数量超过 32 万家，产业门类齐全、产品种类丰富，产业体系健全，对虚拟现实技术的应用场景丰富，空间广大。从政策环境看，《中国制造2025》和"互联网＋"行动等战略的相继出台，以及国家刚刚提出的推动"中国制造2025"与"互联网＋"融合发展，都体现了对智能制造和协同制造发展的重要支持，虚拟现实技术则是其中的重要技术支撑。近期发布的《智能制造试点示范 2016 专项行动实施方案》等文件，也进一步明确了虚拟现实在制造业发展中的重要意义。

二、迎合市场快速增长需求，OLED 显示将进一步迈进主流应用

随着 OLED 显示在可穿戴设备、平板电脑以及车载显示的应用逐渐深入，2020 年 OLED 显示将有望占据整体市场份额的 30% 以上。预计 2017 年，在智能手机、可穿戴设备、曲面电视等终端需求的拉动下，中国 OLED 产业布局将加速，全球 OLED 市场需求将持续被挖掘。当前，OLED 技术最为成熟的当属三星和 LG。在小屏方面，三星已经成为 OPPO 等率先使用 OLED 屏幕的品牌手机商的供应商，随着 Apple Watch 的热销，LG 占到全球智能手表屏幕市场份额的 90% 以上；在大屏方面，LG 率先研发出 55 英寸 OLED 显示屏，还在仁川机场制作了 140 块 55 寸的 OLED 显示屏，而三星也不甘示弱，研发出超薄 55 英寸 OLED 显示屏。展望 2017 年，iPhone8 采用 OLED 屏幕的可能性很大，IHS 机构预测 2018 年中国 OLED 电视有望达到 20%。与国际上进展相比较，中国的 OLED 产品在成熟度上还有较大差距，但除了三星和 LG，当前全球主流面板厂商仍然主要着力于液晶显示技术，同时中国面板企业在 OLED 研发上也有长期的技术储备，也为中国企业赶超发展提供了可能性。

三、创新驱动再发力，中国服务器芯片多架构齐头并进

当前，中国市场上存在 x86、ARM、POWER 多架构服务器并行前进的发展趋势。在政策的推动下，中国服务器芯片正在走一条引进、消化、吸收、再创新的道路。在 x86 领域，中国厂商的技术实力和市场影响力稳步增强。2017 年，国产 x86 服务器国内市场份额有望接近 65%，并在涉及金融、电力、能源等关系国计民生的关键业务领域得到广泛应用。在非 x86 领域，国内以开放 POWER 处理器为核心的产业生态圈继续构建，基于自主研发设计的 POWER 芯片服务器开始量产并进入国内市场。

四、以试点示范推应用，智能汽车与智慧交通加速发展

工信部已经在或即将在浙江省、北京市（河北省）、重庆市、吉林省、深圳市等五地确立智能汽车与智慧交通应用示范基地，并可能在更广泛的省域推广。浙江省已确定由阿里巴巴、中电海康等作为实施牵头单位实施智慧交

通具体方案；北京市正在组建"一个产业联合创新中心、一支产业基金、一个产业联盟和一个应用示范区"；重庆市已开始拟制应用示范实施方案。2017年，这些示范试点将有望引领国内智能汽车加速发展，并探索在新一代通信技术下智慧交通的应用场景和需要解决的问题，加快全国性的智能汽车和智慧交通应用政策法规的制定和推广。

五、"华米欧维"四大品牌稳居全球智能手机销量第一梯队，智能手机国产品牌新阵营稳步崛起

智能手机仍旧是当前全球市场消费电子产品和智能产品的风向标。经过多年积淀和赶超，我国智能手机国产品牌在 2016 年实现整体崛起，形成以华为、OPPO、vivo、小米为代表的国际"大牌"梯队，在安卓手机市场处于引领地位，与苹果手机展开高端竞争，并以良好的增长势头挑战三星手机的霸主地位。国产手机品牌完成新的洗牌，"华米欧维"新阵营诞生，整体实力继续飙升，共同跻身全球第一梯队。2016 年全球智能手机总销量超过 14.7 亿部，其中总销量排名前五的手机厂商分别是三星、苹果、华为、OPPO 和 vivo，我国企业占据三席，而小米仍然在各国的热销机型中占据重要位置。特别是，OPPO 和 vivo 两大品牌迅速跻身国产品牌第一梯队，2016 年分别实现116.6% 和 104.7% 的超高速增长，为全球智能手机增添了亮点。国产品牌的崛起给全球智能手机市场带来新的变化，特别是在三星和苹果的市场占有率波动的前提下，国产品牌新阵营更显成长性，更加受到全球市场认可。面对未来智能手机发展在盈利模式、消费升级、知识产权等方面的新趋势和新挑战，我国智能手机品牌厂商应居安思危、加强创新，继续扩大已有优势，力争全球手机市场的主流话语权。

第二节　重点行业发展展望

一、计算机行业

随着国务院持续大力推进《中国制造 2025》《关于积极推进"互联网＋"

行动的指导意见》《促进大数据发展行动纲要》《国家信息化发展战略纲要》等国家层面政策的落实，2017 年我国计算机制造业将迎来一定发展机遇，预计全年行业增速将保持在 0.5% —1.0%。同时，在"中国制造 2025"和"互联网＋"战略的强力推动下，中国正由制造大国向制造强国进军，受益于制造业转型升级，IT 市场规模呈现高速增长，国产服务器保持较高增长率。随着云应用的日益成熟以及人们对云计算认识的不断深入，更多企业 IT 部署将逐步利用公有云或混合云，来弥补传统 IT 系统可扩展性、可用性方面的不足。未来，随着行业云计算应用的不断深化，越来越多的服务器将会服务于云计算，巨大的产品需求也将促进服务器市场保持快速发展。预计 2017 年至 2020 年，我国服务器市场销售额将保持 20% 左右的增长速度，2020 年达到 1200 亿元。

闪存新技术将逐步替代传统磁盘。传统硬盘以磁介质为材料，是服务器的主要数据存储单元，希捷、西部数据两大厂商占据传统硬盘市场 90% 以上份额。随着闪存成本的不断降低和技术的不断更新，以闪存为介质的 SSD 固态硬盘凭借速度快、体积小、能耗低等优点，在云计算、大数据等场景广泛应用，将在存储领域占据更大市场份额。

我国将继续拉动全球服务器市场增长。随着大数据、云计算应用的不断普及，越来越多的服务器将会应用于云计算、大数据领域，巨大的产品需求将促进信息技术产品市场保持快速发展。软件定义基础设施和混合环境管理将成为 IT 基础设施变革方向，并为下一代 IT 领域例如物联网和认知分析的计算需求做好准备。预计 2017 年至 2020 年，我国服务器市场出货量将保持稳步增长，市场占全球比重将由 2015 年的 20.6% 提升到 2020 年的 25% 左右。

国内信息技术企业实力将进一步提升。2017 年，随着国内"互联网＋"战略的深入推进，云计算、大数据、物联网等新一代信息技术催化数据中心规模持续增加，进而带动信息技术产品出货量提升。为保障服务安全可靠需求，华为、联想、浪潮、曙光等国内优秀企业将进一步提升研发、生产实力，提供基于自主知识产权的信息技术产品，并扩大应用范围。

智能工业控制设备在"智能制造"时代将发挥更大作用。在通信、网络、软件及光电的整合应用之下，工业控制计算机、工业级智能硬件、工业防火墙等智能工业控制设备结合通信、电气、电子、软件等领域的新技术与新应用，呈现多元及定制化的设计特点。智能工业控制设备所扮演的角色将愈来愈重要，成为传统行业升级改造与"工业互联网""两化融合""智能制造"的基础产品，发挥重要支撑作用。

高端化和虚拟化服务器迎来发展需求。随着私有云、混合云、实时分析等应用在中国市场的进一步深化，中国客户更倾向于购买中高端服务器以承载服务器虚拟化、桌面虚拟化、Docker 和内存计算，在中高端服务器市场占据优势的厂商有望在未来获得更快的成长速度以及更高的盈利水平。

二、通信设备行业

通信行业固定资产投资额将持续降低。2016 年，国内 4G 基站建设已经进入后期，尤其是中国移动的 4G 建设已经基本结束，2017 年运营商在移动通信领域的投资约为 1280 亿元，较 2016 年大幅下降约 17%。但受益于"宽带中国"战略推动，数据流量大爆发，以中国移动为代表的基础电信运营商、民营宽带运营商、数据中心服务商等均加强光纤网络升级与建设，传输网与互联网及数据通信领域的投资将成为结构性亮点，预计 2017 年该两个领域的累计投资额将达 1720 亿元，较 2016 年增长 6%。

新技术商业化推进持续加速。4G/5G 部署方面，尽管中国进入 4G 只有 3 年，三大运营商 4G 的全面高速发展只有 2 年，但 5G 的加速部署预期似乎已经形成。中国移动宣布将于 2017 年开始 5G 大规模外场实验。量子通信方面，2016 年，我国"墨子"号量子通信卫星发射成功并交付使用，使我国在量子通信领域进一步扩大了在世界的领先优势。"墨子"号和人类首次探测到引力波等重大成果共同入选英国《自然》杂志点评的年度国际重大科学事件。2017 年，面对量子通信的巨大市场，资本投入将逐渐增大，行业产业链将愈发成熟。今后我国还将陆续发射多颗量子卫星，力争在 2020 年实现欧洲和亚洲之间的洲际量子保密通信，在 2030 年前后率先建成全球一体化的广域量子保密通信网络。

国产手机加快海外拓展。2015 年国产手机集体出海，攻占东南亚市场，成为一时的热点和潮流。不过由于 4G 专利问题和国内手机市场的调整，2016 年年国产手机的海外扩张的节奏将有所放缓，更趋向于稳健。然而，随着

2016 年绝大多数手机厂商都跟高通达成了 3G/4G 授权协议，为国产手机"出海"扫平了道路；另外，一加计划在印度生产旗舰一加 3T，苹果也在讨论印度制造，再上华为在欧洲市场的进一步扩展，预计 2017 年国产手机"出海"会成为一大亮点，特别是增速强劲的 OPPO、vivo 等在印度和东南亚市场的表现。

光通信市场呈现三大趋势。一是随着旺盛的市场需求，光纤光缆产品特别是光纤预制棒的短缺现象颇为明显，并且这一状况在 2017 年上半年不会有明显的缓解。由于厂商产能提升需要周期，2017 上半年光纤预制棒产量提升将非常有限，棒的供应情况仍会非常紧张，随着国内光企新的产能投产，加之国家对原产自美日的进口光棒反倾销于 2017 年 8 月到期，光纤预制棒的供应可能会在 2017 下半年会有所缓解。二是在光纤光缆方面，介于市场的需求过旺，作为目前应用最为广泛的单模光纤，G.652 光纤仍将占据光纤光缆市场的绝大部分份额。由于国产光棒产能增长有限，加之国家继续对原产自日韩的进口 G.652 单模光纤征收反倾销税，2017 上半年光纤光缆供应仍趋紧，光纤光缆的价格预计也将呈现稳中有升的态势，下半年最晚或要到四季度，随着新的光纤预制棒投产之后，光纤光缆市场的供需矛盾才会得到一定程度的缓解。三是对于海外市场特别是对东南亚非洲拉美市场的扩张。最近几年，国内光通信企业都在海外积极布局进行多元化发展。国内五大代表光通信企业的财报显示，除了光通信业务板块、新业务板块表现普遍向好以外，大部分企业的海外市场营收情况同样良好，甚至部分企业的海外业绩可以用井喷来形容。在这一积极信号下，2017 年或许仍然会是国内光企开拓海外版图的关键年。

光通信技术创新加快，光纤光缆加速升级。随着下一代 400G 超高速骨干传输网的建设，光纤技术标准本身也在不断升级。具备更低损耗、大有效面积、低非线性效应的新一代光纤正在成为光通信业内研发的重点。另外，对于少模、多芯、多模等各类光纤的研发与升级也正在进行，2017 年将会是光纤在技术层面升级换代最为重要与关键的一年。光通信技术将主要呈现如下四个方面的趋势。一是 G.654.E 光纤国内行业标准或将在 2017 年正式出台，并对国内光通信企业研发生产产生指导作用。二是 G.654.E 光纤研发持续，随着 400G 网络于 2018 年形成规模部署，新一代光纤规模商用预计最早会在

2017 年底到来。三是少模光纤研发持续，多芯光纤或替代高密度铜线缆，应用于 SWDM 宽带宽应用的 OM5 多模光纤研发朝更长波长如 1060nm 方向拓展。四是光缆研发方向向高密度、轻量与小型、环保化方向发展。

三、数字视听行业

随着供给侧改革的进一步深化，以及新显示技术、新工艺技术的迭代加速，彩电行业的价格竞争模式将转向产品竞争模式，彩电企业利润空间加大。"互联网＋"、大数据服务、智慧家庭、人工智能等新业务和技术和彩电行业的融合发展，给彩电行业带来新的增长机遇，我国数字视听行业的市场空间在未来一段时间内会持续增大，彩电市场将继续保持增长态势。

技术不断进步，产品更新换代速度加快。从国内人口和消费结构来看，人口红利时代已基本过去，中产阶层规模开始形成。为满足中产阶层需要高品质、高附加值、个性化的产品的需求，彩电进一步朝着大屏幕、高画质、高保真音效、超强人机交互、高端工业设计等方向发展。同时，中国品牌拥有政府支持，国内面板资源越来越丰富，为中国电视企业的发展创造了很好的机会，企业投入研发的资金更多，彩电产品的更新换代加速。

线上线上双线融合时代来临。2016 年，随着线上市场体量不断扩大，增速相应地也不断下降。2017 年，电商平台为了继续寻求增长空间，布局渠道下沉策略。渠道下沉包含两个方面，一是从线上走向线下，二是从一、二级市场走向三、四级市场。各大电商平台大力抢夺三、四线城市和线下市场，会给现有的市场格局带来巨大冲击。传统彩电厂商对电商平台的高依赖性，导致其对市场的主导权被削弱。电商的低价策略使传统厂商和经销商的利润空间受到严重威胁，合作关系也受到冲击，厂商对经销商的掌控力下降。渠道下沉战略的实施，使得线上与线下结合更加紧密，双线加速融合的新时代正在来临。

中国品牌的国际影响力进一步扩大。一方面中国家电厂商深耕新兴市场，比如东南亚、非洲、南美等，这些地区正在经历由显像管电视向液晶电视的过渡和普及期，市场具有更大的增长空间；另一方面，中国品牌由于国内消费市场多样，在窄边框、曲面、背光等方面均进行了探索，技术在国际上处于领先地位，逐步在美国和欧洲市场站稳脚跟；同时，日本品牌和韩系品牌的市场份额逐年下降。在种种有利因素影响下，中国品牌正在大力开拓海外市场，中国品牌的海外扩张之势已经形成。2017 年中国品牌全球份额有望实现进一步增长。

四、集成电路行业

（一）ASSP 的单价回升和库存优化助力全球半导体市场增长

存储器和特定应用标准产品（ASSP）作为全球半导体市场的重要构成部分，2016 年其市场规模为 791 亿美元和 870 亿美元，分别占全球半导体市场的 23.3% 和 25.6%，两种产品将成为未来半导体市场增长的主要动力。存储器在 2015 年价格出现暴跌，这是由于个人电脑市场的低迷导致库存过多。

一方面，随着库存的消化，至 2016 年下半年存储器价格逐渐升高，市场逐渐呈现增长趋势，预计 2017 年存储器市场有 10%—15% 的增长。但另一方面，随着国内供应商的加入和现有供应商的新增产能，可能导致 2019 年左右新一轮的衰退。ASSP 是另一个重要的驱动因素，特别是随着物联网和汽车电子市场规模的大幅增长，对 ASSP 产品的应用需求逐步提升，预计 ASSP 的增长趋势将持续至 2020 年左右。存储器和 ASSP 的增长潜力使我们对 2017 年半导体市场充满信心，据此我们预测 2017 年全球半导体市场增长 3%—5%，并认为半导体产业将保持长期稳定增长的趋势。

（二）美欧等产业政策调整为半导体技术的输出与合作带来不确定影响

美国方面，特朗普就任总统后的政策措施将影响全球贸易发展和制造业格局。目前看来，通过降低本土企业的赋税和监管负担推动投资和就业岗位的增加将是特朗普政府为推动制造业回归计划采取的重要措施，而作为高端制造业龙头的美国半导体企业受此影响有可能减少对外投资和建厂，从而影响全球半导体产业的调整和迁移。另外，特朗普政府的对外贸易态度偏向保守，可能对我国采取贸易保护措施，限制半导体产品进口并加大对我国半导体投资的审查力度，进一步限制技术出口。欧洲方面，英国、法国、德国等高技术领先国家由于政权更替，带来政策、经济走向不确定。将直接影响欧盟在高技术领域的对外输出与合作，并影响全球半导体贸易格局。此外，美国发布《持续巩固美国半导体产业领导地位》报告对各国今后半导体政策的影响，将直接或间接牵动我国半导体产业发展态势，值得密切关注。

（三）产业并购继续围绕战略整合和新领域布局展开

一方面，龙头企业为实现规模经济和降低成本，会持续开展出于战略整合目的的国际并购。另一方面，随着产业进入"后摩尔"时代，企业加快布局新兴市场，细分领域竞争格局加快重塑，围绕物联网、汽车电子、数据中心、人工智能等领域的并购日趋活跃。

围绕 2017 年全球产业并购趋势，一是从并购金额看，半导体并购仍会呈现出规模大、交易金额高、强强联合的特征。2016 年全球并购金额再创新高，产业并购数量和金额大幅增长，其中不乏交易金额在百亿美元以上的并购案。高通以 470 亿美元并购恩智浦，成为半导体史上最大的并购案。在资本的推动下，预计半导体细分领域的龙头和骨干企业将继续被收购和整合，如存储器、代工制造、GPU 等细分领域将成为整合热点。二是从并购领域看，半导体并购将会聚焦至新兴和细分领域。汽车电子、通信芯片、异构计算、人工智能等领域均正处于洗牌阶段，2016 年围绕汽车电子、物联网等领域的并购案交易金额超过 1000 亿美元，数量超过 30 起，成为并购热点。高通收购恩智浦，联合布局物联网、自动驾驶、5G 等前沿领域；软银公司收购 ARM 布局物联网领域；三星电子收购汽车电子零部件供应商 Harman 公司进军汽车电子行业。为实现在前沿领域的战略布局，预计 2017 年新兴应用领域的并购仍维持较高热度。

（四）中国半导体市场将继续保持高速增长

在《国家集成电路产业发展推进纲要》和国家集成电路产业投资基金的推动下，中国半导体市场已成为全球增长引擎，2016 年销售额超过 4300 亿元，增长率达到 19%。在国内设计、制造和封测三业并举、协调发展的格局下，预计 2017 年国内半导体产业增速区间为 18%—25%。

近两年以中资为主导开展的国际并购金额达到 130 亿美元，已引起美国等西方优势国家的重视，针对中国企业并购采取更为严厉的审查。面对更为严峻的外部挑战，如何整合现有资源，将成为国内企业在 2017 年的工作重点。

（五）国内先进工艺项目将陆续进入建设阶段

根据国际半导体设备与材料产业协会（SEMI）发布的报告，预计将于2017—2020年间投产的半导体晶圆厂约为62座，其中26座设于中国，占全球总数42%。这些建于我国的晶圆厂2017年预计将有6座上线投产。针对本次产能，不仅仅是在制造生产线的数量上大幅增加，更是以先进工艺技术为主。可以预期，在本轮投资之后，未来中国大陆厂商将要在先进工艺领域，与国际大厂进行更加激烈的争夺。此外，在存储器领域，当前国内正在形成以武汉新芯、福建晋华、合肥长鑫为代表的三足鼎立的战略格局，产业布局已经在2016年初步完成，2017年，随着三个主要项目的持续推进，预计将在技术层面和产线建设层面均会有所突破。

（六）海外合作和国内整合成为新常态

随着综合国力增强和半导体产业快速发展，我国在需求驱动下开始了新一轮半导体发展热潮，中国资本在海外的投资并购活动，已引起美欧日韩等国家的警觉。美国科学技术顾问委员会近期发布报告指出，中国半导体产业的崛起已经对美国构成威胁，并将加强美国外国投资委员会对中资收购的审查。德国等欧盟国家也强化外商投资审查，特别是中资企业在欧洲的并购。韩国政府支持三星电子和SK海力士领军，筹建总规模2000亿韩元的半导体希望基金，以应对中国存储器产业崛起。全球半导体产业围绕资本、技术、人才、市场等方面的竞争加剧。

面对国际政治和并购环境日趋复杂，一方面，预计2017年国内资本海外并购态势趋缓，并购难度加大。2016年国内并购总金额同比大幅下降，基本没有对整体公司的并购，都是对国外公司产品线或部分股权的并购，审查受阻案例达到7起。随着全球产业整合和竞争加剧，可供选择的并购标的逐渐减少，国内资本海外并购的难度继续加大。另一方面，地方集成电路投资持续高涨，国内公司和国际公司多种形式的合作增多。随着国家基金的设立运行和各项政策的落实，地方政府热情高涨，近两年来多地相继设立集成电路地方基金。预计2017年地方对集成电路产业的投资热度将会持续，各地加快对生产线、产业园和公共服务平台等项目投资，并给予相关政策支持。受国际形势的限制，产业资本将转向国内企业的并购整合，并以平台企业为主打造上下游产业生态。同时由海外并购开始转向多种形式的合作，如国际企业与国内企业成立合资公司，在国际巨头整合之后寻找优质产品线溢出的并购机会等。

五、新型显示行业

（一）政策支持进一步到位

2017 年，继《2010—2012 年平板显示产业发展规划》《2014—2016 年新型显示产业创新发展行动计划》之后，新的行业指导性政策将有望出台，此政策的出台对于快速发展中我国新型显示产业意义重大。近年来，我国新型显示产业实现跨越式发展，然而产业依然存在投资主体相对分散与产业资源集聚、依靠成熟技术满足当前需求与前瞻性技术布局、产业规模迅速扩张与质量效益提升之间的不协调、不平衡问题等，因此，政策支持方向也将从普惠支持向集约支持转变，从产线建设向产业链建设转变，从产能扩充向技术创新转变，从增强竞争力向提升行业影响力转变，因此，政策的走向也将在完善配套体系，提升创新能力，加强区域集聚，增强企业能力等方向发力。

（二）OLED 迎来发展高潮

以液晶为主的面板产业已进入成熟阶段，新技术产业化以及新产品量产化成为产业发展的重要驱动力。以 AMOLED（主动有机发光显示）面板为例，不同于几乎停滞增长的液晶面板，2017 年，搭载 AMOLED 的苹果手机的发布将进一步刺激 AMOLED 全球市场规模大幅度增长，市场规模将有望接近 200亿元，增长高达 30%，智能终端用 AMOLED 产品出货量超过 6 亿片。大尺寸方面，中国电视机品牌企业对于推动 OLED 彩电的销售持积极态度，主要面向高端、大尺寸市场，预计在 2017 年，国内市场整体销量将接近 100 万台。然而值得注意的是，中国出品的 OLED 电视的面板供应却完全由韩国企业提供，我国面板产业在新技术开发和应用的意识和水平方面还处于跟随状态，自主发展能力仍不健全。

（三）产业链建设将成为发展重点

目前，国内在建的高世代线和 6 代以上 AMOLED 产线分别为 6 条和 7 条，总投资超过 2000 亿元，随着新建产线的建成投产，受产线尺寸限制和成本要求，偏光片、液晶材料、玻璃基板、发光材料、金属掩膜板等关键材料将逐渐实现本土化配套。国际产业链配套骨干企业前来国内设厂的情况将愈加普及，国内企业通过并购、投资、合资、自主研发等方式也在不断推动产业链体系的本土化进程。产业年建设将成为继面板产线之后的又一发展热点。

六、太阳能光伏行业

（一）光伏市场增速开始放缓

从全球来看，由于 ITC（税收抵免）政策确定延期，美国光伏市场抢装热潮稍减，且美国新一届政府对新能源发展的态度不甚明确，后续发展不确定性因素较高，因此预计新增装机量 10GW 左右，较 2016 年有所下调。日本由于面临电网连接、征地以及项目融资等挑战，有些项目可能会受到限制缩减，补贴也进一步下调，2017 年及以后光伏年装机量将逐步下降，预计市场规模仍将保持在 8GW 左右。我国 2016 年确定的普通电站、领跑者基地和光伏扶贫指标等基本完成建设，预计 2017 年新增装机量可达到 20GW，不排除 2017 年光伏上网电价调整导致的抢装效应，乐观估计可达到 30GW，但相比 2016 年仍会出现下滑。印度及新兴市场的成长幅度并未能弥补中、美、日的衰退，使得 2017 年全球市场需求增长趋缓。

（二）分布式应用成为发展重点

分布式光伏发电具有"就近发电、就近使用"的特点，是光伏发电应用的最优形式。《太阳能发展"十三五"规划》提出，到 2020 年底太阳能发电装机容量达到 110GW，其中分布式光伏发电达到 60GW。而截至 2016 年底，我国累计光伏装机量 77.42GW，其中集中式电站 67.1GW，已经超额完成 2020 年装机目标，而分布式 10.32GW，每年仍有至少 12GW 的成长空间。同时，集中式电站在快速增长后已慢慢显露出了弊端。一是由于阶段性装机量过剩，甘肃、新疆、青海等地区已经出现严重的"弃光限电"等问题，2016 年西部地区平均弃光率达到 20%，特别是甘肃、新疆、青海等地区，严重影响了光伏发电项目收益。二是东部地区用地政策不明确，乱征税、多征税问题严重，增加了光伏电站的运营成本与风险，特别是国土资规〔2015〕5 号中关于光伏用地问题的政策一旦严格执行，东部地区将基本丧失光伏电站的建设空间。三是相对于地面集中式电站，自发自用分布式光伏发电不存在补贴拖欠的问题。

（三）高效产品需求不断扩大

2015 年，国家推出光伏领跑者计划，促进先进技术产品的推广应用，并采用竞争性方式配置市场资源。从计划实施情况看，业主基本全部选用涉及 PERC、黑硅、MWT、N 型双面等高效电池技术的产品。从已结束招投标程序的某领跑者基地的中标结果来看，采用单晶转换效率 20.3% 以上、多晶 18.8% 以上高效电池的产品占 88% 以上，选用的单晶及多晶电池最高效率分别达 21% 和 19.6% 以上，高效光伏产品成为"领跑者"市场主流。预计 2017 年高效光伏产品的市场需求将逐步扩大。一是部分省份，如宁夏、青海等已要求普通电站的技术指标参照领跑者项目的产品技术指标要求，预计为推动技术进步，其他省市也将相继跟进。二是在国家大幅下调光伏电站补贴费率的情况下，不存在"弃光限电"、电网送出、土地等问题的领跑者项目成为市场热点，拉动高效产品市场需求。三是国家能源局计划在"十三五"期间额外设置指标规模，以支持已具备规模化量产能力但由于成本偏高、市场认知度低等原因产能尚未释放的先进技术产品，也将推动先进技术产品的规模化量产。

（四）企业利润空间趋紧

在多晶硅原料方面，2017 年，随着全球新增多晶硅产能投产和原有产能优化提升，预计全球多晶硅产量将增至 42 万吨，我国多晶硅产量将达到 20 万吨以上。但由于国内光伏市场将会出现下跌，多晶硅新增产能却陆续释放，因此预计多晶硅产品价格将会出现回落，跌至 10 万元/吨左右。但由于多晶硅生产成本下降速度较快，企业仍将保持一定盈利空间。在电池组件方面，为巩固市场份额，企业将继续下调产品价格，预计组件市场均价可能由 2017 年初的 USMYM0.38/W，跌至年底仅剩 USMYM0.33/W。在此价格下，不仅中小组件厂商将面临极大亏损，一线组件厂也难维持过去 15% 以上的毛利润区间。整体而言 2017 年太阳能供应链由上至下利润都将低于 2016 年。

（五）多晶产品市场竞争力将有所提升

隆基公司总裁曾表示，单多晶硅片价差在 0.1 美元/片内，电站投资商会考虑性价比更好的单晶产品。2015 年单晶通过大量推广金刚线切割，成本下降很快。而多晶黑硅工艺一直未能实现稳定量产，金刚线切割应用未能规模启动，从而导致多晶硅片的成本优势不断削弱，市场转向转换效率更高、而价格与多晶相差不明显的单晶产品。但自 2016 年 11 月以来，黑硅制程工艺逐步成熟，主要多晶硅片龙头企业阿特斯、晶科、天合、晶澳、海润、晋能等陆续量产黑硅产线，拉动金刚线切多晶硅片产能持续释放，多晶产品生产成本快速下降，产品价格不断走低，而单晶硅片未有新的降本举措，单多晶产品价差重又开始拉大。据 Energy Trend 数据，至 2016 年 12 月初，单多晶硅片价差已达 0.14 美元/片。因此，预计 2017 年，多晶凭借"金刚线切 + 黑硅 + PERC"组合，将比 2016 年占据更多市场份额。

七、电子材料、元器件及仪器设备行业

2017 年是我国"十三五"规划开局之年，同时也是"中国制造 2025"战略全面实施之年，随着科技体制改革持续深入，创新活力不断释放，我国有望迎来新的发展阶段，开始由"量变"向"质变"转化。电子材料、元器件及专用设备行业

（一）产业保持平稳增长态势

展望 2017 年，全球主要国家纷纷加快深化信息技术在传统领域应用，对基础电子行业带动作用增强，但同时也消费电子市场疲软，手机、微型计算机等主要终端产品基本达到天花板增长有限，无人机、可穿戴设备等新兴智能硬件产品规模尚小，难以拉动电子元器件市场快速增长。就我国而言，"中国制造 2025"战略全面实施，将加大对电子基础领域支持力度，加速关键产品进口替代，而我国作为全球最大的电子产品制造基地，在经历了 2016 年高增长之后 2017 年终端产品市场增速肯定将大幅下滑，电子材料、元器件和专用设备行业必然受到不利影响。整体来看，2017 年我国经济下行压力仍然较大，市场需求不振，电子信息制造业增速稳中有降，我国电子材料、元器件及专用设备行业预计保持平稳增长态势，销售产值将达到 4.82 万亿元，同比

增长 9.5%。

（二）创新活力持续增强

2015 年，第 28 届中国电子元件百强企业研发投入强度达到 3.3%，全年研发经费总额同比增长 30% 以上，增速远远超过收入增速。国内企业积极参与国际标准制（修）订工作，2015 年我国积极主导制定了在射频连接器、同轴通信电缆、太阳能光伏、新型显示等领域的国际标准，对自主技术和产品"走出去"起到了重要的推动作用。随着《中华人民共和国促进科技成果转化法（2015 年修订）》正式颁布实施以及国务院印发《实施〈中华人民共和国促进科技成果转化法〉若干规定》，我国科研院校的科技成果转化速度和水平将明显提升，对于作为电子基础的电子材料、元器件及专用设备行业来说是一大利好消息，将进一步激发企业创新活力和提升企业技术水平，高水平创新成果取得突破。

（三）加快海外布局步伐

近两年，国际经济走势疲软，电子信息制造业市场竞争激烈，部分国际企业面临危机，给我国电子材料、元器件及专用设备行业实施兼并重组提供了契机，尤其是在我国实施"走出去"战略的推动下，电子材料、元器件及专用设备行业企业全球布局步伐加快，2015 年在集成电路、太阳能光伏、电子元件等多个领域都有跨国并购的成功案例。在全球经济增长未见起色的背景下，我国电子材料、元器件及专用设备行业还将利用这一机会加快海外布局步伐，积极吸收国外先进技术提升自身技术实力，在中南亚、南美等具有比较优势地区建设生产基地，提升全球化运营能力。

第三节　重点区域发展展望

一、长三角地区发展展望

一是顶层设计将进一步完善，助力产业持续发展。2016 年是"十三五"的开局之年，随着第一阶段目标的顺利完成，《国家集成电路产业发展推进纲要》的实施工作也正式开启了第二阶段的序幕。2016年4月19日，习近平总书记在网络安全和信息化座谈会上发表了重要讲话，特别突出了信息技术对国民经济发展的巨大促进作用，对新时期集成电路产业发展提出更高的要求。长江三角洲地处"一带一路"核心区域，在《中国制造2025》等发展战略引领下，以上海为中心的电子信息制造业发展优势将进一步提升。未来电子信息技术以智能制造为主攻方向，深化电子信息与传统领域融合创新，加快智能机器人等领域的发展，进一步降低制造业人力成本。

二是打造智能电子信息制造业，增强制造业支撑作用。随着我国经济下行压力增加，更凸显出制造业等实体经济对我国经济的支撑作用。长江三角洲地区作为传统的电子信息制造业基地，地方政府不断加大对企业的扶持力度，其整体创新创业生态环境优于国内大部分地区。2017年，长三角地区进一步推进供给侧结构性改革，打通带动性强的核心关键环节，打造全产业链协同创新机制，加快工业转型升级，带动该地区整体经济环境发展。

三是优化区域一体化产业发展环境，健全投融资机制。长三角地区拥有良好的区位条件，以上海为中心，以长江沿线为发展路径，辐射江苏、浙江等地区，发展空间广阔。新一代信息技术是国民经济转型的重要基础性和支柱领域，而上海、江苏、浙江产业优势互补，可以形成集成电路、计算机、光伏、新型显示技术等交叉应用，从而进一步推动产业集群形成与发展。充足的资金是科技成果创新和产业发展的保障，电子信息制造业恰恰需要大量资金的投入，因此长三角地区应形成高效的金融资本对接产业资本的机制，适当放宽相关企业的融资条件，创造一个高效率的创业创新金融环境。

二、珠江三角洲地区电子信息产业发展状况

珠三角是我国三大经济区域之一，在全国改革发展大局中具有重要地位和示范引领作用。2017年，珠江三角洲地区将凭借优厚产业基础、持续的创新能力、产业转型升级不断深化等优势，进一步夯实全国高端制造基础，以华为、TCL、中兴等骨干电子信息企业为代表，以深圳、广州为核心，以新一

代信息技术为支柱的新型工业化产业制造集群将得到不断巩固。

一是具有国际竞争力的产业新体系逐渐形成。广东将切实落实《中国制造2025》，加快实现由制造大省向制造强省转变，提高制造业投资占固定资产投资比重，力争高技术制造业增加值占规模以上工业比重达28%。加快华星光电11代液晶面板、富士康10.5代显示器等重大项目建设。推进珠江东岸电子信息产业带发展，珠三角地区高端新型电子信息制造业支柱作用日趋明显。

二是创新引领作用日益凸显。发挥广州、深圳的龙头带动作用，形成"1+1+7"的国家自主创新示范区建设格局，珠三角地区在建设创新载体、汇聚创新资源、推进产业升级、密切与港澳创新合作等方面的效能明显增强。2017年，以建设珠三角国家自主创新示范区、全面创新改革试验试点省为引领，加快推进科技成果转化和产业化，努力建成具有全球影响力的国家科技产业创新中心。

三是珠三角区域合作进一步深化。在《泛珠三角区域深化合作共同宣言（2015—2025）》的指引下，推进大珠三角世界级城市群建设，推动珠江西岸先进装备制造产业带和珠江东岸电子信息产业集群与泛珠合作各方的产业协作，建立跨区域的产业链，培育形成优势互补、分工合理、布局优化的先进产业集群，河源、梅州、汕尾及惠州东北部园区积极承接深圳、东莞、惠州等地电子信息制造业转移，以西可通讯、中兴通讯、信利半导体等大项目为龙头，带动下游产业集聚。

四是与欧美等发达国家级新型市场经济体合作水平日益提高。通过推进基础设施互联互通，提升枢纽机场航线通达能力，发展海铁、江铁等多式联运，新增一批国际客货运航线，与沿线城市共建港口联盟。加快石龙、大田铁路国际物流基地建设，支持中欧、中亚、南亚班列运营，建设中俄贸易产业园。开拓与欧美发达国家的多层次经贸合作，推动电子信息领域的合作，挖掘东欧、非洲和拉美等新兴市场合作潜能。

三、环渤海地区

2017年，一方面是京津冀产业协同发展深入推进，另一方面是党中央、国务院高度重视的雄安新区建设将开始启动，环渤海地区电子信息制造业发展将迎来历史发展机遇期。

一是京津冀有望形成电子信息制造业协同发展新格局。立足于各自优势，随着京津冀三地加强产业对接，积极推动制造业企业区内转移，尤其是北京部分制造企业加速向天津、河北转移，2017年京津冀电子信息制造业有望初步形成"北京以研发为核心、天津以产业化为重点、河北以加工制造为支撑"的全新产业格局。

二是雄安新区建设将为区内电子信息制造业发展引入更多资源。雄安新区着力打造绿色低碳、信息智能、宜居宜业，发展以新一代信息技术为代表的高端产业。作为党中央、国务院高度重视的新区，雄安新区建设以及产业发展将吸引国内外的丰富资源参与，尤其是信息智能新区建设将相关电子信息企业就近落地，这无疑为环渤海地区提供了更多的发展机会，将大大加快区内电子信息制造业发展。

三是区内电子信息制造业转型步伐加快。随着手机、笔记本电脑等终端产品生产制造逐步退出环渤海区域，山东、北京、天津等省市加快发展集成电路、新型显示、智能硬件等新兴领域，稳步推进北斗导航产业，大力培育虚拟现实产业，加快发展光电子器件、光纤光缆、MEMS器件等电子元器件新产品，培育产业发展新动能。

四、福厦沿海地区

产业链补链能力得到显著提升。福厦沿海地区通过产业链整合和延伸，有效提升企业间业务协同发展，继续抓好重点在建项目尽快投产出效益，协调服务重大项目开工建设，跟踪、引进一批产业链配套重点项目等多管齐下措施，将显著提升产业链补链能力，集成电路、虚拟现实、低功耗广域物联等行业将获得快速发展。

市场结构和产业转型升级调整明显。目前，外商及港澳台企业产品出口占比较高，超过80%，受外需持续低迷影响，预计2017年，随着以美国为首的发达国家提出"再工业化"战略的实施，吸引部分制造业回流，同时，随着沿海地区的建设用地减少、劳动力成本提升等要素制约，产业开始向中西部转移。

产业持续集聚发展。2017 年，依托厦门火炬、福州高新区、莆田高新区、连城光电园、云霄光电园和武平新型显示产业园等产业园区，继续培育壮大产业集群，促进一批稳增长，扶持一批提质增效，引进建设一批好项目，推动产业集聚良性发展。通过跟踪、引进一批产业链配套重点项目，整合和延伸产业链，有效提升企业间业务协同发展。

着力发展互联网经济行业。2017 年，福建省根据"十三五"规划纲要内容要求，大力促进互联网产业发展，积极发展大数据产业。推进大数据综合试验区与国家信息经济综合示范区创建，发展健康医疗大数据，扩大"互联网＋"区域化链条化试点，扶持一批互联网创业孵化项目和互联网公共服务平台。启动建设互联网创业创新示范中心，开展"物联网＋"行动，建设一批物联网综合性及行业性重点实验室。推进中国·福建 VR 产业基地开放建设，组织实施 VR 重点应用工程，建设海峡大数据交易中心。

五、中西部地区电子信息产业发展状况

2016 年，中西部地区均完成制定电子信息产业领域"十三五"发展规划，将按照规划要求，加快推进贯彻落实。湖南省将加快建设以自主可控芯片为特色的国家集成电路设计基地、国际先进水平的新一代电力电子器件特色产业基地、全国知名信息安全产业基地和全球知名的智能终端盖板及触控面板生产基地；成都将加快打造万亿级电子信息产业集群，建设国家先进电子制造基地和世界软件名城；山西将重点发展电子设备制造、太阳能光伏、LED、信息安全、新型电子材料、软件和信息技术服务、通信等具有比较优势的产业领域，在通信业发展中实施光网城市工程、移动宽带工程、普遍服务工程、提速降费工程、"互联网"工程、应急通信工程、节能减排工程、安全保障工程等八大工程。

2017 年，中西部地区基于移动互联网、云计算、大数据、物联网的应用和创新将日益活跃，催生出一系列新业态、新模式。贵州大数据产业规模总量达到 2000 亿元人民币，"十三五"时期，贵州大数据产业规模总量预期超5000 亿元，年均增长 20% 以上，成为全国大数据的先行者和开拓者。当前，

贵州已开通国家级互联网骨干直联点，奠定了贵州作为国家互联网枢纽的地位，正利用基础设施优势及大数据产业基础优势，加快发展数字经济，打造我国数字经济创新发展试验区。陕西省积极发展云计算与大数据产业，落实"举旗大数据、形成大产业"的战略决策，提出到 2017 年信息消费规模达到 3900 亿元、大数据产业产值达到 500 亿元的目标。

后　记

　　《2016—2017 年中国电子信息产业发展蓝皮书》由赛迪智库电子信息产业研究所编撰完成，力求为中央及各级地方政府、相关企业及研究人员把握产业发展脉络、了解产业前沿趋势提供参考。

　　参加本课题研究、数据调研及文稿撰写的人员有：中国电子信息产业发展研究院的卢山、王鹏、安晖、王世江、温晓君、江华、耿怡、李艺铭、余雪松、徐永健、王茜、赵燕、宋德王、朱邵歆、刘喆等。在研究和编写过程中，本书得到了工业和信息化部电子信息司领导，中国半导体行业协会、中国光伏行业协会、中国 OLED 产业联盟、虚拟现实产业联盟等行业组织专家，以及各地方工信部门领导的大力支持和指导。本书的出版还得到了中国电子信息产业发展研究院软科学处的大力支持，在此一并表示诚挚感谢。

　　本书虽经过研究人员和专家的严谨思考和不懈努力，但由于能力和水平所限，疏漏和不足之处在所难免，敬请广大读者和专家批评指正。同时，希望本书的出版，能为读者了解中国电子信息产业提供有益参考。

赛迪智库

面向政府　服务决策

思想，还是思想
才使我们与众不同

《赛迪专报》	《两化融合研究》	《财经研究》
《赛迪译丛》	《互联网研究》	《装备工业研究》
《赛迪智库·软科学》	《网络空间研究》	《消费品工业研究》
《赛迪智库·国际观察》	《电子信息产业研究》	《工业节能与环保研究》
《赛迪智库·前瞻》	《软件与信息服务研究》	《安全产业研究》
《赛迪智库·视点》	《工业和信息化研究》	《产业政策研究》
《赛迪智库·动向》	《工业经济研究》	《中小企业研究》
《赛迪智库·案例》	《工业科技研究》	《无线电管理研究》
《赛迪智库·数据》	《世界工业研究》	《集成电路研究》
《智说新论》	《原材料工业研究》	《政策法规研究》
《书说新语》		《军民结合研究》

编　辑　部：赛迪工业和信息化研究院
通讯地址：北京市海淀区万寿路27号院8号楼12层
邮政编码：100846
联系人：刘颖　董凯
联系电话：010-68200552 13701304215
　　　　　010-68207922 18701325686
传　　真：0086-10-68209616
网　　址：www.ccidwise.com
电子邮件：liuying@ccidthinktank.com

赛迪智库

面向政府　服务决策

研究，还是研究
才使我们见微知著

信息化研究中心	工业化研究中心	规划研究所
电子信息产业研究所	工业经济研究所	产业政策研究所
软件产业研究所	工业科技研究所	军民结合研究所
网络空间研究所	装备工业研究所	中小企业研究所
无线电管理研究所	消费品工业研究所	政策法规研究所
互联网研究所	原材料工业研究所	世界工业研究所
集成电路研究所	工业节能与环保研究所	安全产业研究所

编 辑 部：赛迪工业和信息化研究院
通讯地址：北京市海淀区万寿路27号院8号楼12层
邮政编码：100846
联 系 人：刘颖　董凯
联系电话：010-68200552 13701304215
　　　　　010-68207922 18701325686
传　　真：0086-10-68209616
网　　址：www.ccidwise.com
电子邮件：liuying@ccidthinktank.com